LE GÉNÉRAL

BOURBAKI

PAR

Le Commandant GRANDIN

LAURÉAT DE L'INSTITUT DE FRANCE ET DE LA SOCIÉTÉ D'ENCOURAGEMENT AU BIEN

Avec un portrait et une lettre en fac-similé

« Je ne prétends pas que vos soldats soient les meilleurs de
« l'armée française, mais je n'en connais pas qui vaillent mieux.
« Avec une troupe comme la vôtre, on peut tout entreprendre,
« on peut tout oser. »

(Le colonel Canrobert, au commandant Bourbaki, lors de sa prise de commandement des tirailleurs indigènes de Constantine.)

BERGER-LEVRAULT ET Cie, ÉDITEURS

PARIS | 5, RUE DES BEAUX-ARTS

NANCY | 18, RUE DES GLACIS

1898

LE

GÉNÉRAL BOURBAKI

NANCY, IMPRIMERIE BERGER-LEVRAULT ET Cie.

Berger. Levrault & Cie sc.

LE GÉNÉRAL

BOURBAKI

PAR

Le Commandant GRANDIN

LAURÉAT DE L'INSTITUT DE FRANCE ET DE LA SOCIÉTÉ D'ENCOURAGEMENT AU BIEN

Avec un portrait et une lettre en fac-similé

« Je ne prétends pas que vos soldats soient les meilleurs de « l'armée française, mais je n'en connais pas qui vaillent mieux. « Avec une troupe comme la vôtre, on peut tout entreprendre, « on peut tout oser. »

(Le colonel Canrobert, au commandant Bourbaki, lors de sa prise de commandement des tirailleurs indigènes de Constantine.)

BERGER-LEVRAULT ET Cie, ÉDITEURS

PARIS — 5, RUE DES BEAUX-ARTS

NANCY — 18, RUE DES GLACIS

1898

LE GÉNÉRAL

BOURBAKI

PAR

Le Commandant GRANDIN

LAURÉAT DE L'INSTITUT DE FRANCE ET DE LA SOCIÉTÉ D'ENCOURAGEMENT AU BIEN

Avec un portrait et une lettre en fac-similé

« Je ne prétends pas que vos soldats soient les meilleurs de « l'armée française ; mais je n'en connais pas qui vaillent mieux. « Avec une troupe comme la vôtre, on peut tout entreprendre, « on peut tout oser. »

(Le colonel Canrobert, au commandant Bourbaki, lors de sa prise de commandement des tirailleurs indigènes de Constantine.)

BERGER-LEVRAULT ET Cie, ÉDITEURS

PARIS
5, RUE DES BEAUX-ARTS

NANCY
18, RUE DES GLACIS

1898

PRÉFACE

A l'Armée française,

Grec d'origine, le général Bourbaki, sorti d'une nation née et agrandie par les armes, a ajouté quelques pages glorieuses à l'histoire militaire de sa patrie d'adoption. Ce sont ces pages que nous offrons aujourd'hui à la jeune Armée française.

Les grands devoirs appellent les grands sacrifices, sachons ne pas l'oublier à l'heure des grandes luttes. Le vaillant soldat dont la vie est racontée dans ce livre, offre de beaux exemples de courage, de dévouement et de fidélité au drapeau sous lequel il a servi; ils ne doivent pas être perdus par la jeune génération qui nous suit dans la carrière des armes : *Reges ex mobilitate, duces ex virtute sumunt*[1].

1. Les rois tiennent le pouvoir de leur naissance; les chefs, de leur vertu. (*Tacite*.)

Et maintenant, battez tambours!... Sonnez clairons!...

Au Drapeau!...

Jeunes officiers, saluez, avec nous, le dernier des commandants de la garde impériale du second Empire qui depuis plus de vingt ans, suit, du fond de sa retraite, vos patriotiques et généreux efforts; il est la plus radieuse glorification de l'amour du devoir et du dévouement à la patrie. Souvenez-vous aussi que c'est en cravachant la fortune qu'on la range sous ses ordres. Car, quoi qu'en disent les thèmes, la guerre ne change pas. La même physionomie brutale la mènera toujours.

Commandant GRANDIN.

Nous exprimons nos remerciements à M. d'Eichthal, ancien officier d'ordonnance de Bourbaki, qui a bien voulu nous autoriser à reproduire le beau portrait du général qui se trouve dans le volume publié, en 1885, à la librairie Plon, sous le titre : *Le Général Bourbaki, par un de ses anciens officiers d'ordonnance.*

Ct G.

Rennes, 15 juillet 1897.

LE GÉNÉRAL BOURBAKI

CHAPITRE PREMIER

UN PATRIOTE GREC
LE COLLÈGE MILITAIRE DE LA FLÈCHE
(1816-1834)

Au mois de décembre 1798, des bruits contradictoires circulaient en Europe sur l'attitude inquiétante que prenait le général Bonaparte en Égypte ; des difficultés inattendues, suscitées par l'or de l'Angleterre, surgissaient de toutes parts. Le Directoire s'en inquiétait. La seconde coalition était partout victorieuse. Les armées russes et autrichiennes avaient battu Jourdan sur le Danube, Schérer sur l'Adige, Moreau sur l'Adda. La république cisalpine était détruite, Mantoue assiégée, Masséna se maintenait à peine dans les rochers de la Suisse.

A l'intérieur, les Jacobins du Manège relevaient la tête, pendant que la Vendée prenait les armes.

La famille du général Bonaparte, qui avait des parents et des amis à Gênes, à Livourne, en Corse, organisa un service de correspondances pour communiquer avec le commandant en chef de l'armée d'Égypte, lui faire connaître la situation de la France, et l'engager à rentrer à Paris, pour mettre de l'ordre dans les affaires de l'État.

La mission était délicate et dangereuse. Il fallait un homme très au courant de la navigation, connaissant bien la Méditerranée, sachant éviter les croiseurs turcs et anglais embusqués aux abords du cap Matapan ou du cap Saint-Ange et qui voulût bien se charger d'être un émissaire aussi audacieux que consciencieux, au risque d'être pendu haut et court.

Cet homme se trouva à Marseille, devenue l'entrepôt d'un commerce considérable avec l'Orient. C'est un marin grec du nom de Sauter-Bourbaki, que de fréquents voyages à Marseille avaient mis en relations avec Joseph Bonaparte, marié le 1er août 1794 à une demoiselle Marie-Julie-Clary[1], fille d'un riche négociant de la capitale des Bouches-du-Rhône.

Le courageux marin était né à Céphalonie, capitale de la plus grande des îles Ioniennes. Il partit sans hésiter sur un petit bâtiment nolisé à cet effet; navigua sous pavillon neutre à destination de Beyrouth, pour de là louvoyer le long des côtes du Levant, prêt à se jeter dans le port le plus voisin pendant l'absence des croiseurs anglais; prêt aussi à jeter à la mer les dépêches qu'il portait et qui étaient enfermées et scellées dans une enveloppe de plomb. Il traversa la Méditerranée dans toute sa longueur, déjoua les calculs des corsaires ameutés par la piraterie turque, arriva à Alexandrie sans encombre et eut la bonne fortune d'accómplir sa mission avec un courage, un sang-froid et une habileté dignes des plus grands éloges.

Ce Sauter-Bourbaki est le grand-père du futur commandant en chef de la garde impériale du second Empire.

---

1. Née le 26 décembre 1777, morte le 7 avril 1845.

Au reçu de la dépêche qui engageait le commandant en chef de l'armée d'Égypte à revenir en France, le général Bonaparte fit immédiatement ses préparatifs de départ, quitta Alexandrie le 28 juillet 1799, et rentra à Paris le 16 octobre suivant.

Trois ans après, Joseph Bonaparte écrivait, le 1er mai 1802, à de Talleyrand pour lui recommander « le citoyen Bourbaki » auquel il prenait le plus grand intérêt et que « le premier Consul avait promis de nommer agent consulaire à Céphalonie ». Puis il ajoutait : « Le citoyen Bourbaki était en Égypte, il y a trois ans, un émissaire plein de zèle et de bonne volonté. »

Cette recommandation n'eut pas de suite, l'ancien pilote grec étant subitement tombé malade.

Mais, sur son lit de mort, il se rappela la bienveillance que lui avait toujours témoignée le général Bonaparte, qui, dans l'intervalle, était devenu empereur des Français ; il lui écrivit pour lui recommander ses deux fils, qu'il laissait sans fortune, le priant instamment d'en prendre soin.

Des deux orphelins, l'un, le plus jeune, devint consul en Grèce, à Céphalonie ; l'aîné, Constantin, fut placé à l'École de Fontainebleau, qui venait d'être créée, en vue d'avoir une pépinière de jeunes officiers toujours disponibles pour combler immédiatement les vides occasionnés par la guerre, dans les grades inférieurs de l'armée.

Ce dernier devint colonel du 31e régiment d'infanterie légère, suivit le roi Joseph en Espagne et servait auprès de sa personne, en qualité d'aide de camp, lorsque survint la désastreuse campagne de 1814.

La France, vaincue, humiliée, mais non abattue, était rentrée dans ses limites naturelles. Napoléon, interné à l'île d'Elbe, isolé du reste du continent, ne recevait de nouvelles que par quelques journaux que lui faisaient passer clandestinement certains messagers restés fidèles à sa cause. Il ignorait que les puissances avaient décidé de l'éloigner des côtes de France, de le réléguer sous les tropiques, dans une île plus déserte encore que celle qui lui servait momentanément de prison. Il était nécessaire de l'en prévenir.

Joseph Bonaparte se chargea de ce soin, et par une nuit obscure du mois de février 1815, que le brouillard rendait plus noire encore, une félouque [1], montée par deux matelots génois, accosta entre deux rochers, dans une crique de la rade de Porto-Ferrajo.

L'un de ces deux hommes était le colonel Constantin Bourbaki; il venait remplir près de l'Empereur une mission analogue à celle de l'ancien pilote de Céphalonie; mission tout aussi délicate et dangereuse que la première, bien que la traversée de Livourne à Gênes et de Gênes à Porto-Ferrajo fût moins longue que celle de Marseille à Alexandrie.

Le rapprochement est ici saisissant.

Introduit auprès de Napoléon, Constantin Bourbaki se présenta comme un émissaire du roi Joseph, venant lui faire connaître que les souverains alliés, réunis en comité secret à Vienne, avaient résolu de le transférer à Sainte-Hélène.

Cette confidence terminée, le faux marin génois regagnait l'emplacement où avait été amarrée sa félouque, appareillait et, deux heures après, mettait le cap sur Gênes. La mer était houleuse; le vent hurlait dans le silence de la nuit; les signaux des croisières anglaises s'apercevaient au loin. Aucun navire affecté à la garde de l'illustre prisonnier ne se douta que, par une telle nuit, une frêle embarcation, montée

1. Petit bateau plat, long et étroit, pouvant être manœuvré à l'aviron comme à la voile, suivant les nécessités de la navigation.

par deux hommes hardis et courageux, eût pu par deux fois tromper la vigilance des pilotes anglais, et glisser au large, avant que le crépuscule du matin n'ait rayé l'horizon de sa clarté naissante.

Les suites de cette équipée sont connues. Napoléon, sur les conseils qui lui étaient donnés, quitta l'île d'Elbe dans la nuit du 24 au 25 février 1815, débarqua à Fréjus, le 1er mars, avec les onze cents braves qui composaient sa garde. Le colonel Constantin Bourbaki n'eut garde de manquer au grand rendez-vous de Waterloo. Toute notre armée resta couchée sur le sol ensanglanté de Ligny et des Quatre-Bras. L'Empereur fut de nouveau dépossédé de son titre de souverain par les puissances coalisées.

Désormais sans emploi, le fils de l'ancien pilote de Céphalonie erra d'abord en Italie, puis s'attarda en Grèce; finalement il vint se fixer à Pau, s'y maria et devint le père du futur commandant de l'armée de l'Est, en 1870 : Charles-Denis-Sauter Bourbaki, né à Pau, le 16 avril 1816.

* * *

Cinq ans après, en 1821, commençait la guerre de l'indépendance grecque. Les commencements d'une insurrection sont généralement remplis d'espérance; les déceptions et les épreuves ne viennent qu'après. Pour la Grèce, ces épreuves commencèrent avant la fin de la première année de campagne, et, dès le mois de mars 1822, les Albanais étaient sans gouvernement; la Morée, la Grèce continentale, l'Archipel tendaient à se constituer en corps indépendant.

Le colonel Constantin Bourbaki était alors en Espagne. Traqué par la police du gouvernement de la Restauration, qui ne voyait en lui qu'un ennemi des choses établies, il était venu à Madrid chercher dans la famille de sa femme les moyens d'existence qu'il ne pouvait plus trouver en France. Il s'y trouvait encore en 1823, lorsque le corps expéditionnaire du maréchal Maison franchit les Pyrénées, pour intervenir dans la péninsule ibérique, en faveur du roi Ferdinand que les Cortès voulaient renverser. Il y reçut un beau jour l'ordre d'en partir dans les vingt-quatre heures, bien que dangereusement malade, sous le prétexte qu'il était considéré par la famille des Bourbons comme un homme suspect et dangereux pour la cause du roi d'Espagne.

L'ex-colonel du 31e régiment d'infanterie légère rentra en France et se fixa à Bagnères-de-Bigorre, où il végéta et languit dans le plus absolu dénûment.

En Grèce, tout n'allait pas au gré des populations soulevées contre la Turquie. Au 1er juillet 1825, la Morée était envahie ; Candie appartenait aux Turcs, et, sur le continent, il ne restait plus à l'insurrection que Missolonghi, dans la Grèce occidentale, et que la citadelle d'Athènes, dans la Grèce orientale.

La France ne pouvait rester insensible à cet état de choses ; un corps expéditionnaire fut aussitôt organisé pour opérer en Morée et soutenir la Grèce. Le gouvernement de Charles X, affamé d'ordre et d'autorité, prenait en main la cause d'un petit peuple opprimé, presque anéanti, faisant entendre partout, en Europe, la voix de la raison et de l'humanité.

Constantin Bourbaki se rappela alors qu'il était d'origine grecque ; que sa patrie envahie était sur le point de succomber. Son parti fut bien vite pris ; il sollicita du gouvernement de Charles X sa réintégration dans l'armée avec son ancien grade et son incorporation dans un des régiments désignés pour faire l'expédition de Morée. A cet effet, il s'adressa à la Chambre des députés, fit valoir, dans une requête pleine d'à-propos et de bon sens, qu'il avait conquis tous ses grades sur le champ de bataille, et que, s'il avait donné sa démission, après vingt-trois ans de bons et honorables services, ce n'était que contraint et la main forcée.

Renseignements pris, le rapporteur de la commission parlementaire faisait connaître que le pétitionnaire n'avait donné lieu jusqu'à ce jour à aucun fait répréhensible, bien que, par ses principes, il fût en opposition avec le gouvernement établi; mais qu'il était de toute équité de prendre intérêt à sa situation malheureuse en renvoyant la pétition au Ministre de la guerre pour la suite à y donner.

Cette conclusion fut adoptée presque à l'unanimité[1].

Mais, comme toujours, le gouvernement de la Restauration ne tint aucun compte des suites favorables à donner à cette pétition. Le colonel Bourbaki resta sans emploi. Force lui fut donc de s'enrôler sous les drapeaux de l'indépendance grecque; deux mois après, il se faisait tuer dans un combat, sous les murs d'Athènes, presque au lendemain du jour où nos troupes débarquaient sur les côtes de Morée.

Charles-Denis Bourbaki devenait donc orphelin de père, à l'âge de douze ans. Le colonel vicomte de Rumigny devint son tuteur.

Tenu à l'écart lors de la première Restauration, ce dernier, grâce à la recommandation du général Gérard, avait reconquis en 1824 le grade qu'il tenait de la main de Napoléon et était devenu aide de camp du duc d'Orléans.

Lorsque la révolution de juillet 1830 porta son protecteur sur le trône, le colonel de Rumigny[2] en profita pour

1. Voir le *Moniteur universel* du 25 mars 1826.

2. Marie-Théodore de Rumigny, devenu maréchal de camp en 1831, fut promu lieutenant-général le 21 juin 1840. L'annuaire de 1845 le porte comme aide de camp du roi.

obtenir de Louis-Philippe l'admission, avec bourse et trousseau du jeune Bourbaki, au *collège royal militaire de La Flèche*.

Son protégé y entra le 19 novembre 1830.

Peu de personnes se font une idée exacte de ce qu'était le collège royal militaire de La Flèche, sous le gouvernement de Louis-Philippe. Essayons d'en donner une idée.

En matière d'éducation, chaque siècle a ses principes et dans chacun la manière d'enseigner varie. Ainsi le veut le génie français, qui est la mobilité et l'impressionnabilité mêmes. C'est ainsi que grâce au besoin d'ajouter la vie privée et sociale aux idées triomphantes du moment, les philosophes du XVIIIe siècle, maîtres écoutés et trop facilement obéis, ont produit l'athéisme et la première République.

Sous Louis-Philippe, l'Université, c'est-à-dire l'État, était plus timide que méchante. Guizot et Salvandy avaient sans doute les meilleures intentions du monde, mais le pouvoir et l'autorité leur manquaient. Le pouvoir !.. Il était tout entier dans la Chambre des députés, et l'autorité affaiblie par la monarchie de juillet subissait toutes les fluctuations du parlementarisme.

La maison d'éducation de La Flèche changea son nom d'*école militaire préparatoire*, en celui de *collège royal*. Comme toujours, quand il s'agit de réformes non justifiées, une certaine scission se produisit entre les élèves. Les anciens rentrèrent à l'école, avec des sentiments légitimistes très prononcés; les nouveaux venus, seuls, se rangèrent du côté de la révolution, et devinrent orléanistes. Le général baron Guy, petit homme aux allures sèches et nerveuses, en avait été nommé le commandant au mois de septembre 1830, en remplacement du regretté général Danlion. Il n'y resta que quelques mois et fut remplacé lui-même le 20 mars 1831 par le maréchal de camp Baurot[1], autre excellent homme, vieux soldat amputé de la jambe droite par suite de blessures reçues à la bataille de Toulouse, où il était aide de camp du maréchal Soult, duc de Dalmatie.

A cette époque, il y avait au collège royal militaire de La Flèche des universitaires dévoués ; professeurs et répétiteurs marchant d'un pas ferme dans la voie de l'enseignement des humanités et des sciences physiques et mathématiques, sous la haute impulsion d'un homme aussi distingué par son éducation que par son savoir : l'abbé d'Harcourt. Mais j'en appelle à tous les camarades de ce temps, ceux de 1825 à 1834, qui comptent encore trois représentants dans l'armée, d'Exéa (Mle 818)[2], Deligny (Mle 1345)[3], et Bourbaki[4] : hors de l'enseignement officiel, aucun bon sentiment n'était excité par les maîtres, et si les jeunes élèves avaient, au *bahut préparatoire*, le sentiment de l'honneur, l'amour de la patrie, le respect des traditions glorieuses, c'est que ce bagage d'idées leur venait de la famille, et c'est surtout cela qui, accumulé, réuni, fusionné, formait alors cet esprit de corps, résultat d'une même origine. Jamais un professeur ne parlait de l'empoignement du régiment qui passe, du drapeau qui claque au vent, des baïonnettes qui scintillent au soleil.

En 1830 et 1831, les brimades battaient leur plein au collège royal militaire de La Flèche. Elles étaient assez anodines cependant, si nous en jugeons par le spécimen de celles que nous ont léguées la tradition et qui étaient encore en honneur dans l'établissement lorsque celui qui écrit ces

---

1. Mort en 1836.

2. Aujourd'hui général de division en retraite à Marseille.

3. Aujourd'hui général de division en retraite à La Goupilière (Indre-et-Loire).

4. Aujourd'hui général de division en retraite à Bayonne.

pages, y était lui-même un élève immatriculé sous le numéro 2207, pendant la période de 1841 à 1848. La base de tout le système reposait sur le respect profond dû par le *melon*[1] à l'ancien. En vertu de ce principe, le *melon* était tenu de considérer tout ancien comme son supérieur hiérarchique; il ne pouvait lui adresser la parole sans y être autorisé et, le cas échéant, devait prendre la position du soldat sans armes, lorsqu'un ancien daignait parler à un melon, ou désirait simplement l'écouter. Toute infraction aux obligations consacrées par la tradition motivait une punition de quatre pages d'allemand ou de quatre pages de logarithmes copiées par le récalcitrant. Au 1er bataillon — celui des hommes graves — les anciens, sous le prétexte de favoriser les belles-lettres, donnaient aux melons des dissertations comme celles-ci, à raconter verbalement ou par écrit : « Faire connaître l'influence des bretelles sur la littérature française au XIXe siècle », ou : « Raconter les aventures de M. Anatole », ou encore : « Faire ressortir les impressions d'un chameau rencontrant un tuyau de poêle dans le désert », etc.

Et si le melon restait inerte, sans répondre, il se voyait infliger comme pensum trois pages de logarithmes ou de Schiller. C'était le tarif habituel.

Au 2e bataillon (division des moyens) et au 3e (division des petits), la principale brimade consistait à tourner toujours dans le même sens, au parc comme dans les cours; si le melon se promenait dans un sens contraire à celui indiqué, ou s'il tournait la tête : deux pages d'allemand; cela valait cela.

Un ancien s'ennuyait-il ? vite, il lui fallait un melon pour se distraire.

---

1. Nom générique donné aux élèves nouveaux dans l'établissement.

— Monsieur, lui disait-il, je m'ennuie... Ma bande[1] est au clou (ou au peloton, ou à l'infirmerie) ; vous allez me raconter une histoire... Celle que vous voudrez.

— Parfaitement, mon officier, répondait le melon, et il entamait des récits plus fantastiques les uns que les autres, jusqu'à ce que le tambour ait donné le signal de la rentrée dans les classes ou dans les études.

La première brimade infligée à l'élève Bourbaki fut celle-ci :

Tous les jeudis on servait du petit salé au repas de midi. Ce mets était assez goûté des élèves, qui y voyaient un changement à leur nourriture habituelle. Les anciens prirent un jour ce prétexte pour décider de faire bondir, au commandement et en signe de réjouissance, tous les melons rencontrés par eux dans les cours.

Un de ces jours-là, Bourbaki fut rencontré par l'élève Ducasse (Mle 1102)[2].

— Monsieur, lui dit ce dernier, bondissez trois fois en l'honneur du petit salé.

L'élève interpellé ne se le fit pas répéter deux fois et exécuta immédiatement trois sauts magnifiques que n'aurait pas désavoué Auriol, le célèbre gymnasiarque de l'époque.

Tout cela, comme on le voit, n'était pas très méchant. Les brimades donnaient une idée de la discipline, formaient les caractères.

Lorsque le jeune Bourbaki entra à La Flèche, les élèves n'y étaient pas admis, comme en 1814, dès l'âge de huit ans révolus, pour en sortir à quinze ans et passer de là à

1. Camarades avec lesquels on se promenait d'habitude.

2. Pierre-Emmanuel-Amédée Ducasse, élève de La Flèche de 1823 à 1832; entré à Saint-Cyr (1832); capitaine d'état-major le 2 janvier 1842; devenu conseiller référendaire à la Cour des comptes.

Saint-Cyr. Sous le gouvernement de Louis-Philippe, on entrait au collège royal militaire de La Flèche entre onze et douze ans, et on en sortait à dix-huit ans révolus.

Il y a un demi-siècle, les communications n'étaient pas faciles comme elles le sont aujourd'hui. Le voyage, pour aller en vacances, dans les diligences Lafitte et Gaillard, était une lourde charge pour bien des familles. Il en résultait que, tous les ans, beaucoup d'élèves passaient leur temps de collège sans en sortir autrement que *tambour en tête* le dimanche et les jours fériés de cinq à sept heures du soir. Ce fut le cas de l'élève Bourbaki, qui resta enfermé pendant quatre ans entre les murs d'un collège, qui ne lui ouvrira ses portes que pour entrer à Saint-Cyr en 1834. Pendant quatre ans, il sera privé des douces joies de la famille qui rendent si chères au souvenir, les joies de l'enfance; pour lui, pas de vacances; pas de souvenirs émus d'un père ou d'une mère assistant au triomphe de fin d'année; pas de caresses, de ces doux mots qui récompensent le vainqueur de ses efforts et lui redonnent le feu sacré pour le concours de fin d'études ; il grandira et, d'adolescent deviendra jeune homme, entre les hautes murailles d'un bahut préparatoire qui n'est, en somme, pour lui, qu'une prison servant à abriter ses tristesses et les joies de son enfance.

Ces tristesses ! Nous les connaissons pour les avoir subies nous-même, dix ans après Bourbaki. La discipline, au collège royal militaire de La Flèche, était d'une rigidité excessive, bien plus pénible que dans un régiment ou dans tout autre établissement d'instruction similaire. Qu'on en juge :

Le peloton de punition, ou *piquet,* avait lieu une fois par jour, à la récréation qui suivait le dîner de midi, et durait une demi-heure.

Le pain sec, c'est-à-dire la soupe et le pain à une table séparée du réfectoire, à un seul repas de la journée, s'infligeait assez fréquemment, et cela pour des fautes relativement minimes.

La salle de police consistait à venir passer, dans une cellule de correction, les heures autres que celles de la classe. La nuit, on y jouissait d'un lit de sangle. Le régime alimentaire consistait dans la soupe et le bœuf au dîner et au souper. Cette punition était relativement douce, excepté le dimanche et le jeudi.

La prison était plus sévère ; on n'en sortait pas du tout.

La salle de discipline, située sous les combles, recevait les élèves paresseux ou réputés pour avoir une inconduite notoire. On y montait invariablement pour huit jours, et les punitions qu'on y infligeait étaient d'une dureté excessive : le pain sec, sans soupe, le piquet à genoux, les coups de férule, au moyen d'un instrument appelé *la patoche,* y pleuvaient. Pendant les récréations, on se promenait autour du dortoir, à la file indienne, en rasant le pied de chaque lit où *la piste* était marquée en creux dans le carrelage en terre cuite. Le silence y était obligatoire, soit que l'on étudiât, soit que l'on mangeât, soit qu'on marchât en colonne par un. C'était dur, et cela devait durer huit jours, sans le plus petit écart. Cette salle de discipline se composait de deux pièces pour chaque bataillon : un dortoir et une salle dans laquelle étaient une table de travail et une table pour les repas. Le régime alimentaire était le même que celui de la salle de police.

Passons maintenant aux réjouissances.

Le 28 juillet 1831, on célébrait au collège l'anniversaire des journées de juillet — *les trois glorieuses,* ainsi qu'on les appelait alors —. La première journée, consacrée au deuil, fut en partie remplie par un service funèbre commémoratif célébré à la chapelle « en l'honneur des citoyens morts pour la défense de la patrie et des lois ». Sur les quatre côtés d'un magnifique catafalque, des inscriptions patriotiques rappelaient l'héroïsme des victimes. Le lendemain, la joie succéda au deuil. Le général Baurot présida un banquet suivi d'une promenade dans le parc et en ville, musique en tête, les trois bataillons réunis sous la conduite de leurs adjudants et de leurs officiers. C'était le bon temps. Nos aînés, par la conquête d'Alger, venaient de nous ouvrir un champ de gloire où bien des *Brutions*[1] se sont illustrés depuis.

Ce jour-là, le général Baurot autorisait une fête intime à l'intérieur du parc qui servait de lieu de récréations aux élèves et où différents jeux avaient été préparés pour la circonstance. Les trois bataillons, en un groupe compact, escortaient la musique à travers la longue allée du milieu, où vieux capitaines et sous-officiers chevronnés se joignirent à cette exubérante jeunesse célébrant tout à la fois l'anniversaire des trois glorieuses et l'anniversaire de la conquête d'Alger.

Le général Bourbaki, arrivé aujourd'hui aux limites de la vie, se souvient-il de ces journées d'allégresse qui ont marqué les premières années de sa turbulente jeunesse ?...

A l'époque dont je parle, les sorties étaient rares au collège de La Flèche, même chez les correspondants attitrés par les parents.

Un ancien sous-officier du génie de l'ancienne garde impériale, marié à Château-du-Loir et devenu conducteur des ponts et chaussées à La Flèche, avait cependant trouvé grâce devant l'ostracisme du règlement qui n'autorisait les

1. Nom générique donné aux pensionnaires du collège de La Flèche.

sorties que chez les parents en résidence dans la ville. Il s'était fait le correspondant du jeune Bourbaki, qui trouvait en lui un homme de bon conseil, très gai à l'occasion et, ce qui ne gâtait rien, lié par une camaraderie de bon aloi avec tous les sous-officiers et employés de la maison.

Un enfant lui était né, le 25 novembre 1831. Il cherchait un parrain, lorsqu'à quelques jours de là, appelé au collège pour l'établissement d'une conduite d'eau que le génie réclamait depuis longtemps, il eut l'idée de faire demander au parloir son protégé qui avait alors seize ans.

— Charles, lui dit-il, je suis père de famille depuis huit jours. Mon nouveau-né sera, comme vous, un soldat, si la carrière des armes lui plaît. Voulez-vous être son parrain ?

— Bien volontiers ! répondit le jeune fléchois. A quand le baptême ?

— Le plus tôt possible. Dès que le général Baurot aura autorisé l'abbé de Bigault d'Harcourt à présider la cérémonie dans la chapelle du collège.

Et c'est ainsi que le futur héros d'Inkermann tint sur les fonds baptismaux Raoul-Napoléon-Philippe Leperche, destiné à devenir, vingt-cinq ans plus tard, l'aide de camp du général Bourbaki, avec lequel il fera les campagnes de Crimée, d'Italie et de France.

Nous arrivons ainsi à l'année 1832, année dans laquelle la fibre politique de la nation française fut fortement excitée par l'apparition inopinée de la duchesse de Berry en Vendée. Les élèves du collège de La Flèche, obéissant à l'impulsion donnée par leurs parents, se partagèrent, eux aussi, en deux camps : les légitimistes, qui se dénommaient entre eux *les chouans* et les orléanistes qui se donnaient volontiers le nom de *libéraux*. Cette divergence d'opinions donnait lieu, dans les cours, à des pugilats qui dégénéraient souvent en combats particuliers à coups de pied et à coups de poing. L'élève Bourbaki appartenait à cette infime minorité qui restait indifférente à ces sortes de conflits entre écoliers d'une même classe, parce que les souvenirs de leur famille les rattachaient au régime impérial déchu.

Très aimé de ses professeurs, très bon camarade, Bourbaki sortait quelquefois le dimanche, à tour de rôle, chez quatre de ses professeurs : Bonvallon, de Neubourg, de Lignac et Affichard, qui avaient obtenu du général Baurot la permission de recueillir chez eux, les jours de sortie, les premiers de leur classe; ces éminents professeurs les accueillaient comme leurs propres enfants.

Il est loin, ce temps-là. Aujourd'hui, soixante-trois ans se sont écoulés depuis cette époque.

En 1833, l'élève Bourbaki atteignait sa dix-septième année. Dans un labeur incessant, il avait cherché un remède à l'accablante tristesse qui le consumait d'être séparé de sa famille, qu'il ne devait revoir que l'année suivante, à sa sortie du bahut préparatoire. Jusqu'à ce jour, de brillants succès avaient couronné son travail, aux examens de fin d'année.

Le 22 août 1834, il eut encore le bonheur de se voir féliciter par le lieutenant-général de Schramm[1], inspecteur général du collège, en présence de l'évêque du Mans, de l'inspecteur des études Roger et du savant Lefébure de Fourcy, en tournée d'inspection dans le département de la Sarthe.

Nous passerons sous silence les discours prononcés à ce sujet par le général Baurot, par le professeur Affichard et le lieutenant Breton[2], du 24e de ligne, chargé de la gymnastique.

1. Sorti du prytanée de Bruxelles, entré le 12 avril 1814 à l'école d'artillerie de La Flèche (Mle 110), décédé en mai 1864, à l'âge de 70 ans.

2. Tué général de brigade à l'assaut de Malakoff, le 8 septembre 1855

Disons seulement que ce dernier se révéla comme un orateur éloquent quand il démontra, dans un récit simple et touchant, que « les bienfaits de la gymnastique, si favorables à la santé, à l'intelligence des jeunes gens, sont utiles au développement des bonnes mœurs ».

Enfin, le 15 novembre 1834, Bourbaki, reçu à Saint-Cyr avec le nº 13, entre à l'école militaire, but de tous ses efforts, emportant avec lui son trousseau de La Flèche et son uniforme, auquel on substitua seulement l'habit du *bahut spécial*. De là l'expression *habit bahuté* qui a survécu aux orages du temps. Il a donc, comme on dit vulgairement, le pied à l'étrier. Deux ans après, il en sort sous-lieutenant au 59ᵉ (12 octobre 1836). Il n'a pas tout à fait vingt ans. Mais la valeur n'attend pas le nombre des années. Il sera capitaine et chevalier de la Légion d'honneur à vingt-six ans; colonel, à trente; général de division, à quarante et un ans. Du 15 novembre 1834, date de son entrée au service, au 12 août 1857, date de sa promotion au grade de général de division, vingt-trois ans se seront écoulés.

Dès sa sortie de Saint-Cyr, Bourbaki se révèle comme un officier hors ligne, ayant le souci de ses devoirs, l'amour du métier, le goût du travail, le cœur bien placé et du patriotisme. L'homme le plus honnête, a fort bien dit M. de Maistre, est le militaire honnête.

Tête de flamme, cœur d'or, esprit très fin et très brillant, causeur spirituel, homme du meilleur monde, fantassin intrépide, Bourbaki est un des plus beaux soldats que nous ayons connus. Le fond du caractère du futur héros d'Inkermann sera la résistance, la volonté dans l'exécution des ordres donnés, mais une volonté ferme que dirige le bon sens, parce que, d'avance, il a prévu les obstacles, calculé leur force de résistance; dès lors, nul embarras ne l'étonnera ni ne le détournera du but qu'il doit atteindre. Mais le bon sens nécessaire dans ces grands emplois de la volonté humaine, où se forme-t-il ? Où prend-il son assurance contre les obstacles qu'il doit vaincre, les périls certains qu'il doit braver ? Dans le zèle du bien, l'immolation au devoir. Pour un militaire, n'est-ce pas là une vertu que ce don de la nature ? Comme Talleyrand, on pouvait dire de lui : il est utile à tout ; sa bonne humeur égale son exquise politesse ; il a une soumission constante aux ordres reçus et un rare talent pour se faire obéir ; de sorte qu'autour de lui tout allait de soi, sans grincement aucun.

Il est difficile d'exercer dans l'armée une autorité de quelque durée, sans avoir appris d'abord à s'en servir. On reconnaît toujours, dans une foule, un ancien militaire à un certain pli du front qui marque plus la volonté que l'intelligence. C'est que, dans le monde, et dans aucun monde autant que dans l'armée, la volonté est tout.

Il n'est pas un lieu de garnison où Bourbaki ait passé inaperçu ; pas une société qu'il n'ait charmée, pas une famille qui ne s'en soit épris ; pas un camarade que sa virile amitié n'ait séduit. Au surplus, nos lecteurs jugeront, par les récits que nous allons faire, si Bourbaki est un soldat, et un des meilleurs, parmi tous ceux qui se sont fait un nom pendant la seconde moitié de ce siècle.

CHAPITRE II

BOURBAKI EN ALGÉRIE

(12 OCTOBRE 1836-2 AVRIL 1854)

Le 59e de ligne, dans lequel débutait le sous-lieutenant Bourbaki, était commandé par le colonel Petit d'Hauterive. Les deux bataillons de guerre, débarqués à Alger le 8 octobre 1833, guerroyaient depuis trois ans dans la plaine de la Métidja, lorsque le maréchal Clausel, devenu gouverneur général de l'Algérie, conçut la pensée de s'emparer de la ville de Constantine. Mais pour arriver à un résultat pratique, il avait demandé 30,000 hommes de troupes françaises, 5,000 hommes de troupes indigènes régulières, 10,000 hommes de troupes indigènes irrégulières soldées seulement pour la durée de l'expédition. On n'accorda au maréchal que la moitié des effectifs qu'il demandait. Le 59e avait même reçu l'ordre de quitter l'Afrique et de rallier Port-Vendres où était son dépôt (lettre du maréchal Maison, ministre de la guerre, au maréchal Clausel, le 2 janvier 1836). Sur la demande du gouverneur général, ce régiment fut autorisé à ne quitter l'Algérie qu'après l'expédition sur Constantine. Bourbaki en fut avisé par les journaux. Il n'y avait pas un instant à perdre, si le jeune sous-lieutenant désirait recevoir le baptême du feu, au début de sa carrière. Sitôt qu'il eut reçu son brevet, Bourbaki se mit en route, rejoignit le 3e bataillon de son régiment qui tenait garnison à Bône, depuis la fin du mois d'octobre.

Le capitaine Saint-Hippolyte [1], attaché au bureau topographique d'Alger, donne les renseignements suivants sur la ville de Constantine. Ils ont leur importance dans ces récits ; ils font connaître les difficultés que nos troupes allaient rencontrer dans leur marche en avant sur cette forteresse, qui n'est autre que la *Cirta* des anciens (en phénicien, *la ville par excellence*).

Danville, la plus solide autorité pour la géographie comparée, s'exprime ainsi sur cette ville : « En s'éloignant de la mer d'environ cinquante milles, on trouve *Cirta*, résidence des rois de Numidie. Les Romains lui donnèrent le nom de *Colonia Sittianorum*, en souvenir d'un partisan du nom de Sittius, qui aurait rendu de grands services à César dans ses guerres en Afrique. » Son nom de *Constantine* lui vient du Bas-Empire, parce que, suivant Aurélius Victor, l'empereur Constantin l'aurait embellie.

Cirta était la capitale de Massinissa, qui y régna soixante ans ; Ptolémée l'appela *Cirta-Julia*, comme ayant été conquise par César. Elle n'en est pas moins nommée *Cirta colonia* dans l'histoire d'Antonin.

Selon Danville, une rivière, l'Oued-Rumel qui porte ses eaux à l'*Oued-el-Kébir* — l'*Ampsagus* des anciens — enveloppe entièrement Constantine.

L'empereur Justinien y fit de grandes réparations. Procope les décrit ainsi : La muraille d'enceinte était si basse, qu'elle était facile à escalader ; si faible, qu'elle pouvait à peine servir à la défense. Les tours étaient à une si grande distance les unes des autres, que les assaillants pouvaient se tenir hors de la portée du trait. Justinien en fit réparer toutes

1. Blanc, dit Saint-Hippolyte, devenu lieutenant-colonel d'état-major attaché à la carte de France, le 13 novembre 1842.

les ruines du côté du septentrion et du côté de l'occident; il fit accroître du double le nombre des tours, les exhaussa, ainsi que les murailles. La ville, située sur une éminence, manquait d'eau. Justinien fit construire un grand aqueduc et distribua l'eau dans Constantine. Ces améliorations acquirent à Justinien le nom de second fondateur de la cité.

Les historiens modernes n'offrent rien de plus détaillé sur Constantine, que ce que nous donne Procope[1]. Cette ville était plus connue dans l'antiquité que de nos jours. De là la nécessité, en 1836, de recourir aux auteurs anciens, pour bien connaître son origine.

Aucun officier français n'ayant pu visiter cette ville, voici la description qu'en donne le capitaine Saint-Hippolyte, dans un mémoire qu'il adressa, en août 1836, au maréchal, gouverneur général, d'après les récits des voyageurs arabes et *mercantis*, en relations de commerce avec les habitants du Beylick :

« Constantine, située sur l'Oued-Rumel, à une centaine de lieues au-dessus de Bône, doit renfermer une population évaluée à 25,000 ou 30,000 âmes, Maures et Juifs. Elle est placée en amphithéâtre dans une presqu'île contournée par la rivière et dominée par la montagne du Mansourah, dont elle est séparée par une grande anfractuosité où coulent les eaux de l'Oued-Rumel (*rivière de sable*), qui, au-dessus de la ville, reçoit l'Oued-Merzoug, dans un lieu appelé El-Kouar (*les arceaux, aqueducs antiques*).

« Au nord-est de la ville, la montagne El-Mansourah s'étend du sud-est au nord-ouest; elle est dépouillée d'arbres, mais la terre serait facilement mise en culture. Vis-à-vis de Constantine, deux mamelons s'élèvent sur le Mansourah :

1. *De Ædificiis*, liv. 2, chap. 5.

celui de l'est, couronné de deux marabouts en maçonnerie appelés Sidi-Mabrou, domine la ville, à portée de canon; l'autre mamelon, au nord-est, porte le nom des tombeaux israélites de Sidi-Mécid.

« Au sud-ouest de Constantine, à 1,500 mètres du faubourg, se trouve la hauteur de Contiat-Aty, dominant les approches de la ville. Constantine, entourée de jardins et de cultures, est dans une situation agréable. Au sud et à l'ouest, la vue s'étend au loin; au nord-est, l'horizon est borné par les hauteurs du Mansourah. La ville, presque entourée de rochers, a la forme d'une ovale allongée dans la partie tournée vers le sud-ouest; trois portes donnent accès dans cet espace, qui a une longueur de 500 à 600 mètres.

« La porte d'Alger (*Bab-el-Djedid*) ou de l'ouest se trouve à l'angle saillant, sur le point le plus élevé du contrefort. La porte du centre se nomme *Bab-el-Oued* ou de la Rachba. La troisième, nommée *Bab-el-Gabia,* communique avec le Rumel. Ces trois portes sont réunies par une muraille antique haute de 30 pieds, souvent sans fossé. En avant de ces portes, un faubourg peu étendu, habité par des artisans et des marchands, se trouve sur un contrefort qui se lie au Contiat-Aty. Au delà du faubourg, sont diverses habitations, une mosquée, des fondoucks et les vastes écuries du bey; beaucoup de ruines, des jardins entourés de haies et de petits murs, beaucoup de tombeaux; tel est le caractère de cette agglomération d'habitations.

« Une quatrième porte, dite d'*El-Kantara,* se trouve en face du Mansourah; elle sert de débouché au pont du même nom, de construction antique, large, fort élevé et ayant trois étages d'arches. Cette porte est défendue par six pièces. A côté du pont, le long des murs de la ville, est une rampe en mauvais état conduisant au fond de la ravine, vaste précipice où les eaux du Rumel coulent quelques instants sous terre, pour reparaître bientôt à découvert.

« La Kasbah se trouve entre la porte d'El-Kantara et celle de Bab-el-Djedid ; elle est défendue par huit pièces de canon ; elle couronne les rochers à pic qui entourent la ville presque de tous les côtés.

« Le Rumel, qui prend sa source à cinq journées de marche de Constantine, est guéable en toutes saisons. Par les fortes pluies, la rivière a quatre pieds d'eau ; en temps ordinaire, elle n'en a que deux.

« A la porte d'El-Kantara, est une cascade où commence la profonde ravine qui contourne plus de la moitié de la ville et peut être considérée comme un immense fossé régnant le long des murailles jusqu'au pied de la Kasbah, de la porte d'El-Gabia à celle d'El-Kantara. Cette coupure a 50 mètres de profondeur et 90 de largeur. Au-dessus de la ville, non loin de la Kasbah, est une autre cascade, dite *des Tortues,* faisant mouvoir des moulins à blé.

« Entre El-Kantara et El-Gabia, les rochers qui constituent l'enceinte de la ville, sans être très élevés, sont garnis de cactus, ce qui les rend inaccessibles à plus de deux ou trois hommes. Près de Sidi-Mimonn, on assure que les murailles sont encombrées par des déblais de démolition ; on croit qu'il serait facile d'y monter.

« Les rues sont étroites et tortueuses. On arriverait au palais du bey, remarquable par un grand cyprès et un mât d'étendard qui se voient à l'entrée, en suivant la rue du marché aux laines faisant face à la porte d'El-Kantara. Pour aller du palais du bey à la Kasbah, on suit la rue du Fouk-el-Kolak qui, en montant, passe près de la Kasbah.

« De la porte d'El-Kantara, on parvient aussi à la Kasbah, en tournant à droite, pour gagner, par quelques zigzags, la rue El-Mar, qui, par un coude à gauche, gagne la hauteur sur laquelle est bâtie la citadelle. »

Itinéraire de Bône à Constantine. — Plusieurs chemins conduisent de Bône à Constantine ; un seul, par la vallée de la Seybouse, quoique difficile, paraît praticable à l'artillerie. Il a été établi par les beys, afin de communiquer facilement avec le port de Bône, qui a de tout temps approvisionné la capitale de la province. On assure que les Arabes ont conduit du canon par ce chemin. En caravane, les Arabes mettent trois jours pour se rendre d'une ville à l'autre ; réunis en une armée, ils mettent huit jours pour y arriver, en divisant chaque journée par étape de quatre à cinq heures de marche.

Marche d'une caravane arabe. — *Premier jour.* — Le pays traversé est peu accidenté ; on s'arrête dans la vallée de Medjez-el-Amar (M'jaïa-el-Hamar).

Deuxième jour. — Les Arabes se dirigent dans la vallée de l'Oued-Zenati, au delà de la montagne Aïn-Adjar, dont les passages sont assez difficiles.

Troisième jour. — Ils arrivent à Constantine, après avoir traversé la rivière Jar-Hamman et quelques petites montagnes. On débouche sur la ville par le haut des plateaux de Mansourah. Le chemin passe par le col formé par les mamelons de Sidi-Mabrou et de Sidi-Melo. De là, on descend vers la porte d'El-Kantara.

Marche d'une armée arabe. — *Premier jour.* — Un chemin facile conduit à El-Adjar (Adouar), vers le milieu de la plaine de Bône. On y trouve quelques sources. Le bois y manque.

Deuxième jour. — On parcourt un terrain peu accidenté et on s'arrête aux sources de Ma-el-Barda. On n'y trouvera que quelques broussailles.

Troisième jour. — On s'élève sur les montagnes difficiles de Méoulloffa. L'eau y est en abondance; mais le bois manque.

Quatrième jour. — On gagne les monts de Hamman-Mascoutin; on traverse la rivière de Bezas-Amar, on passe par les ruines de El-Guema; puis on gravit le faîte de montagnes difficiles que l'on suivra pendant trois jours consécutifs. On y trouve de l'eau et du bois.

Cinquième jour. — L'étape se fait à Hessenia, après avoir franchi la plus haute montagne de la contrée, dite Ras-el-Akba (*tête du mort*) qui présente des passages difficiles. Le bois n'y manque pas.

Sixième jour. — Il faut descendre les montagnes pour s'arrêter sur les bords de la rivière El-Zenati. Le chemin est facile. Le bois fait défaut.

Septième jour. — On se rend à El-Heria par un bon chemin. On y trouvera quelques sources, mais pas de bois.

Huitième jour. — On arrive à Constantine, après avoir traversé le mont Zefzouf. Il y a des bois et de l'eau sur la route.

Tels sont les seuls renseignements que possède le maréchal Clauzel, lorsque, pour la première fois, il met ses troupes en mouvement vers Constantine.

*
* *

Première expédition sur Constantine. — Les troupes destinées à la prise de Constantine se mirent en marche le 13 novembre 1836. Le 59e faisait partie de la brigade de

Rigny, campait le 15 sous Guelma ; le 16, sur les bords de la Seybouse ; le 17, au pied du Raz-el-Akba et le 19 à Raz-Oued-Zenati. Le 20, de nombreux groupes arabes furent aperçus dans la plaine ; ils prirent la fuite devant nos soldats, sans accepter le combat.

Le temps était devenu tout à coup des plus mauvais ; les chemins étaient défoncés par les pluies. La température subitement refroidie devenait glaciale. Le ciel était couvert de gros nuages gris qu'un fort vent d'ouest poussait, tourmentait, déchirait ; haletants, essoufflés, ils se ruaient les uns sur les autres, tournoyaient sur les têtes de nos soldats et crevaient comme des outres trop gonflés, semant partout leur provision d'eau et quelque fois de neige. Une brise glaciale mordait la figure. Néanmoins, le soir de ce même jour, la colonne campait au tombeau romain, à Somma. La nuit fut affreuse, le froid très vif, le bruit du tonnerre, les éclairs, les rafales de vent répandirent l'effroi parmi les troupeaux de chameaux que le corps expéditionnaire traînait à sa suite.

Le désordre se mit dans le convoi. Pour les chameaux, le froid c'est la mort. Ils résistent aux cris ou coups de leurs *s'ououagâ* (conducteurs), se campent la croupe au vent et semblent attendre d'un air stupidement inquiet que la mort vienne les atteindre, ou la fin de la tourmente. Beaucoup s'enfuirent et ne purent être retrouvés.

Le 21 novembre, on traversait l'Oued-Akmouin ; le même soir, nos troupes étaient en vue de Constantine. On pensait y entrer sans coup férir ; mais à peine étions-nous arrivés sous le canon de la place que celui-ci se fit entendre. Il n'y avait plus de doute : la ville était décidée à la résistance. La brigade de Rigny fut envoyée au Contiat-Aty ; les autres troupes s'établirent sur le Mansourah.

Le 22, le maréchal fit canonner la porte du pont sur le bord du ravin ; puis bombarda la ville le lendemain. Pendant que nous faisions nos préparatifs d'investissement autour de la ville, le bey Ahmed nous attaquait en dehors de la place avec les contingents des tribus sous ses ordres ; il fut repoussé, mais, faute de grosse artillerie, nous ne pûmes enfoncer les portes. On essaya du pétard ; les sapeurs du génie furent décimés par la mousqueterie. On parvint cependant à enfoncer la porte Bab-el-Oued ; derrière, on en trouva une seconde. Le désordre se mit dans nos colonnes d'attaque. Impossible d'aller plus loin. L'artillerie n'avait plus que 15 kilogr. de poudre. La retraite s'imposait. La brigade de Rigny évacua le Contiat-Aty, gagna le Mansourah et, le 24 novembre, le mouvement rétrograde commença.

Heureusement, le temps s'était remis au beau ; c'est ce qui sauva le corps expéditionnaire.

Le soir, la colonne campait au tombeau romain, harcelée sur ses derrières comme sur ses flancs ; le 25, elle marchait sur les bords de l'Oued-Talaga, le 26, au marabout de Sidi-Tamtam, sur l'Oued-Zenati ; le 27, à Medjez-Amar et le 28, à Guelma. Le 1er décembre, on était de retour à Bône.

Ce grave échec émut le pays. Le maréchal Clauzel fut rappelé et le lieutenant général comte Damrémont nommé gouverneur général (1er février 1837).

Cette expédition nous coûtait 2,000 hommes, dont une cinquantaine pour le 59e régiment d'infanterie de ligne, parmi lesquels :

1 officier tué ;
2 officiers morts des suites de leurs blessures ;
11 sous-officiers et soldats tués ;
26 sous-officiers et soldats égarés ;
10 sous-officiers et soldats blessés.

Il y a des illusions glorieuses qu'il faut savoir pardonner. La première expédition de Constantine fut de celles-là. Le maréchal Clauzel l'expia cruellement. L'opinion publique, si changeante, se détacha de lui, et il n'eut même pas la satisfaction de venger son échec l'année suivante, lorsque son successeur, le général Damrémont reçut l'ordre de marcher sur Constantine.

*
* *

Quant au sous-lieutenant Bourbaki, il s'était montré, pendant toute la durée de cette campagne de dix-sept jours, aussi gai compagnon de route que charmant camarade. Toutes les sympathies étaient venues à lui, comme par surcroît. De retour à Bône, chefs et soldats vantèrent l'aménité de son caractère ; sa fière attitude en face du danger, sa bonne humeur toujours égale, malgré les privations, les misères, les tristesses essuyées au début de cette campagne.

Le colonel Petit d'Hauterive le fit bien voir, lorsqu'il réunit, au mois de janvier 1837, le corps d'officiers de son régiment, pour fêter la bienvenue du jeune officier, avant que les troupes du corps expéditionnaire ne se séparent pour gagner leurs garnisons respectives.

Ce fut là où Bourbaki apprit à connaître cette bonne et franche camaraderie de nos régiments d'autrefois, cette insouciance de la vie qui était alors le fond du caractère des vieux officiers d'Afrique.

La ville de Bône, à cette époque, n'était pas, à beaucoup près, ce qu'elle est devenue depuis. Le 59e campait non loin de la mer, dont les grandes vagues sans cesse remuées par le vent d'ouest reposaient la vue. Sur la droite s'apercevaient de hautes montagnes couvertes de bois de sapins maigres et rabougris, tandis que, vers la gauche, le regard suivait les silhouettes de collines verdoyantes dressant vers le ciel bleu leurs arêtes dénudées et leurs roches grisâtres.

Des indigènes, des colons de tous les pays, une garnison nombreuse vivaient en bonne intelligence dans cette ville, passant les journées de repos, sans soucis, comme sans chagrins. Le musulman est fataliste ; chaque étape de sa vie est marquée par cet aphorisme qui résume tous les incidents dont son existence peut être parsemée : *Mecktoub !* (c'était écrit) ; le baptisé y répond par cet autre : Qu'importe ! Au fond, le résultat est le même. Dans l'armée, aucun ne s'inquiète du lendemain ; le chef ne veille-t-il pas pour tous ?

Ce chef, le général de Rigny, veillait ; en effet, pendant qu'il parcourait le territoire placé sous son commandement, les officiers passaient leur temps au cercle militaire établi dans une des baraques du quartier de cavalerie. Chacun y trouvait la distraction ou le calme à son gré. Cette salle, peinte à la détrempe, possédait pour tout ornement une pendule sur la cheminée et à la place d'honneur un drapeau arabe taché de sang ; les chaises étaient cachées sous un coutil gris, et, dans un coin, un canapé bourré de foin invitait au repos.

Dans cette atmosphère de franchise et de cordialité, Bourbaki ne pouvait que parfaire son éducation militaire, en se façonnant au contact de gens du métier ayant à leur actif tout un passé glorieux et mus par de hautes pensées guerrières. Là, quand une main serrait la main, on pouvait être sûr qu'au besoin, elle se lèverait pour vous porter secours. Compagnons de fatigues et de périls, les officiers étaient rapprochés par le danger. Le capitaine Manselon[1], de la

1. Victor-André-Bruno Manselon, devenu chef de bataillon au régiment étranger, le 31 décembre 1841.

légion étrangère, homme de manières affables, juste, intelligent, énergique, aimait à passer ses soirées avec Bourbaki. Ceux-là seuls qui ont fait campagne comprendront le plaisir de ces causeries, la douceur de cette nonchalance apparente, quand on s'abandonne à ses rêveries. Il est bon de se sentir vivre, sans souci, sans inquiétude, pendant les intervalles d'une sonnerie de clairon, appelant tout le monde aux armes.

*
* *

Au mois de mars 1837, le 59e de ligne rentrait en France. Bourbaki profita d'une vacance dans le corps des zouaves du colonel Lamoricière pour s'y faire admettre, et, le 23 décembre 1837, il passait avec son grade au bataillon Cavaignac, qui tenait garnison à Tlemcen; il rejoignit son nouveau corps le 4 avril 1837, venant de Port-Vendres, et n'assista pas au second siège de Constantine.

Le récit des événements, pendant les années 1838 et 1839, est assez confus. Les diverses modifications que le corps des zouaves eut à subir pendant ces deux années sont un exemple de cette versalité chronique, en matière d'organisation militaire, qui caractérisait à l'époque et caractérise encore la haute administration française. Disons seulement qu'en 1838, le corps des zouaves, formé à trois bataillons par l'adjonction aux deux bataillons existants (commandant Varnier[1] et Drolenvaux[2]), du détachement de volontaires laissé à Tlemcen en 1836 (commandant Cavaignac[3]), fut ramené l'année suivante au chiffre de deux bataillons, sans qu'on puisse

1. Nommé aux zouaves le 5 février 1836.
2. Nommé aux zouaves le 31 août 1836.
3. Nommé aux zouaves le 4 avril 1837.

trouver une explication qui justifiât, soit l'augmentation de 1838, soit la diminution de 1839.

Quant aux occupations militaires du régiment des zouaves, pendant ce même laps de temps, elles se bornèrent à des allées et venues entre Alger, Oran et Coléah, à des travaux de casernement et de fortification dans cette dernière place, destinée à être dorénavant le lieu de garnison attitré du corps des zouaves, ainsi qu'à différentes escortes de convoi.

Nommé lieutenant le 21 décembre 1838, mis en non-activité peu de temps après, par suite de la suppression du bataillon Cavaignac, Bourbaki passa au 24ᵉ de ligne, qui tenait garnison à Sidi-bel-Abbès et où il ne parut même pas.

On le détacha de son régiment pour servir aux compagnies turques de Constantine, qui, sous les ordres du commandant Molière[1], opéraient entre Milah et Djemidah, avec mission de protéger les convois allant à Sétif.

*
* *

Ici, un détail rétrospectif au sujet de l'organisation des bataillons turcs.

Dès les premiers jours de notre entrée à Constantine, en octobre 1837, des Turcs, des Koulouglis[2], des Kabyles, des habitants même qui avaient été au service de l'ancien bey Ahmed, vinrent demander à contracter un engagement, soit dans les spahis, soit dans un corps d'infanterie. Le général Vallée décida la création d'un bataillon indigène formé au moyen de ces divers éléments. Le recrutement commença le

1. Commande le bataillon turc de Constantine du mois d'octobre 1838 au 27 février 1841.

2. *Koulougli,* enfants de pères turcs et de mères arabes; en arabe : *Qoul-our'li* (fils de bras), pluriel de *Qoul-our'lar.*

17 novembre; deux jours après, le nombre des enrôlés s'élevait à 40 pour les spahis et 650 pour l'infanterie.

Le 9 décembre, le général de Négrier vint prendre le commandement de la garnison de Constantine, en remplacement du général Bernelle. Le 10, un ordre de la brigade régla la formation du nouveau corps qui prit, dès le lendemain, le nom de *bataillon turc de Constantine,* et fut placé sous les ordres du commandant Pâté, remplacé, le 25 décembre 1837, par le commandant Janet, du 26e de ligne.

Le 5 mai 1839, le bataillon turc de Constantine entrait dans la composition d'une colonne qui, sous les ordres du général Galbois, devait se porter sur Djijelli, tandis que le commandant de Salles, venant d'Alger avec un bataillon de de la légion étrangère, devait s'y présenter par mer. Le général Galbois s'arrêta à Djemilah, ne se souciant pas de traverser, avec si peu de monde, un pays que la nature du sol et les dispositions hostiles des habitants rendaient très dangereux. La position fut mise en état de défense, puis la colonne se porta sur Sétif où furent laissés le bataillon turc et quatre compagnies du 23e de ligne.

La garnison de Sétif en profita pour étendre son influence sur les tribus voisines du poste qu'elle occupait.

Vers la fin du mois d'avril 1840, Ben-Amar, lieutenant d'Abd-el-Kader, s'étant montré dans cette région, on y envoya des troupes assez nombreuses pour y organiser une brigade sous les ordres du colonel Lafontaine.

Combat d'Aïn-Turck. — Un bataillon du 62e (le 2e, commandant Lacipierre) travaillait, en avant de Sétif, à la création d'un camp retranché. Le manque de vivres rendait sa situation des plus critiques, lorsque, le 8 mai, le camp fut l'objet d'une attaque formidable de 7,000 à 8,000 Arabes.

La garnison de Sétif se porta à son secours. Le lieutenant Bourbaki, qui faisait partie de la colonne du colonel Lafontaine, du 62e, engagea à fond sa compagnie, et l'élan de sa troupe fut tel que les Arabes se retirèrent en désordre. La lutte recommença le 11, avec un égal acharnement. Mais le 15, le colonel Lafontaine attaqua les Kabyles à son tour, en les attirant sur un terrain choisi et reconnu par lui. L'ennemi se dispersa ; il revint à la charge le 25, conduit par des déserteurs de la légion étrangère; misérables transfuges qui tournaient leurs armes contre ceux qui les avaient accueillis en frères et en camarades. La résistance opposée par les commandants de Lacipierre et Molière fut inébranlable, malgré la tenacité et la hardiesse des agresseurs.

Pour perpétuer le souvenir de ce beau fait d'armes, le général baron Galbois, commandant supérieur de la province, décidait, par un ordre en date du 16 mai 1840, que la redoute d'Aïn-Turck, porterait désormais le nom de *redoute du 62e*.

Et voici dans quels termes le commandant Molière parle à ce sujet du lieutenant Bourbaki, proposé pour la croix de la Légion d'honneur et cité en même temps à l'ordre de l'armée :

Jeune officier d'une haute intelligence et de la plus impétueuse bravoure ; destiné à un bel avenir militaire ; a pris une part brillante à *la redoute du 62e*, les 9 et 11 mai, où il engageait à fond sa compagnie contre un ennemi très supérieur en nombre, avec une extrême hardiesse et une entente remarquable du terrain. Cité à l'ordre de l'armée le 16 mai 1840.

Sétif, le 30 mai 1840.

Le commandant des tirailleurs et des spahis.
Alexandre Molière.

L'effet produit par ces dernières opérations dura à peine deux mois. Au mois d'août, El-Hadj-Mustapha, père d'Abd-el-Kader[1], arrivait à M'Sila, se dirigeait sur Sétif, soulevait toutes les tribus sur son passage. En moins de huit jours, l'insurrection devint générale. Le colonel Levasseur, qui commandait à Sétif, fut presque bloqué dans son camp. Le 17 août, une reconnaissance de cavalerie tomba au milieu d'une nuée d'Arabes, perdit beaucoup de monde et ne put être dégagée que par l'intermédiaire d'une colonne d'infanterie, dont faisait partie le bataillon turc de Constantine.

Le 29, des renforts arrivèrent à Sétif; il fut décidé qu'on prendrait l'offensive, et, le 1er septembre, le colonel Levasseur sortait avec toutes les troupes disponibles de la garnison, pour tenter un coup de main sur le territoire des Ouled-Nabeth, où se trouvait le camp d'El-Hadj-Mustapha. On ne tarda pas à rencontrer la cavalerie ennemie, puis l'infanterie kabyle.

Le bataillon turc fut aussitôt déployé. Là, nous retrouvons Bourbaki, qui a un cheval tué sous lui et reçoit à la jambe gauche une balle qui le fera souffrir longtemps et lui occasionne une blessure dont il ne se guérira jamais.

Cette brillante affaire ayant ramené à nous les tribus révoltées, tout rentra dans l'ordre dès le 13 septembre. Au mois d'octobre, le bataillon turc revenait à Constantine.

Le commandant Molière, nommé lieutenant-colonel au 24e de ligne, le 27 février 1841, fut remplacé, au bataillon turc de Constantine, par le capitaine d'état-major Thomas, aide de camp du général de Négrier.

---

1. En arabe : *A'bd-el-Qader*, le serviteur du *puissant*. Le qualificatif *puissant* est l'un des quatre-vingt-dix-neuf attributs de Dieu.

Tous les combats auxquels avait pris part jusqu'alors le bataillon turc de Constantine, démontraient l'importance que cette troupe aguerrie était susceptible d'acquérir avec une bonne instruction militaire. Les soldats indigènes, habitués à se battre pour leur propre compte, causaient souvent quelques embarras aux troupes françaises qui combattaient en liaison avec eux ; ils étaient audacieux jusqu'à l'imprudence et d'une ténacité irréfléchie. Il fallait les habituer à se rallier promptement pour se porter en avant ou en arrière, et les rendre disciplinés à la voix de leurs chefs.

Bourbaki, malgré le départ de son ancien chef, le commandant Molière, était resté en relations avec lui, et comme ce dernier lui demandait des nouvelles des troupes indigènes, à l'organisation desquelles il avait puissamment contribué au début de notre conquête de la régence d'Alger, voici la belle lettre que lui répondit Bourbaki, à la date du 25 décembre 1841 :

Mon colonel,

Je suis vraiment peiné que vous ayez pu supposer, un seul instant, que j'avais pu prendre sous *mon bonnet* de vous demander de la part du général Galbois, si vous vouliez accepter la belle tâche de présider à l'organisation des corps indigènes de l'Algérie. Je n'ai jamais commis d'étourderie de ce genre ; ce serait me supposer une tendance à vouloir me donner une importance que je n'ai pas, et, grâce au ciel, aucun acte de ma vie ne peut faire supposer une chose aussi misérable.

Malheusement, mon colonel, le gouverneur ne part pas ; le général de Rumigny[1] va probablement seul rentrer en France.

---

1. Comte de Rumigny passé lieutenant général le 21 juin 1840; il deviendra aide de camp du roi, en 1843. (*Note de l'auteur.*)

Ce départ est un chagrin pour moi, en ce sens qu'il eût donné aux corps turcs une puissante organisation, et il est à craindre que, malgré les ordonnances royales, ses successeurs ne fassent guère mieux que vous n'avez fait à l'époque où, dans la province de Constantine, vous avez conservé la vie à un bataillon que le mauvais vouloir, l'intrigue devaient étouffer en peu de temps. Ce brave bataillon est toujours bien beau ; il se conserve intrépide et bon marcheur.

Malgré tout mon amour pour le bataillon indigène, je commence à désespérer de m'y retrouver sous les ordres d'un chef comme vous ; aussi, prenant les choses au sérieux, je crois que, sur la demande du colonel Cavaignac [1], je vais rentrer aux zouaves. Il a eu la bonté de me faire les premières avances, et j'en profiterai.

Vous ne pouvez pas savoir combien le souvenir de votre commandement est une chose sainte pour tous les anciens officiers de votre bataillon.

A chaque *polichinade* de vos successeurs qui, certes, ne sont pas méchants, on se rappelle ce que vous faisiez dans des circonstances analogues, L'on se réunit et l'on vous regrette. Duchaine [2] et Poujol [3], avec qui j'ai passé la matinée, vous présentent leurs respects.

Je n'ai pas besoin de vous dire, mon colonel, tout le plaisir que j'ai eu à lire votre bonne lettre. Chaque conversation et chaque lettre que je reçois de vous m'agrandissent, nettoient des doutes dans mon esprit et me font comprendre et saisir certaines questions qui m'étaient étrangères. Si vous n'êtes pas fatigué de vos bontés pour moi, écrivez-moi de temps à autre ; je n'oublierai rien de ce qui se passera sous mes yeux.

Croyez, mon colonel, que je suis très fier de votre amitié pour moi et que je tâcherai de m'en montrer digne.

---

1. Cavaignac avait remplacé aux zouaves le colonel Juchault de Lamoricière, le 21 juin 1840.

2. Nicolas Duchaine, passé capitaine au bataillon des tirailleurs de Constantine et de Bône, le 20 avril 1842.

3. Jacques-Adolphe Poujol, passé capitaine au demi-bataillon des tirailleurs d'Oran, de Mostaganem et de Mascara, le 11 septembre 1844.

Je vous prie de présenter mes respectueux hommages à Mme Molière, un baiser à vos enfants.

Je suis avec respect, mon colonel, votre affectionné et tout dévoué serviteur.

Charles BOURBAKI.

*
* *

Jusqu'en 1841, les zouaves avaient compté dans leurs rangs un certain nombre d'indigènes, qui n'étaient là que pour justifier en quelque sorte le nom et l'uniforme du corps. L'expérience démontra que, si l'action des officiers français sur des soldats arabes donnait des résultats satisfaisants, il n'en était pas de même sous le rapport du mélange des deux races. Les uns et les autres prenaient les vices inhérents à l'une, sans les échanger contre les qualités de l'autre. Le soldat, en Afrique, a deux devoirs : le combat et le travail. Or, comment, dans une même troupe, forcer le chrétien à prendre la pioche, tandis que le musulman restait oisif. On jugea donc à propos de créer, sous le nom de tirailleurs algériens, des corps spéciaux d'infanterie, où les Français n'occupèrent qu'une partie des emplois d'officiers et de sous-officiers.

Comme conséquence de cette organisation nouvelle, une ordonnance royale, du 8 septembre 1843, porta le corps des zouaves de douze à vingt-sept compagnies et lui constitua un état-major complet, semblable à celui de tous les régiments d'infanterie. De ce jour, le corps prit le nom de *régiment de zouaves*. Bourbaki vint y prendre place le 20 janvier 1842. Le 20 mars suivant, la majeure partie des officiers nommés par organisation ayant rejoint le corps, le colonel Cavaignac réunissait ses trois bataillons sur la place Bab-el-Oued, à Alger, pour y être passés en revue par le gouverneur général.

Le 1er bataillon (commandant de Saint-Arnaud) partit pour Blidah, le 24 mars, avec l'état-major du régiment.

Le 2e bataillon (commandant d'Autemarre d'Ervillé [1]) se mit en route le 28 mars pour Tlemcen, où la réapparition d'Abd-el-Kader rendait nécessaire l'envoi de prompts secours.

Enfin le 3e bataillon (commandant Frémy [2]) s'embarquait pour Bône le 23 mars.

A partir de ce moment, chaque bataillon du régiment des zouaves eut son histoire distincte.

Bourbaki appartenait au 1er bataillon.

Le 30 mars, le général Bugeaud venait prendre à Blidah le commandement des forces qui s'y étaient donné rendez-vous, pour rayonner dans la Mitidja, y assurer notre domination en soumettant les tribus qui habitent les montagnes, tout en étendant la sphère d'action de la garnison de Cherchell.

Le 1er bataillon de zouaves fit partie de la colonne du général de Bar. Il se mit en route le 1er avril, campa le 7, en avant de Cherchell, expéditionna autour de la place, puis rentra, le 16 avril, à Blidah, en passant par Coléah.

Presque chaque jour, des coups de fusil étaient échangés avec les Arabes, et presque chaque jour aussi, les zouaves se signalaient par leur audace et faisaient parler d'eux.

*
* *

Ravitaillement de Milianah et de Médéah. — En 1840, la guerre frappait encore aux portes d'Alger ; la Mitidja était

---

1. Nommé aux zouaves le 23 décembre 1841, devenu général de division.
2. Nommé aux zouaves le 31 décembre 1841.

coupée. Médéah et Milianah avaient une garnison française, mais il fallait une armée pour ravitailler ces deux villes.

Une colonne expéditionnaire, dont fit partie le 1er bataillon de zouaves, partit de Blidah, le 27 avril, à destination de Milianah. La journée du 29 fut marquée par une razzia considérable sur les Hadjoutes : elle produisit 400 prisonniers et 8,000 têtes de bétail.

Milianah fut ravitaillée le 1er mai ; Médéah, le 9 mai ; on revint au camp de Blidah, le 14 mai.

Le repos ne fut pas long. Le général Bugeaud projeta une nouvelle expédition dans l'Ouest ; il s'agissait de remonter la vallée du Chélif, depuis son embouchure jusqu'à Milianah, avec des troupes tirées de la province d'Oran, tandis que le général Changarnier se porterait au-devant de ces dernières avec des troupes fournies par la province d'Alger.

Expédition dans la vallée du Chélif. — Partie de Blidah, le 22 mai, la colonne Changarnier se réunissait, le 30, à la colonne Bugeaud, sur les bords de l'Oued-Rouina.

La jonction opérée, le gouverneur général résolut de se rabattre sur Blidah, en sillonnant le plus de terrain possible. A cet effet, il prescrivit au général Changarnier de se porter sur la Chiffa, par le pays des Beni-Menasser, tandis qu'il se rendrait sur le même point par le chemin direct.

En vertu de ces dispositions, le général Changarnier se mit en route le 1er juin et se rendit chez les Beni-Soliman. Trompé par les guides, il se trouva engagé dans un pays tellement impraticable, qu'il fut obligé de battre en retraite. Les zouaves, qui avaient été chargés de l'avant-garde, devinrent l'arrière-garde et furent harcelés par les Arabes pendant cinq heures.

La colonne Changarnier pénétra aussitôt chez les Beni-Menasser, au-dessus de Cherchell, brûlant et détruisant tout sur son passage, et arriva le 8 juin sur l'Oued-Djer. Pendant ce temps là, le général Bugeaud parcourut le pays compris entre Milianah et Médéah. Le 10, les deux divisions se réunirent devant Blidah.

Cinq jours après, Bourbaki passait capitaine au corps (15 juin 1842). En moins de six ans, il était devenu capitaine, avait obtenu la croix de chevalier de la Légion d'honneur et une citation à l'ordre de l'armée.

*
* *

Nous venons de voir les colonnes d'Oran et d'Alger se réunir dans la vallée du Chélif et opérer de concert. De retour à Blidah, le général Changarnier prit ses dispositions pour pénétrer dans le sud de la province d'Alger, pour faire reconnaître notre domination jusqu'aux confins du Sahara[1]. Il se remit en route le 17 juin, emmenant avec lui les zouaves, qui se signalèrent par une importante razzia sur les bords du Haut-Riou. Le 13 juillet seulement, la colonne était de retour à Blidah, où les zouaves restèrent environ un mois pour travailler à la route qui relie Blidah à Médéah.

A l'automne, nouvelle expédition. Les troupes de la province d'Alger s'avancèrent dans celle d'Oran, amenant avec elles les contingents des tribus alliées. Les soumissions arrivèrent de tous côtés. Dans les premiers jours de septembre, elles reçurent l'ordre de rallier, sous Milianah, le général Changarnier, qui avait préparé une nouvelle expédition dans la vallée du Haut-Chélif. Le 10 septembre, les troupes ex-

1. En arabe : *S'ak'râ*.

péditionnaires étaient concentrées sous Milianah ; elles en repartaient le lendemain, pour aller bivouaquer sur les bords de l'Oued-Rouina. A neuf heures du soir, le bataillon Saint-Arnaud, monté à dos de mulets, partit avec les escadrons du 1er chasseurs d'Afrique pour surprendre la tribu des Sindzes. A la pointe du jour, on tomba sur leurs gourbis, et on s'empara d'un troupeau considérable.

La marche continua le 13 sur l'Oued-Fodha. Le 18, on remonta le cours de la rivière, et la colonne s'établit au centre de la tribu des Beni-Bourdouam, qui vinrent protester de leur soumission.

Le 19 septembre, on continua à remonter le cours de la rivière, lorsque la colonne Changarnier fut tout à coup arrêtée par des rassemblements d'Arabes hostiles qui lui barraient le chemin. Le combat devint très sérieux dès les premiers coups de feu. Les Arabes, enhardis par leur supériorité numérique, se montrèrent très entreprenants. Le combat, commencé à neuf heures du matin, ne finit qu'à cinq heures du soir. Il recommença le lendemain, mais avec moins d'acharnement que la veille, et la colonne put continuer sa route. Les zouaves avaient perdu, dans ces deux journées, quatre officiers tués et dix-sept officiers blessés, parmi lesquels le commandant de Garderens de Boisse, un des héros Constantine.

Le général Changarnier s'avança avec ses troupes jusqu'à Teniet-el-Hâd ; puis il rebroussa chemin.

Le 2 octobre, les zouaves étaient de retour à Blidah ; ils en repartirent le 11 octobre pour parcourir la province de Tittery[1]. De retour à Blidah, le 24, ils en repartaient de

1. Territoire central de la province d'Alger, comprenant les villes de Médéah, Milianah et Hamza.

nouveau le 22 novembre, pour prendre part à l'expédition de l'Ouar-Senis.

Le général Bugeaud, considérant cette contrée comme un refuge toujours prêt à recevoir Abd-el-Kader, s'était décidé à la parcourir à la tête de trois colonnes. Le 1er bataillon de zouaves, sous les ordres du lieutenant-colonel Chasseloup-Laubat, fut placé à la colonne du centre, que commandait Changarnier.

Le 5 janvier 1843, le 1er bataillon de zouaves rentrait à Blidah, où il ne devait rester que très peu de jours.

*
* *

Pendant l'hiver de 1842-1843, Abd-el-Kader, par une pointe hardie, avait jeté la révolte parmi les Kabyles des Beni-Menasser, les sauvages habitants des montagnes escarpées qui séparent Cherchell de Milianah, et rallumé le foyer de résistance dans l'Ouar-Senis, entre le Chélif et le petit désert. Dominer cette révolte des Beni-Menasser, deux mois après se rabattre dans l'Ouar-Senis et en châtier les populations : telle était l'œuvre que Changarnier était chargé d'accomplir. Malgré les difficultés de la saison et les dangers de l'opération, nul ne songeait au péril, tellement la confiance dans le général était grande.

Le départ de Blidah fut fixé au 12 janvier. Pendant huit jours, il n'y eut que bruit et confusion dans cette jolie ville, le lieu de repos ordinaire des zouaves. Les boutiques étaient encombrées de soldats de différents corps pour y faire leurs provisions de sucre, de café, de tabac ou de cigares, suivant la quotité de leurs sous de poche ; des hommes de corvée se croisaient en tous sens, allant et venant des magasins militaires ; enfin, le soir venu, les cabarets fêtaient gaiement le jour du départ jusqu'à l'heure de la retraite.

Le 12 janvier, chacun se mit en route pour Médéah, joyeusement, en bon ordre et en belle tenue, le sac et huit jours de vivres sur le dos ; de là, on devait gagner Milianah.

Lorsque les communications entre Milianah et Blidah n'étaient pas libres, on ne suivait pas la vallée de l'Oued-Djer, dont les contreforts rapides garnis de lentisques et de chênes verts étaient de grandes difficultés pour la marche. Nos colonnes suivaient les crêtes, pour venir camper au marabout de Sidi Abd-el-Kader, sous des oliviers séculaires que la hache française avait respectés.

Pendant la nuit, le ciel se couvrit de nuages, la pluie tomba en abondance ; fort heureusement, le soleil se leva, comme la diane sonnait le réveil, et le 13, nos colonnes traversaient la vallée de l'Oued-Adelia, dont les terres grasses furent très pénibles pour les hommes et les chevaux.

Depuis la vallée de l'Oued-Djer, la route suivait une direction sud ; deux chemins y conduisent : l'un remonte vers Milianah, par les pentes du Gontas et la vallée du Chélif ; l'autre passe par le pays des Righas et gagne la ville du côté nord, en longeant les pentes du Zaccar. Cette dernière était la plus courte et ce fut celle que prit Changarnier.

Le 1er février, les zouaves étaient à Milianah, après avoir remporté sur les Righas un succès éclatant, qui valut au commandant Saint-Arnaud sa nomination au grade d'officier de la Légion d'honneur.

Dès son arrivée à Milianah, Changarnier passa ses journées dans une activité fébrile. Les conférences avec les chefs de service, les dépêches à envoyer, les renseignements à prendre sur le pays ne lui laissèrent pas un instant de loisir.

Tous les jours, Ben-Tifour, l'agha[1] des Beni-Menasser venait chez le général, régler avec lui les différends concernant sa tribu et là, pendant des heures entières, à force de questions adressées sur le même sujet, à des hommes différents, le commandant de la province arrivait à se former des notions exactes sur le pays où l'on devait opérer, sur la longueur des marches, l'eau et le bivouac. Celà dura ainsi une semaine, puis les troupes tinrent la campagne, tantôt dans une direction, tantôt dans une autre. Pendant les mois de mars et d'avril, le 1er bataillon de zouaves opéra entre Milianah, Blidah, Médéah et Dra-el-Mizan.

A la fin d'avril, il était à Médéah, sous les ordres du duc d'Aumale, qui préparait une expédition dans le sud, pour aller occuper Boghar, de manière à faire de ce point une base d'opérations pour manœuvrer sur le Haut-Chélif, et s'il était possible, surprendre la *smalah* d'Abd-el-Kader que l'on savait être dans ces parages.

Le 2 mai, le bataillon Saint-Arnaud partit de Médéah, et se dirigea sur Boghar où il arrivait le 4, et y resta jusqu'au 9, travaillant à mettre la place en état de défense.

Le 10 mai, la colonne expéditionnaire se remit en marche et arriva le 13 à Goundjila, petit village arabe situé sur une colline abrupte.

Cette colonne était ainsi composée : deux bataillons du 33e de ligne, sous les ordres du colonel Camou, qui commandera plus tard, en 1852, la belle division des voltigeurs de la garde ; le 1er bataillon de zouaves, commandé par le lieutenant-colonel de Chasseloup-Laubat ; quatre escadrons du 4e chasseurs d'Afrique (lieutenant-colonel Morris);

---

1. En arabe : *Ar'â, grand, celui dont l'origine est illustre;* pluriel : *âr'âouât,* dont nous avons fait agha, et le mot *or'âlik* en *aghalick.* Il commande les tribus convoquées par l'autorité française.

un escadron du 1er chasseurs d'Afrique (lieutenant Litchtlin); quatre escadrons de spahis (colonel Yussuf; un détachement de gendarmerie (lieutenant Grosjean); deux sections d'artillerie de montagne (capitaine Aubac, du 2e régiment).

Le colonel Camou commandait l'infanterie; Yussuf la cavalerie.

Le service du bureau arabe était dirigé par le capitaine Durieu.

Les gens de Goundjila donnèrent quelques renseignements sur la smalah d'Abd-el-Kader. Elle était à Taguine. Sur leur indication, le prince décida d'accélérer sa marche, et le 15, vers trois heures du matin, la colonne se remettait en route vers le sud.

Prise de la smalah d'Abd-el-Kader. — Le bivouac est à peine établi le soir, sur les bords d'un cours d'eau, que l'on apprend que les Arabes de l'émir[1] ne sont pas loin. Après deux heures de repos, on repart à huit heures du matin. La colonne est divisée en deux fractions : la première comprenant toute la cavalerie, les deux sections d'artillerie de campagne et le bataillon de zouaves, sans sacs et à dos de mulet. La seconde fraction, que commandait Camou, comprenait les deux bataillons du 33e escortant le convoi. On marcha ainsi tout le jour et toute la nuit, traversant un terrain absolument inconnu : c'était l'immensité de la solitude.

Au point du jour, à cinq heures du matin, la cavalerie prit les devants au trot, dans la direction du Djebel-Amour. A onze heures du matin, elle tombait sur la smalah, lui tuait trois cents hommes, faisait trois mille prisonniers et s'emparait d'un immense butin. Le batailon de zouaves n'arriva sur

1. *Émir, celui qui commande, chef, général, prince.*

le théâtre de l'action qu'à trois heures de l'après-midi, bien qu'il eût pris le pas gymnastique pendant près de trois lieues. Il avait fait trente lieues en trente-six heures, sans trouver d'eau, avec un siroco soufflant du désert. C'est peut être la plus admirable marche dont l'histoire ait conservé le souvenir; marche si dure que le sang colorait les guêtres bleues de ces braves fantassins. On les vit alors défiler devant le bivouac des chasseurs d'Arique, en sifflant la fanfare de la cavalerie, comme pour railler les chevaux aplatis sur le sable et n'en pouvant plus. Ils n'avaient laissé derrière eux, ni un homme, ni un mulet.

La journée du 17 fut employée à faire des reconnaissances et à réunir les innombrables troupeaux abandonnés par les Arabes. Le 18 mai, le duc d'Aumale leva le camp de Taguine, et on reprit la direction du nord. On fit séjour à Boghar. Le 25 mai, la colonne rentrait à Médéah.

Bourbaki ne s'y reposa que quelques jours. Le 5 juin, son bataillon reprit sa vie habituelle de courses pénibles dans le sud, tantôt sur un point, tantôt sur un autre, soit sur Boghar, dont l'occupation avait été décidée, soit sur Thaza, soit encore sur Teniet-el-Hâd. Il rentra enfin à Blidah, le 16 août, où il resta jusqu'au 23 septembre.

Du 23 septembre au 27 novembre, nouvelle course sans incidents dignes d'être signalés. De la fin de novembre au 31 décembre. Bourbaki, comme ses camarades, fut employé aux travaux de la route de Blidah à Milianah.

Nous arrivons ainsi à l'année 1844.

*
* *

Le 16 février 1844, le maréchal Bugeaud, appréciant les services que pouvait rendre le capitaine Bourbaki dans le service des affaires arabes, le nomma chef du bureau arabe de Blidah, avec mission d'assurer la réussite des essais de colonisation entre Médéah, Milianah, Cherchell, Alger et Aumale.

Blidah était alors, comme aujourd'hui, du reste, la plus ravissante de toutes les résidences militaires. Le site y est enchanteur et la température exquise; sa ceinture d'orangers embaume l'air et, quand vient la floraison, tout invite à la promenade. En temps ordinaire, la garnison y était nombreuse; elle comprenait le bataillon des tirailleurs indigènes d'Alger et de Tittery (commandant Vergé); le 1er bataillon de zouaves (commandant de Garderens de Boisse, un des types d'officiers les plus étonnants de bravoure et d'intrépidité); deux escadrons de spahis (commandant d'Allonville); deux escadrons du 1er chasseurs d'Afrique (commandant de Noue); un escadron du 5e chasseurs à cheval de France (capitaine de Cauvigny). Il y avait là une société nombreuse d'aimables et joyeux camarades; au bas mot, c'était environ cent cinquante officiers heureux de se rendre mutuellement la vie agréable en s'accueillant partout et toujours en véritables frères d'armes.

Le commandant de place était un colonel napolitain du nom de Poerio, sortant de la Légion étrangère. Il se fit tuer en 1848, dans les rangs de l'armée de Charles-Albert, lorsque la révolution de février fit sentir ses effets en Italie.

Le colonel du 1er chasseurs d'Afrique était le fils cadet du héros de Hohenlinden, l'illustre général de Richepanse.

La vie d'aventures rapproche les distances: chefs supérieurs et jeunes officiers se recherchent. En dehors du carcan et de la discipline, il n'y avait que des camarades profitant de la première occasion pour se faire oonnaître et aimer.

La première pensée de Bourbaki, en arrivant à Blidah,

fut de se tenir au courant des sociétés religieuses musulmanes, qui sont comme l'explication de la mobilité des Arabes et de leurs soulèvements; de recueillir, sur les chefs indigènes qu'il devait surveiller, des renseignements sur leurs relations, leurs alliances de famille, leurs *soffs* (alliés politiques), toutes choses qui sont indispensables pour se reconnaître et se guider au milieu de ce dédale d'intrigues dans lesquelles les Arabes excellent. En réalité, la connaissance des ordres de *khouans* (frères en religion) et des *soffs* sont les clefs de la puissance des indigènes qui, de tout temps, se sont constitués en partis éternellement hostiles, ayant chacun ses alliances dans les tribus voisines.

Il peut y avoir des trêves dans les guerres que se font les Arabes entre eux; mais chaque fois qu'un prétexte quelconque fait recommencer la guerre quelque part, on peut être sûr qu'on retrouve partout les mêmes alliances et les mêmes ennemis. Lorsqu'on connaît l'histoire des *soffs*, on peut donc prévoir facilement, en voyant telle fraction de tribu prendre telle résolution, que telles ou telles fractions d'autres tribus feront comme elles ou feront le contraire. Avec la connaissance détaillée des *soffs* et des sociétés religieuses de khouans, on peut prévoir l'avenir, et il en a été toujours ainsi sous ce rapport. Ce fut là une grande lumière apportée par Bourbaki dans la question jusqu'alors si embrouillée des soulèvements multiples de tribu à tribu, en pays arabe.

Partant de ce principe, on sut dès lors à Blidah sur qui on pouvait compter, qui on devait craindre et aussi qui traiter avec douceur et ménagement, ou frapper sans pitié.

Bourbaki, chef du bureau arabe de Blidah, était sous les ordres du colonel Daumas qui dirigeait, à Alger, le bureau politique des affaires arabes. Mais l'année 1844 fut une année de paix relative dans la province d'Alger. Abd-el-

Kader, poursuivi et traqué dans toutes les directions, chassé de ses places principales et rejeté dans le Maroc, soulevait les Marocains et les entraînait à la guerre sainte. Toute l'ardeur de la lutte va se concentrer dorénavant sur la frontière du Maroc. Cette levée de boucliers, subie par l'empereur Mouley-abd-er-Rahman, impuissant à empêcher ses fanatiques sujets à prendre fait et cause pour l'émir, se terminera par la bataille d'Isly, livrée le 14 août 1844.

Pendant que la guerre est ainsi transportée au loin, les tribus de la province d'Alger n'ont plus à redouter les exécutions sévères que leur infligeait chaque année Abd-el-Kader. L'ordre et la paix renaissent peu à peu. Le moment était donc favorable pour entrer en relations avec elles et les attirer à nous ; Bourbaki ne manqua pas d'en profiter. Il groupa autour de lui un certain nombre de cavaliers indigènes, vigoureux et dévoués à la cause française; il en forma un *maghzen*[1] toujours prêt à parcourir le cercle de sa résidence et destiné à lui créer des moyens de répression rapides et sûrs.

Avec ce *maghzen,* le nouveau chef du bureau arabe de Blidah se mit à parcourir les tribus, écoutant tout le monde, parlant à chacun de ses intérêts, de ses affaires, faisant respecter les droits de tous, punissant les voleurs et les criminels par les tribus elles-mêmes, leur conseillant la paix, le travail, la culture et apportant tout un appui efficace aux indigènes désireux de se rapprocher de nous. Toujours à cheval pour rassurer les uns, gourmander les autres, il acquit bien vite une grande influence dans le pays. Il connut en peu de jours les populations, les intérêts, les alliances

1. *Maghzen,* bande de cavaliers à la solde du turc Mocrasni, cavalier soldé du bureau arabe; de *khesen, action de déposer, de conserver quelque chose,* dont on a fait *khenzna,* trésor, arsenal, magasin.

des uns et des autres ; il obtint cette connaissance profonde des gens et des choses qui permet toujours de toucher juste et de donner à chacun la part d'honneur qui lui revient ; ce qui, chez les Arabes plus que chez tout autre peuple, a une valeur immense.

Pour quiconque connaît l'Algérie, ce fut là certainement un grand résultat, et l'avoir obtenu est une preuve sans pareille d'aptitude au travail et au commandement.

Sous cette saine et énergique influence, les gens d'ordre, qui sont partout les plus nombreux, quoi qu'on dise, commencèrent à reprendre l'habitude des champs ; les labours, abandonnés pendant les années de guerre, reprirent de l'extension. Les marchés, protégés, se peuplèrent, et les transactions, rassurées par l'énergie de l'autorité et de la justice, se firent nombreuses. Bref, les populations trouvèrent, sous l'autorité bienfaisante de Bourbaki, du calme, de la tranquillité et du bien-être qu'elles ne connaissaient pas avant lui ; et c'était beaucoup dans un pays ravagé par l'émir, foulé par nos colonnes et dont les habitants avaient été constamment razziés par les deux partis.

A l'époque dont nous parlons, il n'était pas toujours facile de mettre d'accord Européens et indigènes ; civils et militaires. Le capitaine Bourbaki y parvint, cependant, par sa bonté, son énergie, son intelligence. Il eut l'honneur d'être présenté au duc d'Aumale et le roi Louis-Philippe l'appela auprès de lui, en qualité d'officier d'ordonnance, le 12 novembre 1845.

*
* *

Le capitaine Bourbaki est à peine à Paris, que le général Comman, qui commande la subdivision de Blidah, écrit au maréchal Bugeaud, duc d'Isly, la lettre suivante :

Blidah, le 20 mai 1846.

Monsieur le Maréchal,

Ce n'est pas par intérêt personnel, que je vous écris, mais pour vous prier de faire revenir le capitaine Bourbaki au bureau arabe de Blidah, puisque je ne dois pas rester ici ; mais il s'agit là d'un intérêt général. Nulle part cet officier ne fera mieux qu'ici et ne sera plus nécessaire. Je ne vous fatiguerai pas, Monsieur le Maréchal, en vous donnant mon avis à ce sujet, il me suffira de vous dire que *je le crois absolument nécessaire.*

Je suis, avec un respectueux attachement, Monsieur le Maréchal, votre dévoué et vieil ami.

COMMAN.

Quelques jours après, le maréchal Bugeaud demandait au souverain de rendre à l'Algérie le capitaine Bourbaki, qui vint reprendre son poste à Blidah en juin.

N'est-ce pas là une preuve irréfutable de la haute estime du duc d'Isly pour le jeune capitaine, qui fut promu chef de bataillon, le 28 août 1846, au 2e bataillon d'infanterie légère d'Afrique, puis, le 9 octobre suivant, au bataillon de tirailleurs algériens de Constantine, en remplacement du commandant Thomas, passé lieutenant-colonel ?

Voilà donc Bourbaki chef de bataillon à trente ans.

*
* *

Quelques jours après sa nomination, le nouveau chef de corps offrait un punch à ses officiers au café de Si-Lakdar qui, situé au centre du quartier arabe de Constantine, avait le monopole de ces sortes de réunions. Là, on mariait les bols de punch aux bols de vin chaud, les saladiers de vin à la française à l'intarissable répertoire des chansons gauloises, sentimentales et bachiques. Le lendemain, ces mêmes officiers rendaient au commandant Bourbaki sa politesse de la veille. Il y avait là des camarades qui pouvaient chanter toute une nuit sans se répéter et sans s'égosiller.

C'est dans cette réunion, à laquelle assistaient tous les officiers de la garnison de Constantine, que le sous-lieutenant Artus[1] improvisa les deux couplets suivants qu'il chanta sur l'air de la retraite :

Gentil turco,
Quand autour de ta boule
Comme un serpent s'enroule
Le calicot
Qui te sert de schako,
Madam' Nicot
Sans te dire : Nisco !
Aboule son fricot.
Voilà l' turco,
Turco, turco bono.

Quand un turco
Part joyeux pour la guerre,
Bravant ciel et terre,
Le siroco
Mêm' lui paraît frisco,
Et l'Arbico[2]
Qui tremble dans sa peau,
Dit : Je paierai l'impôt.
Voilà l' turco,
Turco, turco bono.

---

1. Passé lieutenant au 18e léger, le 19 décembre 1848.
2. Nom générique donné par les Français aux Arabes.

Tous les officiers applaudissent; mais alors plusieurs voix s'élèvent :

— Et le commandant? clame l'un.

— On demande le couplet du commandant! s'écrie un autre.

— Pas de turcos sans Bourbaki! crie encore une voix partie du fond de la salle.

Artus se recueillit et entonna le couplet suivant :

Dans les maquis,
Dans les bois, dans la plaine,
Ils sont sans gêne
Et sans soucis
Comme en pays conquis.
Eh bien, ce chic exquis,
Par les turcos acquis,
Ils le doivent à qui?
A Bourbaki,
A Charles Bourbaki.

La salle trépigna sous un tonnerre d'applaudissements. Les verres s'entrechoquèrent, Bourbaki quitta sa place et alla serrer la main de l'improvisateur. Ah ! la camaraderie, dans cette vieille armée d'Afrique, n'était pas un vain mot. Chefs et officiers subalternes sentaient alors qu'ils avaient besoin les uns des autres et de serrer les coudes. La confraternité d'armes dans les combats était à ce prix.

Puis, lorsque le silence se fut un peu rétabli, un autre officier, le lieutenant Duchaine, un des anciens collègues de Bourbaki au bataillon de tirailleurs d'Alger et de Tittery, se chargea des couplets suivants, qu'il entonna d'une voix de stentor :

Bientôt l' turco
Au sein du tintamarre
Dans la bagarre
Au premier rang
S'élance bondissant.
Tournant le dos,
L'ennemi dit tout haut :
Il fait ici trop chaud !
Voilà l' turco,
Turco, turco bono.

Quand d'un turco
L'âme fière s'envole,
Joyeuse et folle,
Au paradis
Par ses pères promis,
Il dit tout bas,
Sans crainte du trépas :
La illah, Alla illa[1] !

Cette chanson, improvisée dans une fête tout intime

1. Il n'y a d'autre Dieu que Dieu.

donnée à Constantine à l'occasion de la promotion de Bourbaki au grade de chef de bataillon, est légendaire aujourd'hui. Elle est devenue le motif d'une fanfare qui se joue dans la nouba[1], comme dans nos musiques militaires françaises.

Un chef qui réunit autant de sympathie dès son arrivée dans un corps nouveau, devait être aimé et adoré de ses inférieurs. Sous ce rapport, Bourbaki le fut au plus haut degré. Il apportait, dans le commandement qu'il allait exercer, le tempérament particulier de soldat d'une extrême bravoure, d'une indomptable énergie mêlée à cette bonhomie dont le maréchal Bugeaud semblait avoir donné le ton aux chefs de l'armée d'Afrique. Brillant officier dans toute la force du terme, Bourbaki va communiquer aux tirailleurs indigènes, vulgairement appelés *turcos,* cette coquetterie qui ne les a jamais quittés depuis et qui fut bientôt si légendaire parmi nos troupes d'Afrique ; il va leur faire acquérir de nouvelles qualités pour ajouter de nouvelles pages à leur livre d'or, de façon à les assimiler de plus en plus aux autres corps de l'armée française, tout en restant d'incomparables éclaireurs, admirablement préparés pour le combat individuel et la lutte de partisans, qui allait être le caractère particulier de la dernière période de la conquête algérienne.

Le nom de Bourbaki reste donc ainsi, pour les turcos, ce que celui de Lamoricière est resté dans le corps des zouaves, celui autour duquel se sont groupées depuis toutes les traditions qui s'allient intimement à l'histoire d'un régiment et deviennent, pour ce dernier, le lien magique qui s'appelle : *esprit de corps.*

---

1. *Nouba* (garnison) signifie littéralement *tour de rôle.*

Opérations dans le Belezma. — La campagne de 1848 s'ouvrit par une expédition chez les Ouled-Soltan.

Bou-Azis, ancien cheik du Belezma, avait été longtemps interné à Batna, pour y être l'objet d'une surveillance particulière. Nul indice n'étant venu éveiller le moindre soupçon à son égard, on lui rendit la liberté vers la fin de 1847. Au lieu de nous savoir gré de cette générosité, il se mit à fomenter des troubles dans le pays, faisant appel à tous les mécontents de notre administration, réveillant le fanatisme des tribus qui avaient combattu naguère sous son drapeau. On l'écouta volontiers, et bientôt Ahmed-S'ghir, *kodja* (secrétaire) de Sidi-el-Bey, caïd des Ouled-ben-Aoun, quitta la smalah de son maître pour se mettre à la disposition de Bou-Azis, avec soixante-dix tentes environ.

Il importait de réduire ce soulèvement avant qu'il eût pris un peu de consistance.

Le 7 avril 1848, le commandant Bourbaki quitta Constantine avec cinq compagnies de son bataillon pour se porter sur Batna, où se réunissait une colonne composée des six compagnies d'élite du 2e de ligne; un escadron de chasseurs d'Afrique; un peloton de spahis et deux pièces d'artillerie; le tout sous les ordres du colonel Canrobert.

Cette colonne se mettait en route le 11 avril et franchissait, par une neige abondante et un froid glacial, la gorge effroyable par laquelle la route de Sétif débouche dans le défilé de Batna. Arrivée à Aïn-Djeina, elle y recevait la soumission de Si-el-Bey et d'Ahmed-S'ghir et en repartait le 13 pour se mettre à la poursuite des Haliana qui s'étaient retirés dans les montagnes. Cette fraction fut surprise le lendemain dans ses campements et dut nous abandonner ses troupeaux, ses chevaux et ses bêtes de somme. La colonne arrivait le 15 à Aïn-Cheddi, traversait la plus grande partie du pays des Ouled-Soltan, arrêtait plusieurs perturbateurs indigènes, et rentrait le 25 avril à Batna.

*
* *

Expédition dans l'Aurès. — Plusieurs tribus de l'Aurès, notamment celle des Beni-Oudjana, refusaient depuis longtemps de payer l'impôt. Dès que le colonel Canrobert fut de retour à Batna, le général Herbillon, qui venait de prendre le commandement de la province, le chargea de diriger une expédition dans cette région jusqu'alors insoumise.

La colonne organisée à cet effet comprit : cinq compagnies du bataillon de tirailleurs (commandant Bourbaki); cinq compagnies de la légion; un bataillon du 43e de ligne; un escadron de chasseurs d'Afrique; un peloton de spahis et trois pièces de montagne.

Elle se mit en route le 10 mai pour le territoire des Ouled-Mache, où elle arriva le lendemain; le 12, elle opéra une razzia chez les Ouled-Bachia, fraction des Beni-Oudjana; le 14, elle campa sur les bords de l'Oued-Mélagou; Canrobert y reçut la soumission des Beni-Oudjana et organisa une colonne volante forte de huit compagnies, sous les ordres de Bourbaki, pour parcourir le pays et en imposer aux populations qui n'avaient cédé que devant la nécessité. Ce furent cinq compagnies du bataillon de tirailleurs, les deux compagnies d'élite du bataillon du 43e et la compagnie de voltigeurs de la légion; elles campèrent le 20 mai à Aïn-Tout, aux sources de l'Oued-Tamagrat; le 22, sur les bords de l'Oued-el-Hammam, après avoir franchi le col de Kenchela, et rentrèrent le 24 au camp de l'Oued-Mélagou, sans avoir rencontré le moindre rassemblement, ni la moindre manifestation hostile sur tout leur parcours.

Une journée fut consacrée à la perception des impôts, puis la colonne entière se remit en marche, passa le 27 à El-Akbarat, campa le 31 à l'Oued-Taza, descendit ensuite la belle vallée de l'Oued-el-Abiod et arriva le 3 juin à Menna, où Canrobert apprit tout à coup le voisinage de Sidi[1]-El-Hadj[2]-Ahmed, l'ancien bey de Constantine.

Depuis longtemps ce chef détrôné s'était retiré dans l'Aurès, où il vivait en fugitif plutôt qu'en chef de partisans. Abandonné de tous les siens, désespérant de se créer désormais un nouveau parti, tous ses soins consistaient à nous dérober le lieu de sa retraite, qui était le village de Kébaïech, situé dans un des endroits les plus difficiles de la montagne. Il n'exerçait aucune action directe sur les agitateurs qui avaient soulevé la province; mais son nom, en servant de mot d'ordre à ses coreligionnaires, pouvait être dans le pays une cause de troubles, sinon d'insurrection. Il devenait donc politique de s'emparer de sa personne, si on voulait enlever aux perturbateurs tout prétexte d'agitation.

A cet effet, le colonel Canrobert quitta, le 4 juin, le camp de Menna, à la tête du bataillon de tirailleurs, des deux compagnies d'élite du 43ᵉ, de la légion et de deux pièces d'artillerie, pour se diriger sur Kébaïech, pendant que le commandant de Saint-Germain, avec la garnison de Biskra, interceptait tous les défilés conduisant vers le sud.

Découragé, voyant le lieu de sa retraite découvert, fatigué de la vie de proscrit qu'il menait depuis la prise de Constantine, et sur le point de se voir saisi, El-Hadj-Ahmed écrivit au colonel Canrobert pour se mettre sous la protection de la générosité française. Ce message n'arriva à sa destination

1. *Sidi* signifie monsieur, monseigneur.

2. *El-Hädjdj, le pèlerin,* titre qui précède le nom de tout musulman ayant fait le voyage de la Mecque (Mekka ou el Mdira).

que le 4 au matin, lorsque la petite colonne française se trouvait déjà à six lieues du camp de Menna.

Le lendemain, El-Hadj-Ahmed se rendait au commandant de Saint-Germain, et, le 6, la colonne Canrobert allait camper à Méchounech, arrivait le 7 à Biskra, et rentrait le 14 à Batna où elle fut dissoute.

En se séparant du bataillon de tirailleurs, Canrobert, s'adressant à Bourbaki, lui dit en le complimentant : « Je ne prétends pas que vos soldats soient les meilleurs de l'armée française, mais je n'en connais pas qui vaillent mieux. Avec une troupe comme la vôtre, on peut tout entreprendre, tout oser. »

Bourbaki rentra à Constantine, le 19 juin, avec son bataillon, ramenant El-Hadj-Ahmed, qui fut envoyé à Alger pour y être interné. Il y mourut au bout de peu de temps, après avoir presque effacé, par sa conduite et la dignité de ses manières, sa réputation de cruauté envers les Arabes soumis à nos lois.

*
* *

Expédition de Sidi-Mérouan. — Parmi les soumissions reçues l'année précédente par le général Bedeau, dans son expédition sur Collo, se trouvaient celles des frères Azedine, Mohamed et Bou-Renou, chefs très influents du Zouagha. On leur avait laissé le titre de cheik[1], en raison de leur protestation de dévouement à l'autorité française. Mais les deux frères n'étaient pas sincères ; ils continuèrent à donner asile aux voleurs et aux assassins, à autoriser leurs cavaliers à piller le territoire des Mouïas et des Beni-Tlilen, tribus

1 *Chikh* (au pluriel : *chioukh*), *homme âgé et supposé expérimenté;* par extension, *homme qui exerce une autorité morale en politique; chef.*

inoffensives qui nous payaient régulièrement l'impôt, de sorte que les deux caïds investis par nous en 1847, Ferath et Bou-Lakkas, étaient sans autorité. Bref, l'anarchie la plus complète régnait dans le pays.

Justement préoccupé de cet état de choses, le général Herbillon opposa aux deux chefs rebelles l'influence d'un de leurs neveux, Bou-el-Akkas, qui venait précisément d'arriver à Milah. En conséquence, et dans le but de favoriser les prétentions de ce dernier, une colonne, sous les ordres du colonel Jamin, du 8e de ligne, reçut l'ordre de s'établir à Sidi-Mérouan, dans un camp qui avait déjà été occupé l'année précédente.

Cette colonne fut ainsi composée : cinq compagnies du bataillon de tirailleurs (15 officiers et 597 hommes), un escadron du 3e chasseurs d'Afrique ; un peloton du 3e spahis et deux pièces de montagne. En tout, près de 1,200 hommes.

Cette colonne quitta Constantine le 3 août et campa le même soir à Aïn-Tedjemouth. Le lendemain elle se portait sur Aïn-Sidi-Mérouan, village important situé au confluent du Rummel et de l'Oued-Eudja, point à partir duquel la rivière prend le nom de l'Oued-Kébir avant de pénétrer dans la Kabylie par l'étroit défilé formé par les dernières pentes du Zouahra et du Djebel-Ségou. La colonne trouva le village en feu et les collines en arrière occupées par les cavaliers des deux frères Azedine. Trois compagnies du bataillon de tirailleurs et les deux pièces d'artillerie se déployèrent sur les hauteurs de droite pendant que la cavalerie s'avançait par la gauche et chargeait vigoureusement l'ennemi qui fut poursuivi jusqu'à l'Oued-Eudja. L'approche de la nuit ne permit pas de profiter de cet avantage ; nos troupes durent se replier pour établir leur camp, et les Kabyles purent battre en retraite sans être inquiétés.

Le 5, deux compagnies du bataillon Bourbaki remontaient le cours de l'Oued-Eudja et recevaient la soumission des habitants de Sidi-Mérouan.

Le 8, le commandant Bourbaki sortait du camp à la tête de 50 cavaliers et d'une compagnie de son bataillon, se jetait sur un parti de cavaliers arabes qui était venu attaquer nos avant-postes, culbutait ensuite un gros de fantassins kabyles qui avait pris position dans le hameau de Sem-Ellil, à une portée de canon du camp.

Le 13 au soir, le commandant Bourbaki, avec trois compagnies et l'escadron de chasseurs d'Afrique, se portait sur le village d'El-Amma, avec la mission d'empêcher l'ennemi de s'y ravitailler.

Le 14, les Kabyles vinrent occcuper le village de Sem-Ellil. Deux pelotons de chasseurs d'Afrique, soutenus par une compagnie de tirailleurs indigènes sous les ordres de Bourbaki, exécutèrent une charge à fond de train sur l'ennemi qui fut poursuivi jusqu'à la rivière. L'infanterie s'avança ensuite ; mais les fantassins kabyles, dans le but de ne pas se laisser aborder, se hâtèrent de repasser la rivière, d'où la 5e compagnie indigène les chassa en leur faisant éprouver des pertes considérables. Le lieutenant de Montalembert y fut tué.

Le 18, nouvelle offensive des Arabes qui attaquèrent, à neuf heures du soir, la face nord du camp français gardée par trois compagnies du bataillon indigène. Bourbaki fit aussitôt renforcer les avant-postes qu'il relia entre eux par les deux autres compagnies de son bataillon déployées en tirailleurs. Les Arabes se retirèrent sans oser pousser plus loin leur attaque.

Le 30 août, les Arabes profitèrent de la fin du Ramadan pour attaquer dans la nuit les deux faces occupées par le bataillon indigène qu'ils croyaient distrait par la célébration de cette fête musulmane. Mais Bourbaki avait l'œil; il donna ses ordres en conséquence aux avant-postes, dont le service de sûreté fut fait avec une extrême vigilance, et qui reçurent l'agression des Arabes avec une fusillade des mieux nourries. Les faces attaquées et les grand'gardes furent renforcées par les deux compagnies tenues en réserve; en moins d'une heure tout le terrain fut nettoyé.

Le 2 septembre, Bourbaki, avec ses fantassins indigènes, repoussait encore une attaque des Arabes dirigée d'abord sur une seule face du carré occupé par nos troupes, puis, peu à peu, sur toutes les faces à la fois. Le nombre des assaillants et la faiblesse de la colonne nécessitant l'entrée en ligne de tous les hommes disponibles, le combat devint bientôt général et, sur certains points, atteignit des proportions considérables. Un grand feu, allumé à une certaine distance et sur un point parfaitement choisi, répandait sur le camp français une lueur rougeâtre et permettait aux Arabes de se glisser dans la broussaille sans être vus. La lutte dura trois heures. Enfin, les Kabyles, désespérés par l'énergie de notre défense, se retirèrent. Mais, le lendemain, de larges mares de sang qui baignaient le sol çà et là, autour de nos avant-postes, indiquaient assez combien les assaillants avaient fait des pertes sensibles.

Le 3, Bou-el-Akkas-ben-Azedine, à la tête des Mouïas, et appuyé par un peloton de saphis, voulut tenter une razzia sur les Beni-Haroun, qui fournissaient des contingents à ses oncles. Pour seconder cette opération, Bourbaki reçut l'ordre de prendre position au-dessus du gué du Rummel, avec 150 chevaux et 200 fantassins fournis moitié par le bataillon indigène, moitié par le bataillon du 8e de ligne. En se rapprochant de l'Oued-Eudja, le détachement ne tarda pas à être attaqué sur sa gauche. Bourbaki fit descendre dans la rivière la compagnie du capitaine Jolivet. Refoulé et dispersé, l'ennemi ne poussa pas plus loin ses attaques, et nos fantassins se retirèrent sous la protection d'une charge de cavalerie brillamment exécutée par le commandant de Noé.

Le 7 septembre, le général Herbillon arrivait au camp de l'Oued-Eudja et prenait la direction des opérations. Le 8, il voulut tenter une reconnaissance dans la vallée supérieure de la rivière, dans la direction de la maison de Mohammed-ben-Azedine, et donna à Bourbaki le commandement du détachement qui allait opérer sur le village de Bou-Fouchi. Ce détachement se composait de trois compagnies indigènes, des six compagnies d'élite du 8e de ligne, d'un escadron de chasseurs d'Afrique, d'un peloton de spahis et de deux pièces d'artillerie.

On arriva sans difficulté au col qui domine le village de Djellamah, situé sur la rive droite d'un affluent de l'Oued-Eudja, et centre de la résistance des Beni-Azedine. La vallée va en se rétrécissant et devient un étroit défilé à l'embouchure du ruisseau. Les pentes qui forment ce défilé sont raides et difficilement accessibles à de la cavalerie. Mais Bourbaki a tout prévu : quelques obus suffisent pour disperser les Kabyles qui lui barrent la route. Profitant alors de ce moment de stupéfaction de l'ennemi, il fait avancer contre ce dernier deux compagnies indigènes auxquelles il fait prendre le pas de course pour poursuivre les Kabyles jusqu'au delà de la rivière. La cavalerie acheva cette poursuite et l'ennemi battit en retraite dans toutes les directions.

Le 9 septembre, on attaqua la smalah de Bou-Renou-ben-Azedine. La colonne d'attaque fut divisée en deux groupes : le bataillon indigène avec Bourbaki, qui forme l'avant-garde, se lance sur la gauche, aborde avec sa vigueur accoutumée les hauteurs qui longent l'Oued-Eudja et en occupe les crêtes. La smalah fut enlevée et incendiée, le jardin des Beni-Azedine détruit.

Ce dernier combat amena la soumission complète des rebelles.

L'expédition était terminée; elle avait duré plus d'un mois et donné lieu à dix combats dans lesquels le bataillon indigène de Constantine, sous l'habile et vigoureuse impulsion du commandant Bourbaki, faisant face à tout, atteignait l'ennemi partout où il se trouvait.

Le 12 septembre, la colonne était dissoute; le bataillon Bourbaki se mettait en route le jour même pour Constantine, où il arrivait le lendemain.

* * *

Expédition de Kabylie. — Malgré les fréquentes incursions de nos troupes en Kabylie, cette région était demeurée insoumise. Au commencement de 1849, un nommé Ahmed-ben-Abdallah-ben-Djamina surgissait du milieu des tribus de Collo, cherchant à les soulever. Ce nouveau *maître de l'heure,* ainsi que s'appellent tous les prétendus envoyés du prophète, disait aux populations crédules et fanatiques de la Kabylie qu'il avait reçu de Dieu le pouvoir de faire tomber les murailles des villes et de changer la poudre en poussière. En quelques jours, il eut autour de lui un nombre considérable de fervents musulmans; l'insurrection prit alors une extrême gravité.

Le 28 avril, Ben-Djamina, qui s'était avancé jusqu'à Souk-el-Sebt[1], menaçait la route de Philippeville; il fallait l'en

1. *Le marché du samedi.*

chasser à tout prix. Dès le lendemain, le commandant Bourbaki sortit de Constantine avec son bataillon et le fit bivouaquer dans la plaine, à Smendou, prêt à tout événement. Le 30 au matin, il prenait la route d'El-Harouch, et allait s'établir le 2 mai à Robertville. Ben-Djamina avait disparu de la contrée. Le général de Salles imposa une lourde contribution de guerre aux tribus qui avaient prêté main-forte à l'agitateur ; le bataillon indigène put dès lors rentrer à Constantine, où il arriva le 4 mai.

Cette opération relégua l'insurrection dans les montagnes ; elle était vaincue sur un point, mais non étouffée. Il fallut y revenir et, en prévision de ce qui se pouvait se passer, Bourbaki reçut l'ordre de repartir pour Constantine le 8 mai, pour rallier à Smendou une colonne volante que le général Herbillon y organisait, de manière à marcher sur le premier point où un danger quelconque se révélerait.

Le 18 mai, on était à Milah ; le 20, on prenait position sur les hauteurs de l'Oued-el-Akahal ; le lendemain, on se mettait en marche sur trois colonnes, pour pénétrer dans les montagnes, et à 10 heures du matin on campait à Beïnen. Il était alors facile d'atteindre les troupeaux des tribus rebelles qu'on savait se diriger du côté des Beni-Mimoun. Les dispositions furent bientôt prises, et une colonne forte de sept compagnies, dont trois indigènes (2e, 5e et 8e), quitta le camp vers deux heures du matin, se dirigeant de ce côté par des sentiers presque impraticables, tellement ils sont cachés par les plantes et par les herbes qui tapissent les rochers abrupts donnant accès à la montagne.

Lorsque Bourbaki arriva avec sa troupe en face du ravin principal qui couronne la position de l'ennemi, il se trouva en face du goum de Ben-Azedine, dont une partie avait passé la rivière ; mais une reconnaissance minutieuse lui fit découvrir de petits sentiers serpentant dans les rochers et qu'il était possible de suivre, même en y engageant ses compagnies une à une. Reçus par une vive fusillade, les turcos ne répondirent pas et débouchèrent bientôt sur la rive opposée. Dès lors, la position était tournée et les Arabes pris entre le gros de la colonne française et les crêtes rocheuses qu'ils ne pouvaient gravir. Tous cherchèrent à se sauver dans les broussailles, au fond du ravin, où le plus grand nombre succomba sous les balles de nos soldats. La nuit approchait; on rallia la colonne pour la ramener au camp. Cette brillante affaire, due au coup d'œil de Bourbaki, eut pour résultats la soumission de presque toutes les tribus du Zouagha.

La leçon infligée aux Beni-Mimoun était suffisante; dès le 4 juin, les tribus rebelles vinrent faire leur soumission, entraînant avec elles toutes celles n'ayant pas payé l'amende qui leur avait été infligée.

Le 5, la colonne revint à Sidi-Merouan; le 6, elle campa à Bou-Nouara; le 7, sur les bords de l'Oued-Mekressel; le 8, à Souk-el-Sebt; le 13, à Djenen-el-Anab; le 14, à Roussa-el-Youdi, sur les bords de l'Oued-el-Rehasse, où le général Herbillon reçut la soumission des Beni-Tonfout. On y resta deux jours; le 17, la colonne se porta à Tsomelout.

Ce mouvement n'était qu'une feinte. Le lendemain, le général Herbillon revenait sur ses pas, faisait fouiller par le bataillon indigène la riche vallée de Karouah, et s'installait au centre du pays, d'où des colonnes volantes rayonnèrent dans toutes les directions, dissipant les derniers symptômes de résistance. Le 22 juin, Bourbaki alla châtier les Beni-Ishac; le 25, le bataillon indigène était à El-Harouch et rentrait le lendemain à Constantine.

Ainsi se termina cette insurrection, commencée par un

fanatique, poursuivie par deux intrigants. Grâce aux promptes mesures prises par le commandement, la révolte, circonscrite dans un cercle assez étroit, devait forcément succomber.

Un autre soulèvement allait avoir le sud pour théâtre de la lutte. Il fut tout de suite autrement sérieux que le précédent. Nous voulons parler de l'insurrection de Zaatcha.

*
* *

Siège de Zaatcha. — Zaatcha est une oasis située au sud-ouest de Biskra; c'est une vaste région qui s'étend à environ deux cent quarante kilomètres au sud de Constantine, cent vingt de Bou-Saâda et qui se trouve limitée au nord par une chaîne de montagnes ne présentant que deux défilés à l'est et à l'ouest : El-Kantara, sur la route de Batna à Biskra, et N'gaons, dans le bassin de l'Oued-Barika, chez les Ouled-Soltan.

Ce pays, depuis Biskra jusqu'à Tuggurth, semblait soumis à l'autorité militaire française, lorsque tout à coup, au moment où les tribus de Cello et celles du Zouagha prenaient les armes contre nous, une certaine agitation s'y manifesta. C'était un nommé Bou-Zian, ancien cheik du Zab-Dahari, sous Abd-el-Kader, personnage riche et influent qui, mécontent de ne pas avoir été employé par l'administration française, se révoltait contre nous, en réveillant le fanatisme de ses coreligionnaires.

Les marabouts prêchèrent la guerre sainte; les anciens agents d'Abd-el-Kader parcoururent le pays; tout fut mis en œuvre pour organiser dans cette immense oasis, qui n'avait jamais pu être occupée par les beys turcs, une résistance susceptible d'arrêter l'armée française elle-même.

Le 22 septembre, une colonne, destinée à agir contre

Zaatcha, était réunie aux environs de Constantine, sur le Condiat-Aty. Elle comprenait le bataillon indigène de Bourbaki, un bataillon du 8e de ligne, deux bataillons du 43e de ligne (colonel Dumontet) et le 8e bataillon de chasseurs à pied.

A cette époque, Zaatcha était un immense bouquet de palmiers, six ou sept fois plus long que profond. Le village ressemblait à une véritable place de guerre; des tours carrées s'élevaient de distance en distance, reliées par des maisons percées d'ouvertures triangulaires destinées à la dessiccation de dattes. Un chemin de ronde bordait un fossé plein d'eau, d'une largeur moyenne de six mètres et d'une profondeur de un à deux mètres. Une *zaouïa*[1] (hôtellerie) formée d'un groupe de maisons dominé par un minaret, existait alors à cent mètres de l'oasis et vers le milieu de sa longueur.

La colonne, sous les ordres du colonel Dumontet, se mit en route le 24 septembre, arriva à Batna le 27, où elle fut rejointe par le général Herbillon et la cavalerie. Le 4 octobre, elle était à Biskra, s'y renforçait d'un bataillon de la légion étrangère, et se trouvait, le 7, en face de Zaatcha et de Lichana, un des faubourgs de l'oasis.

Bourbaki reçut l'ordre de se porter avec son bataillon entre l'oasis de Farfar et celle de Tolga, de façon à empêcher les gens de cette dernière oasis de venir en aide aux défenseurs de Zaatcha. Ces deux points étaient garnis d'Arabes prêts à prêter leur concours à leurs voisins. Vigoureusement maintenus par le bataillon indigène, pendant que l'artillerie se mettait en batterie et tirait sur la *zaouïa*, les

1. *Zaouïa* signifie littéralement un *coin*, un *réduit*, un *ermitage*; c'est une sorte de chapelle bâtie sur le tombeau d'un marabout vénéré.

Arabes, de ce côté, durent se résigner à ne prendre aucune part à la lutte, que le colonel Carbuccia, du 2e étranger, allait soutenir en donnant l'assaut à la *zaouïa,* dès que le canon cesserait de se faire entendre.

Malheureusement, ce premier assaut fut infructueux. Nos légionnaires s'égarèrent dans les jardins, subirent des pertes considérables et finalement durent se retirer, en laissant plusieurs des leurs entre les mains de l'ennemi.

Il fallait prendre d'autres dispositions, si on voulait réussir.

Dans la nuit du 7 au 8 octobre, l'artillerie construisit une batterie de trois pièces, à soixante-dix mètres en avant de la *zaouïa.* Le lendemain, elle ouvrait son feu à dix heures du matin. Quelques lézardes s'aperçurent bientôt dans les murs extérieurs de l'enceinte. Était-ce une brèche praticable ? Il était difficile de s'en rendre compte exactement, sans avoir fait une reconnaissance de la partie crevassée.

Le général Herbillon fit appeler le commandant Bourbaki et lui donna l'ordre de se porter en avant, avec trois de ses compagnies, pour s'assurer du véritable état des choses. En conséquence, les 1re, 2e et 3e compagnies du bataillon indigène se portèrent vers la droite et reconnurent que, de ce côté, la muraille était endommagée dans sa partie supérieure, mais ne présentait pas un passage suffisant pour donner lieu à un assaut immédiat. Néanmoins les turcos descendirent dans le fossé ; mais, accueillis par un feu violent de mousqueterie, ils durent chercher un refuge dans les jardins, et les scènes de la veille se renouvelèrent. Les soldats de Bourbaki, ne pouvant plus être surveillés par leurs officiers, se dispersèrent dans des dédales inextricables, engagèrent une lutte où ils furent superbes de crânerie et de bravoure, mais qui devait fatalement se terminer par une retraite inévitable. Ils n'en avaient pas moins accompli des prodiges, au prix de sacrifices sérieux : 37 hommes hors de combat (5 tués, dont le sous-lieutenant Dejoux et 32 blessés, parmi lesquels le capitaine Taverne).

Cette infructueuse tentative d'attaque de vive force démontrait l'inutilité et les dangers de tout nouvel effort de ce genre. Un siège en règle s'imposait ; l'artillerie construisit de nouvelles batteries, le génie entreprit certains travaux de défilement, et on attendit de nouveaux renforts pour poursuivre une attaque directe de la place.

Le 12 octobre, le colonel de Barral[1], qui venait de parcourir les environs de Bou-Saâda, arrivait sous les murs de Zaatcha avec un bataillon de zouaves, un autre du 38e de ligne et de la cavalerie. C'était un renfort de 1,500 hommes. Ce renfort ne changea rien à la situation, si ce n'est que les travaux du génie furent poussés avec activité, de façon à préparer deux attaques : une au sud, praticable le 14 octobre, l'autre au nord, qui ne le fut que le 19. On était à vingt mètres de la contrescarpe. L'accès de l'enceinte paraissant possible, le général Herbillon prit l'avis des chefs de service, et décida qu'un nouvel assaut aurait lieu le lendemain.

A cet effet, le colonel Dumontet reçut l'ordre de pénétrer par la brèche du nord avec le 43e ; le colonel Carbuccia par celle du sud avec la légion, pendant que le bataillon d'Afrique à droite et le bataillon indigène à gauche, tourneraient Zaatcha, pour l'isoler des autres oasis.

Le 20, vers six heures du matin, l'artillerie augmenta l'intensité de son feu ; en même temps Bourbaki commença son mouvement, pénétra dans les jardins de gauche, de

---

1. Joseph-Napoléon-Paul de Barral, colonel du 38e de ligne.

façon à intércepter toute communication entre Lichana et Zaatcha ; il était couvert du côté de Tolga par la cavalerie du colonel de Mirbeck, du 3e chasseurs d'Afrique.

Dès que le général Herbillon fut informé de l'achèvement complet du mouvement prescrit au bataillon de Bourbaki, il fit sonner la charge, et les deux colonnes d'assaut se précipitèrent en avant, pour essayer de pénétrer dans la place. Les gens de Lichana voulurent porter secours à ceux de Zaatcha : impossible. Les turcos étaient là, leur barrant le passage. Partout, ils furent repoussés et obligés d'assister à la lutte sanglante qui se livrait non loin d'eux.

L'attaque échoua de nouveau ; il était une heure de l'après-midi, lorsque Bourbaki reçut l'ordre de rentrer au camp.

Il fallut renoncer à rien entreprendre avant l'arrivée de nouveaux renforts et des munitions.

Ces renforts, ce fut le colonel Canrobert qui les amena le 8 novembre ; ils consistaient en un bataillon de zouaves, un autre du 16e de ligne et de la cavalerie.

A partir du 17 novembre, les travaux du génie furent poussés si activement, qu'au bout de quelques jours on se trouvait enfin bien près d'arriver au but désiré, qui était un assaut décisif. L'ennemi le sentant, devenait de plus en plus agressif, et le 24, à onze heures du matin, il saisit le moment où l'on relevait les gardes de tranchée pour faire sur les lignes de l'attaque de droite (nord) une audacieuse sortie très habilement préméditée. Le commandant Bourbaki, qui eut à supporter le premier choc des Arabes, divisa sa troupe en deux groupes, tourna la position de l'ennemi, s'engagea dans les jardins, jusque sous les murs de Zaatcha, le poursuivant d'enclos en enclos, de jardin en jardin, jusqu'à hauteur de la porte qui donne accès dans la ville.

Tout était donc prêt pour un effort décisif. L'assaut fut fixé au 26 novembre. Il devait avoir lieu par trois brèches.

Au point du jour, l'artillerie redoubla son tir : le bataillon indigène se massa à la *zaouïa*, se porta ensuite, à un signal donné, vers la face ouest du village et prit position entre les extrémités de droite et de gauche des deux attaques nord et sud.

A huit heures du matin, trois coups de langue de clairon firent connaître que l'investissement était terminé. Le général Herbillon fit sonner la charge : toutes les troupes s'élancèrent : le colonel Canrobert à droite, le colonel de Barral au centre, le lieutenant-colonel de Lourmel à gauche. Cette attaque, menée avec une extrême vigueur, nous rendit enfin maîtres de Zaatcha.

Pendant qu'une lutte sanglante se livrait à l'intérieur de la ville, le commandant Bourbaki était aux prises avec les gens de Lichana. Arrêtés sur tous les points, ils durent renoncer à l'espoir de secourir Bou-Zian. Le fanatisme les animait d'une telle ardeur, qu'ils combattirent avec une sauvage énergie et ne se retirèrent que lorsqu'ils eurent acquis la certitude que Zaatcha n'existait plus.

Le 28, la colonne quitta le camp qu'elle s'était choisi sur la hauteur qui domine la *zaouïa* et se dirigea sur Biskra. Là, les troupes furent divisées en deux groupes : le colonel de Barral prit la route de Bou-Saâda, le colonel Canrobert se dirigea vers le Hodna, emmenant avec lui le bataillon indigène. Bourbaki parcourut ainsi tout le pays des Ouled-Soltan, des Ouled-Abdi, puis les Aurès, rétablissant l'ordre dans les tribus, arrêtant les perturbateurs ; puis il rentra à Constantine, où il arrivait le 24 décembre.

* * *

Cité à l'ordre de l'armée à la suite de l'expédition de Zaatcha, la plus importante de celle dont la province de Constantine avait été le théâtre jusqu'alors, Bourbaki passe lieutenant-colonel au régiment des zouaves, le 16 janvier 1850. Il est sous les ordres du colonel d'Aurelles de Paladine, le futur commandant en chef de la 1re armée de la Loire, en 1870.

Les excursions en pays arabe recommencèrent dès le 15 avril. Les zouaves et un bataillon du 51e, sous les ordres du colonel de Lourmel, explorèrent les Beni-Immel dans la province de Constantine. Un vif engagement s'y produisit, à l'occasion du paiement de l'impôt; le colonel de Barral atteint d'une balle au front, mourut quelques jours après. Du 15 au 29 juin, nouvelle expédition de quinze jours chez les Beni-M'rail.

Les zouaves rentrèrent à Blidah le 23 juillet, occupés tantôt à Blidah, tantôt à Médéah, tantôt à Coléah ou aux environs, à différents travaux de défrichement et de colonisation.

Le 26 mars 1851, le 1er bataillon de zouaves alla prendre position chez les Beni-Mansour; le lieutenant-colonel Bourbaki dirigea les opérations contre le chérif[1] Bou-Bargla, qui menaçait les villages des Chemfa, nos alliés.

Dans la nuit du 9 au 10 avril, attaque du village des Beni-Seloum.

Les zouaves retournèrent à Blidah le 13 juillet, où ils restèrent du 23 au 17 août, date à laquelle ils se rendirent à Dra-el-Mizan, pour y être employés à des travaux de constructions et de reconnaissances dans les environs.

---

1. *Chérif*, au pluriel *cheurfa, noble*, descendant de Mahomet par la branche de *Fâth'ma-Zahra*, sa fille, mariée à A'li-Roqâia.

Ces petites expéditions, quoique toujours de même nature, — sac et incendie de villages dont les habitants nous avaient donné des sujets de plaintes, — ne laissaient pas que de devenir très fatigants à la longue; mais ils aguerrissaient les chefs et les soldats. Aussi, le 24 décembre 1851, le colonel d'Aurelles de Paladine ayant été promu général de brigade, le lieutenant-colonel Bourbaki prit le commandement du régiment des zouaves, en qualité de colonel.

Cette année fut la dernière du *régiment des zouaves*. Le général Randon, devenu gouverneur général de l'Algérie, à la suite du coup d'État de 1851, proposa au nouveau gouvernement une réorganisation de l'armée d'Afrique, et, le 13 janvier 1852, chaque province eut son régiment de zouaves, fort de trois bataillons et comptant 3,600 hommes à l'effectif.

C'est ainsi que le 1er bataillon de l'ancien régiment de zouaves, dont le colonel Bourbaki avait pris le commandement, devint le noyau du 1er régiment de zouaves, en résidence dans la province d'Alger. Le 1er bataillon tout organisé resta tel quel, le 2e bataillon fut organisé le 13 mars et le 3e, le 30 du même mois.

*
* *

En 1853, le colonel Bourbaki est à l'expédition des Babors, avec les deux premiers bataillons de son régiment; il fait partie de la 1re brigade (général Paté) de la 1re division (général de Mac-Mahon).

Le 21 mai a lieu un premier engagement, où les zouaves sont assez maltraités; mais le 23, Bourbaki prend sa revanche, en manœuvrant de façon à attirer les Kabyles dans une embuscade qui leur fit perdre beaucoup de monde.

L'ennemi devenait de jour en jour insaisissable; chaque fois que nos troupes se présentaient à lui, il disparaissait comme par enchantement, faisant le vide devant Bourbaki, qui organisa dans sa colonne des chasses à courre connues sous le nom de *r'azzias*[1]. Il fit la guerre aux grains, aux troupeaux, qui constituent dans ce pays la seule fortune des Arabes. C'était le seul moyen d'arriver à soumettre les tribus rebelles.

La guerre n'est-elle pas en effet la chasse aux intérêts? En Europe, quand on est maître de deux ou trois grands centres, le pays presque entier vous appartient. Mais en Afrique, comment atteindre une population qui ne tient au sol que par des piquets de tentes? On n'a pas d'autres moyens évidemment que de prendre le blé qui la nourrit, le troupeau qui fait sa richesse et lui procure la laine dont elle s'habille. De là, la guerre au *silos,* la guerre au bétail, la *r'azzia.*

> ..... *Quorum plaustra vagas*
> *Rite trahunt domos?*

La guerre de montagnes ne ressemble en rien à la guerre en plaine. Quand le soldat voit son ombre grandir, et que depuis le matin il se bat dans un chaos de bois et de collines plus ou moins escarpées, la fatigue de l'âme se joint à celle du corps et produit un malaise singulier. Il sait qu'il doit mourir un jour ou l'autre; c'est son lot: mais rien ne le rend plus triste que l'idée d'avoir la tête coupée, s'il reste en arrière ou s'il est fait prisonnier. Cette campagne des Babors avait été courte, mais très fatigante. Les zouaves de Bourbaki étaient harassés.

---

1. *R'azzia, coup de main, expédition, incursion, course sur l'ennemi pour le dépouiller,* d'où nous avons fait le verbe razzier.

C'était le moment où les *mollets*, selon leur langage, allaient à Rome, faisant ainsi allusiou au dicton populaire qui prétend que *les cloches de la semaine sainte* se rendent à Rome.

Au premier coup de clairon cependant, ces vieux coureurs étaient debout; au second, prêts à partir; l'annonce du péril chassait la fatigue du corps.

« Si tu veux franchir un péril, disait un jour Bourbaki à un vieux zouave, jette ton âme de l'autre côté. »

Depuis, cette devise est restée celle qui résume toute la conduite des soldats de ce corps d'élite qui, mieux que tout autre, sait se garer d'un danger inutile et dominer le péril nécessaire.

Nous arrivons ainsi à l'année 1854; la destinée des zouaves va singulièrement s'agrandir; cette troupe, créée pour occuper et défendre la terre d'Afrique, va combattre en Europe et y verser son sang, en attendant qu'on l'envoie dans le nouveau monde, guerroyer contre les Mexicains.

CHAPITRE III

BOURBAKI EN CRIMÉE

(4 FÉVRIER 1854-29 MAI 1856)

Depuis longtemps, le tzar Nicolas 1er convoitait Constantinople. A cet effet, il avait envahi la Turquie le 3 juillet 1853 et fait de Sébastopol un port de guerre redoutable, d'où il pouvait faire arriver ses troupes, en vingt-quatre heures, sous les murs de la capitale de l'empire ottoman. La France et l'Angleterre, croyant voir en cela l'indépendance européenne menacée, s'allièrent pour s'opposer aux projets ambitieux du tzar, et la guerre fut déclarée à l'empereur de Russie le 27 mars 1854.

En prévision de cette guerre qui était imminente, le colonel Bourbaki prévenait le 1er zouaves, dans un ordre du jour, daté du 4 février 1854, que son régiment était appelé à fournir deux bataillons actifs prêts à entrer dans la composition d'une des divisions désignées pour constituer l'armée d'Orient. Les préparatifs de départ se firent aussitôt, et quelques jours après, le 1er zouaves, organisé à deux bataillons d'un effectif de 800 hommes chacun, se concentrait à Alger où l'organisation se complétait [1].

Le 1er zouaves s'embarqua le 25 mars (l'état-major et le 1er bataillon sur le *Montezuma;* le 2e sur le *Caffarelli*) et

1. A la fin de 1853, les bataillons du 1er zouaves étaient ainsi répartis : le 1er bataillon à Blidah, le 2e à Aumale, et le 3e à Coléah.

prit la mer le même jour. Le 10 avril, il débarquait à Gallipoli, où les autres troupes qui devaient faire partie avec lui de la 1re brigade (général Espinasse) de la 1re division (général Canrobert), ne tardèrent pas à le rejoindre.

Cette brigade se composait des troupes suivantes :

1er bataillon de chasseurs à pied (commandant Tristan-Legros) ;
1er régiment de zouaves (colonel Bourbaki) ;
20e régiment de ligne (colonel de Failly).

On resta à Gallipoli jusqu'à la fin de mai : les corvées, le tir à la cible, des travaux de route et de fortification, occupèrent le 1er de zouaves pendant toute cette période.

Le 31 mai, Bourbaki s'embarqua avec son régiment, à destination de Varna, où il arriva le 3 juin. Il y resta jusqu'au 24 juillet, perfectionnant sans cesse l'instruction militaire de ses zouaves par des marches, des manœuvres et des reconnaissances autour de Varna.

A ce moment-là, le général Canrobert était allé reconnaître la presqu'île de la Chersonèse ; le général Espinasse[1] prit le commandement de la division et céda celui de sa brigade au colonel Bourbaki.

Dès les premiers jours de juillet, les divisions françaises et anglaises, réunies à Varna, se trouvèrent en présence d'un ennemi plus redoutable que le feu de l'ennemi : le choléra. L'immense agglomération d'hommes sur un même point, une chaleur insupportable, des exhalaisons pestilentielles, provenant des immondices dont les rues de Varna étaient remplies, malgré les ordres les plus sévères : tout faisait craindre une épidémie générale et désastreuse. Déjà les

1. Tué à Magenta le 4 juin 1859.

généraux duc d'Elchingen et Carbuccia avaient été emportés par le fléau ; il fallait à tout prix relever le moral des troupes et remédier à l'état sanitaire qui menaçait d'empirer chaque jour.

Ce fut alors que le maréchal Saint-Arnaud, qui avait fait reconnaître le pays jusqu'au Danube, se décida à pousser une vigoureuse reconnaissance contre les Russes qui, au nombre de 10,000 et 35 pièces de canon, étaient dans la Dobrutscha. Cette excursion militaire avait pour but de déplacer les troupes éprouvées par l'épidémie, de les soustraire à l'influence pestilentielle qui les décimait, de les arracher à une inaction funeste et de les préparer, par quelques marches et d'utiles fatigues, aux événements ultérieurs.

Le général Yussuf venait de terminer l'organisation des spahis d'Orient. Il forma l'avant-garde de la colonne expéditionnaire dans la Dobrutscha. La 1re division (général Espinasse) devait appuyer les spahis et leur prêter main-forte au besoin. Elle avait l'ordre de se mettre en avant le 23 juillet pour Mangalia et Kustendje, point extrême en avant duquel Yussuf se porta en reconnaissance, pendant que les troupes d'Espinasse y camperaient provisoirement. Le même jour, le 1er zouaves (colonel Bourbaki) et les vivres pour une durée de quinze jours, furent embarqués pour Kustendje.

La lettre du maréchal Saint-Arnaud qui prescrit tous ces mouvements est très explicite ; la voici :

AU GÉNÉRAL ESPINASSE, A VARNA.

Général,

Je vous adresse ci-joint un rapport du colonel Dessaint[1] qui rentre d'une mission à Rassowa par Kustendje. L'importance de

---

1 Colonel du 3e spahis.

ces renseignements sur les forces en cavalerie des Russes ne vous échappera pas[1]. L'opération du général Yussuf doit être surtout une *reconnaissance rapide,* dont le meilleur résultat serait d'attirer l'attention de l'ennemi de ce côté, et lui inspirer des craintes sur un mouvement dirigé vers sa ligne de retraite de la Valachie. L'enlèvement de quelques avant-postes rendrait ce succès aussi satisfaisant que possible. Il importe de ne rien risquer en voulant faire plus.

Telles sont mes dernières instructions. Le général Yussuf arrivera le 26 à Kustendje. Le 1er régiment de zouaves, les vivres destinés à Mangalia et à Kustendje, partiront de Varna le 24 au soir et seront le 25 à Kustendje. Faites appuyer promptement sur ce point les trois autres bataillons de votre 1re brigade[2], avec les deux batteries d'artillerie de votre division, et poussez votre 2e brigade[3] jusqu'à Kustendje pour être en mesure de bien appuyer le colonel Bourbaki, et définitivement le général Yussuf.

Lorsque les opérations du général Yussuf vous auront mis dans la nécessité de vous replier sur Mangalia, vous préviendrez le commandant du vapeur qui mouille devant Kustendje qu'il devra regagner Varna en s'arrêtant, s'il y avait lieu, devant Mangalia.

Vous m'annoncerez vous-même votre retour sur ce point, afin que je puisse vous y adresser mes ordres.

*
* *

Dans la Dobrutscha. — Faisons connaître la nature du pays dans lequel va opérer la division Espinasse. Il suffit de remuer la terre pour en faire sortir la fièvre. Nous empruntons les lignes suivantes à l'intéressante relation du baron de Bazancourt :

« Aux environs de Varna, pendant dix lieues de parcours,

---

1. Deux régiments de hussards et un millier de cosaques en reconnaissance autour de Babadagh, et en avant de Kustendje.

2. Un bataillon de chasseurs; deux bataillons du 7e de ligne.

3. Général Vinoy : 9e bataillon de chasseurs ; 20e et 27e de ligne.

on ne trouve que des forêts ; puis, plus un arbre, plus un ravin, tout au plus, à de grandes distances, des dépressions de terrain où croupissent des eaux marécageuses. L'œil plonge dans les horizons les plus reculés, sans y rien rencontrer ; pas un ruisseau d'eau vive ne sillonne ce pays désolé. Ce ne sont que plaines immenses, unies, couvertes de hautes herbes, de chardons, de plantes de toute nature ; — herbes ou fleurs sauvages arrivent à la ceinture des soldats et souvent tellement serrées, que leur marche en est ralentie ; — c'est la seule végétation de ces steppes, qui s'étendent à l'infini, et au milieu desquels s'élèvent de temps en temps des débris de tumulus, vestiges presque effacés de la vie qui animait jadis ces contrées, aujourd'hui désertes et silencieuses. »

Arrivé à Mangalia, le 25 juillet, Espinasse y reçoit de Yussuf la lettre suivante :

Kustendje, le 26 juillet.

Mon cher général,

Je bivouaque à deux lieues de Kustendje, où j'ai trouvé le colonel Bourbaki, installé dans le village avec ses deux bataillons et fort occupé du débarquement des vivres. Je me suis mis immédiatement en communication avec lui. Les renseignements qu'il me donne concordent avec ceux que j'ai recueillis moi-même et sont d'ailleurs, dans leur ensemble, les mêmes qui ont été donnés au maréchal par le lieutenant-colonel Dessaint.

Il résulte de ces renseignements qu'un détachement de 1,200 hussards russes occupe Sarioul, village situé à douze lieues de Kustendje. Un corps assez nombreux de partisans moldaves, bulgares et cosaques, occupe Kara-Kerman, qui n'est qu'à cinq heures de Kustendje. Je puis, par une marche rapide, tenter de surprendre les détachements établis à Kara-Kerman et Sarioul, avec les spahis d'Orient soutenus par les deux bataillons du 1er zouaves. C'est un coup de main qui peut réussir, s'il est exécuté rapidement et vigoureusement, à la condition toutefois que nous parviendrons à dissimuler notre mouvement aux Russes, en faisant une marche de nuit.

L'opération ne demanderait que quarante-huit heures. Elle serait complète si votre division tout entière dépassait Kustendje et se portait en avant. Nous pourrions alors pousser beaucoup plus loin notre reconnaissance et le coup de main sur les postes avancés de Kara-Kerman et Sérioul s'exécuterait bien plus sûrement.

Je vous attends avec impatience pour causer de tout cela. Je pense que vous pourrez amener votre division jusqu'à Kustendje demain 27; mais, dans tous les cas, vous feriez bien d'y venir de votre personne, nous arrêterions de concert les opérations ultérieures.

Nous n'avons pas de temps à perdre dans le Dobrutcha.

Recevez, etc..... Général YUSSUF.

Les prévisions du maréchal de Saint-Arnaud se réalisaient, et selon toute probabilité l'on devait, sous deux ou trois jours, rencontrer les Russes, les rejeter loin du mur de Trajan et leur faire croire à une attaque sérieuse de ce côté.

Le général Espinasse, avec sa division, quitta Mangalia, le 26 juillet à 4 heures de l'après-midi et arriva le 28, vers 3 heures et demie, au bivouac de Kustendje, près du lac Pallas, où la tête de sa colonne vint asseoir son camp, à environ une lieue de la ville.

Ce jour même, le général Yussuf avait eu un engagement avec les Russes à Kazalik. Après l'affaire, il écrivait au général Espinasse :

Kazalik, le 28 juillet, 11 heures du soir.

Mon cher général,

Nous avons eu avec les Russes une rencontre d'avant-garde en arrivant à Kazalik. Le capitaine du Preuil[1], trouvant le vil-

1. Marguerite-Jacques-Vincent-Octave du Preuil, capitaine au 2e cuirassiers, détaché comme officier d'ordonnance du général Espinasse.

lage occupé par cent cinquante ou deux cents cosaques, les a franchement abordés avec quelques cavaliers. Une mêlée s'en est suivie ; les Russes ont eu six hommes tués et quelques blessés. Le capitaine du Preuil a eu un cheval tué sous lui et a été blessé de six coups de lance ; deux lanciers turcs et spahis d'Orient ont été tués ; quatre spahis, dont deux français, ont été blessés.

Prévenu trop tard de cet engagement qui se passait à deux lieues de moi, je n'ai pu faire soutenir en temps utile le capitaine du Preuil qui, dans cette circonstance, n'a écouté que son ardeur et son courage, sans regarder derrière lui.

Le régiment de zouaves m'a rejoint ce soir. Il était un peu fatigué, mais il a trouvé un bon bivouac : du bois et de l'eau excellente. Les Russes, en se retirant, ont abandonné quelques bœufs que j'ai donnés au colonel Bourbaki, et sa troupe ne manque de rien. J'avais envoyé en avant d'elle des *arabas*[1] pour ramener les malades et fait disposer dans le village une maison pour les recevoir.

Je ne sais ce que je ferai demain. Mes chevaux sont fatigués. J'agirai d'après les circonstances et suivant les renseignements que j'aurai de l'ennemi. J'espère que vous arriverez demain avec votre division. Nous verrons ensemble ce que l'on peut faire, en tenant compte de la question du temps.

Recevez, mon cher général, l'assurance de mes sentiments bien affectueux.

Général YUSSUF.

Le général Espinasse se mit immédiatement en marche. En route, il recevait presque coup sur coup les deux lettres suivantes du général Yussuf.

Kazalik, le 29 juillet, midi.

Mon cher général,

Mes avant-postes ont des cosaques en avant d'eux : trois régiments russes sont dans les environs. Je marche contre eux

1. Charettes à deux roues en usage dans le pays.

avec ma cavalerie, 1,200 zouaves et quatre pièces de canon. Nous tâcherons de les attirer et s'ils veulent nous attendre, nous pourrons avoir une belle journée. Je laisse à mon camp les hommes et les chevaux fatigués. Les zouaves marchent sans sacs. J'espère que vous serez ici ce soir avec quelques bataillons. Dans tous les cas, je rentrerai ce soir à mon camp.

Kazalik, 29 juillet 1854, 8 heures du soir.

J'ai fait aujourd'hui une reconnaissance offensive avec tout mon monde; elle a produit de bons résultats. Nous avons eu affaire à quelques escadrons de cosaques qui ont été vigoureusement poussés. Une vingtaine de Russes sont restés sur le terrain. Les spahis d'Orient ont eu quelques blessés. Je vous donnerai des détails plus tard. En attendant, le choléra sévit avec une extrême rigueur sur les zouaves. En trois jours, le régiment a eu quarante-neuf cas, seize morts. Aujourd'hui, ils ont eu vingt-sept cas, treize morts. Les spahis d'Orient ont eu aussi quelques cholériques. Je craindrais, en restant plus longtemps ici, d'être bientôt encombré de malades, que je ne saurais comment transporter. Je me décide à partir demain pour Pallas. Envoyez, je vous prie, cinquante *arabas* au-devant de moi; j'en aurai besoin si de nouveaux cas venaient à se présenter.

Le 30, le général Espinasse écrivit au maréchal de Saint-Arnaud :

Je me suis mis en route sur Kazalik avec sept bataillons sans sacs et en allégeant mes bagages; j'y suis arrivé vers une heure du matin, après une marche de près de huit lieues. J'ai trouvé ici le régiment de zouaves et les spahis d'Orient.

Ce soir, je me porte sur Pachagos, à l'extrémité du lac de Pallas, à quatre lieues et demie en arrière; demain, je serai de bonne heure à Pallas, près de Kustendje, pour reprendre des vivres et évacuer les malades. Le 1er août, je commencerai mon mouvement vers Baldchik. Le général Yussuf est parti ce matin pour rétrograder sur Pallas.

Les zouaves sont dans de bien mauvaises conditions sous le rapport sanitaire. Ils ont eu, cette nuit et ce matin, environ soixante-dix cas de choléra et une trentaine de décès.

En présence d'un semblable fléau, il ne fallait plus songer à poursuivre l'ennemi, mais bien à se rapprocher au plus vite de la mer pour évacuer les malades et recevoir les secours hygiéniques nécessaires. A partir de ce moment, les ordres du quartier général se poursuivirent rapidement. Plusieurs bâtiments, entre autres, le *Pluton* et le *Lavoisier* furent envoyés à Mangalia et Kustendje. La retraite de nos braves soldats ressemblait à une marche funèbre; la route était marquée par des tombes; en deux jours, la colonne Espinasse fut plus que décimée.

Le général Yussuf et la cavalerie regagnent Kustendje. Le général Espinasse arrive à son bivouac de Pallas, le 31 juillet, où le rejoint le général Canrobert qui vient y reprendre le commandement de sa division.

Le 1er août, le colonel Bourbaki quitte le camp de Pallas avec son régiment pour y soutenir le mouvement de retraite; il a pour mission de ramener sur Varna tous les malades de la division Espinasse, et les valides de ses deux bataillons. Le choléra continue à sévir. Cacolets, litières, *arabas*, chevaux et mulets des officiers : tous les moyens de transport sont affectés au service des cholériques. Tous ceux que le choléra épargne rivalisent entre eux de dévouement pour secourir ceux qui sont frappés et alléger leurs souffrances.

La colonne se dirige sur Mangalia; mais les moyens de transport deviennent insuffisants. Le capitaine Mancel, aide de camp du général Espinasse, prend les devants pour requérir du général Yussuf des moyens de transport et des vivres. Le commandant de la division lui-même est atteint du choléra, reste en arrière avec le régiment de zouaves qui garde les malades non encore transportés. Chaque jour, le tableau de tant de misères s'accentue, devient plus cruel, plus accablant ; mais le courage de ceux que le fléau n'atteint pas, ne faiblit pas un seul instant.

Enfin le 3 août, toute la division est réunie à Managlia ; tous les malades sont transbordés sur des bâtiments qui sont venus les chercher, et le reste de la division reprend sa marche sur Varna. Le général Espinasse, quoique malade, reste avec ses soldats jusqu'au 9 août. Mais, trahi par ses forces physiques au bivouac de Tchabla, abattu par la maladie, on le transporte mourant à bord du *Vauban,* où les soins fraternels du capitaine d'Herbinghen, qui commande le bâtiment, le ramènent à la vie.

Le général Canrobert reprit alors le commandement de sa division, et le colonel Bourbaki, celui de la brigade, laissé vacant par le départ de son titulaire (1re brigade de la 1re division.)

*
* *

A Varna, la santé des hommes ne tarde pas à se rétablir et le colonel du 1er zouaves d'envoyer à Mme Bourbaki cette dépêche laconique : « Moral toujours bon ; du chagrin, pas de désespoir. »

Depuis quelques jours, l'ambulance du camp possédait des sœurs de Saint-Vincent-de-Paul ; notre société, parfois si dépravée, avait envoyé sur cette terre musulmane où toute action vivifiante est frappée de stérilité par le monstrueux abaissement de la femme, ce qu'il y a au monde de plus délicat et de plus fort : la sœur de charité aux coiffes blanches et relevées qui mettent comme des ailes à leurs fronts recueillis.

Un lieutenant de zouaves, Henri Vuillemot[1], un poète celui-là, raconte ainsi la résignation de ceux qui meurent au camp de Varna.

Dimanche, 6 août.

Hier, de onze heures du matin à six heures du soir, il est mort 48 soldats de mon régiment. Ma compagnie a creusé les fosses et procédé à l'inhumation. Le tombeau de ces tristes victimes a été placé entre la ville et le lac. Le soir, aux étoiles, je m'approchai de l'exhaussement de terre; le lac était calme; sur ses rives on voyait quelques oiseaux pêcheurs. Sa surface reflétait dans ses rides les rayons argentés de la lune. Le camp, la ville étaient plongés dans le silence. Les yeux fixés sur l'endroit fatal, j'adressai au ciel une fervente prière. Tous ces hommes qu'engloutissait la tombe étaient doux, bons, aimés.

Parvenus à mille lieues de leur pays, ils s'attendaient aux grandes choses, à la gloire! Un mal affreux les atteint au milieu de leurs rêves et les fauche!... Ils meurent sur une plage déserte, sans revoir leur patrie, sans revoir leur mère. Leur tombe ignorée ne sera jamais visitée par des cœurs aimants; ni les frères, ni les sœurs ne viendront y pleurer!... Oh! mourir ainsi, mourir trompé, mourir sans larmes amies, mourir oublié, c'est mourir mille morts!...

Varna, 14 août.

Aujourd'hui le transport des malades, commencé à sept heures du matin, n'a été terminé qu'à minuit. Le spectacle de l'ambulance était quelque chose d'affreux. Malades entassés, se tordant, implorant à boire, se traînant aux endroits les plus frais, levés, portés, recouchés, mourant! Un orage d'une demi-heure en a tué six. Ces malheureux, à peine abrités contre le soleil, ne l'étaient pas contre la pluie; ils ont reçu tout l'orage. Triste nécessité!

---

1. Henri Vuillemot, ancien élève du collège royal militaire de La Flèche, promotion de 1841.

On dirait ici une page arrachée à la correspondance du maréchal de Saint-Arnaud. Mais bientôt, quand le mal s'est enfin calmé, le jeune officier se retrouve poète, et son journal ressemble à un rayon de soleil dans un nuage. Qu'on en juge :

UN SOIR DU 19 AOUT

J'aime de plus en plus les étoiles. Je ne crois pas m'être couché, depuis que je suis en Turquie, une seule fois sans les avoir regardées. *Stella* est mon amie ! Les souvenirs de France sont aussi mes compagnons de route et de bivouac. Ma famille, le jardin, les promenades aux bois et à la Saône, mes excursions de campagne, mes doux villages aimés quand j'étais enfant : Cugney, Rigney, Champvans ; mes réclusions oisives ou studieuses ; mes causeries avec ma mère, le soir, à la fenêtre ouverte pendant que fraîchit la brise des prés ; ma chambre chez mon ami B... ; nos déjeuners chez ma mère, nos rires, nos adieux, nos rendez-vous au centre de la vie franc-comtoise : tout cela me revient sans cesse. J'y pense avec plaisir et avec regret. C'était la vie utile, aimante et belle ! Ici, je n'ai plus que la vie isolée, inerte. En France, les misères sont compensées par le monde qui vit, qui console. En exil, où elles sont plus rudes, elles n'ont d'autres soulagements que les pensées de mort. Que de réflexions j'ai faites sur la mort depuis cinq mois, surtout depuis un mois ! Aussi j'y suis résigné, je courberai ma tête devant elle en priant Dieu. La mort est terrible seulement pour ceux qui restent. Pour celui qui s'en va, c'est le passage entre le mystère et la révélation. Ce n'est rien qui doive effrayer pour soi-même. Mais faire la guerre ce n'est pas vivre ; c'est renoncer à la vie, au charme, au rêve, aux rires, à l'étude, à l'amitié. C'est tout perdre, c'est n'être plus au monde. Béni soit la prière ; il reste Dieu...

Et plus loin, Henri Vuillemot ajoute :

Au départ de France, j'avais trop présumé de mes forces. Je suis venu sur un sol ennemi ; j'y ai planté ma tente et j'ai passé des semaines attendant le moment de l'action et du dévouement dont mon âme était remplie. Chaque jour me renvoyait au lendemain. J'ai eu cependant un grand moment d'espérance. Allons! disait la voix qui commande, allons à l'ennemi. Joyeux, je pars. Qu'ai-je vu?... Le désert, la peste! Quel résultat! Je laisse au fond des sables les forces qui devaient me faire marcher et combattre; je vois inutilement mourir mes compagnons, mes camarades! C'est tout ce que j'ai fait, moi qui voulais agir!...

. . . .

*
* *

Enfin le 25 août, on lit aux troupes campées à Varna, la proclamation du commandant en chef de l'armée d'Orient annonçant le départ pour Sébastopol.

Et Henri Vuillemot d'écrire dans son journal :

Malgré mes tristesses, ne désespérez pas de moi, mes chers amis, j'ai foi dans l'avenir. Sébastopol me rend l'espérance. Qu'importe si je meurs? J'aurai vécu. Comptez sur moi.....

Adieu à vos mères, mes amis; aimez bien vos mères!... A vous, bonheur, amitié, confiance, avenir[1].

Le 1er régiment de zouaves s'embarqua pour la Crimée, le 1er septembre. Il était fort encore de 1,270 combattants, officiers compris.

La flotte se montra d'abord à Baltchik, d'où elle appareilla définitivement le 5 septembre, pour faire voile vers la Crimée. Le 14, on était en vue d'Old-Fort. Le débarquement commença aussitôt.

Ce fut le général Canrobert qui, le premier, entouré de

1. Cinq mois plus tard, ce grand écrivain, ce jeune héros, tombera, percé de coups, entre les mains de l'ennemi, et mourra prisonnier dans une ambulance russe.

quelques zouaves et du colonel Bourbaki, mit le pied sur ces rivages que fixaient les regards d'une armée entière ; ce fut lui qui planta le drapeau français sur cette terre qui allait bientôt retentir de nos hourrahs frénétiques. Le temps était admirable ; l'atmosphère claire, limpide, salubre.

On resta à Old-Fort jusqu'au 19 septembre.

L'armée se porta en avant en exécutant une immense marche en bataille embrassant un vaste espace de terrain ; les zouaves, se dirigeant vers le sud-ouest, longèrent la mer. On s'était mis en mouvement au lever du jour, et ce fut vers deux heures de l'après-midi que nos troupes arrivèrent sur les emplacements où elles devaient camper, en face des hauteurs de l'Alma. La présence de l'ennemi avait été signalée ; ses reconnaissances se montrèrent peu après notre établissement au bivouac.

L'armée russe était établie sur les hauteurs. Si la confiance régnait dans les rangs de ses soldats, on peut dire qu'elle régnait aussi dans la plaine occupée par nos troupes ; elle y régnait en compagnie de cette gaieté militaire qui est pour ainsi dire l'apanage de notre nation.

Bataille de l'Alma. — Le 20 septembre au matin, quand le clairon de garde au quartier général sonna le réveil, il ne faisait pas encore jour. Les troupes furent bientôt sur pied, prirent les armes, et au soleil levant, l'armée tout entière était debout, prête à se porter en avant contre les Russes, établis sur un coteau qui domine de cent à cent cinquante mètres la rive gauche de l'Alma, et se joint à la rivière par des pentes assez raides. Les deux rives sont garnies de bois, de vignes et de broussailles ; les berges à pic s'élèvent à huit ou dix mètres au-dessus de l'eau.

Le plan du maréchal Saint-Arnaud était le suivant : la

division Bosquet, renforcée du contingent turc, sous les ordres de Yussuf, devait longer le rivage de la mer, déborder l'aile gauche de l'ennemi et rejeter cette aile sur le centre de la ligne. L'armée anglaise avait pour mission de tourner l'aile droite des Russes et de la rejeter également sur le centre. La division Canrobert et celle du prince Napoléon, formant le centre de la ligne française, devaient aborder les obstacles de front et n'attaquer que lorsque le mouvement des ailes aurait été bien dessiné. La division Forey constituait la réserve générale.

Le ciel était éclatant, le terrain vaste et découvert, borné à droite par la mer.

A neuf heures du matin, les deux divisions du centre se mirent en marche sur deux lignes; une brigade par ligne; les bataillons en colonne à demi-distance ; ceux de la deuxième ligne vis-à-vis des intervalles de la première. Le colonel Bourbaki donna le point de direction (un télégraphe en construction) au 1er bataillon de son régiment qui était bataillon de direction, et prescrivit à chaque bataillon en première ligne de détacher en avant de son front, deux compagnies en tirailleurs : l'une formant la chaîne, l'autre le soutien.

Arrivés près de la rivière, nos tirailleurs sont accueillis par la fusillade des soldats russes embusqués dans les jardins derrière les deux rives de l'Alma. Les nôtres prennent le dessus, délogent les tirailleurs ennemis qui repassent la rivière et vont rejoindre leurs soutiens. Les deux bataillons de zouaves franchissent les pentes abruptes de la rivière presque en même temps qu'eux; nos soldats grimpent comme des chèvres sur des roches qui paraissaient inaccessibles à l'œil. L'arrivée de l'artillerie française sur le plateau continue à les ébranler. Les zouaves prennent alors le pas de course, Bourbaki, à cheval, est à leur tête; malgré les décharges de l'artillerie ennemie qui leur cause beaucoup de mal, ils se jettent sur le monticule servant de base au télégraphe, centre de la ligne ennemie. Leur drapeau porté par le sous-lieutenant Payan reçoit un biscaïen qui lui brise la hampe; le sergent-major Fleury s'empare du fanion tricolore, escalade les murs du télégraphe; un second biscaïen fracasse la tête de ce sous-officier. Mais l'élan est donné; les Russes commencent leur mouvement de retraite. L'arrivée sur le plateau des bataillons de seconde ligne acheva la déroute de l'ennemi, qui prit la fuite dans toutes les directions.

Toute l'armée se porta alors en avant, poursuivant les Russes qui jonchaient le terrain de leurs havresacs et de leurs fusils. L'approche de la nuit arrêta seule la poursuite.

Du champ de bataille, le maréchal de Saint-Arnaud adressait à l'empereur, le soir même, une dépêche se terminant ainsi : « *Les zouaves se sont fait admirer des deux armées; ce sont certainement les premiers soldats du monde* », et le 22 septembre, il écrivait au ministre de la guerre : « *Bourbaki est un Bayard; il était magnifique* à la tête de ses zouaves. Le colonel Cler[1] ne lui cède en rien. Quels officiers ! Quels soldats ! Et que je suis fier de les commander ! Beau succès, Monsieur le Ministre... »

En résumé, le 1er zouaves avait perdu dans cette journée de l'Alma 6 officiers blessés ; 2 sous-officiers tués et 13 sous-officiers blessés; 9 caporaux, zouaves ou clairons tués; 111 blessés.

Le 23 septembre, les troupes levèrent le camp établi sur les bords de l'Alma, et marchèrent sur Sébastopol. Trois jours après, le maréchal Saint-Arnaud, à bout de forces, re-

1. Colonel du 2e zouaves, tué à Magenta, le 4 juin 1854, étant général de brigade.

mettait le commandement de l'armée de Crimée au général Canrobert. On contourna Sébastopol par l'est et le 30 septembre, on campa définitivement à quatre kilomètres au sud-ouest de la forteresse.

L'armée fut alors divisée en deux corps : Ier corps, dit d'observation, général Bosquet (1re et 2e divisions) ; IIe corps (corps de siège), général Forey (3e et 4e divisions).

Quelques dômes d'un vert éclatant, voilà tout ce que nos soldats aperçoivent, au début du siège, d'une ville silencieuse au fond de son gouffre qui, dans quelques jours deviendra un nid de bombes, derrière ses remparts que sillonneront nuit et jour, pendant un an, les éclairs du canon.

Le 1er zouaves passa le mois d'octobre à monter des gardes de tranchée et à faire diverses corvées nécessitées par les travaux du siège. Mais la récompense de la belle conduite de Bourbaki à la bataille de l'Alma ne pouvait pas se faire attendre, et le 14 octobre, le colonel du 1er zouaves était nommé général et mis à la tête de la 2e brigade de la 2e division du corps Bosquet, en remplacement du général Bouat[1], nommé général de division. Il obtenait les deux étoiles à trente-huit ans, à un âge où beaucoup de ses camarades de Saint-Cyr n'atteignaient encore que le grade de chef de bataillon.

* * *

La brigade que commande Bourbaki a la composition suivante :

3e bataillon de chasseurs à pied (commandant Duplessis) ;
6e régiment de ligne (colonel de Gardarens de Boisse) ;
7e léger (colonel Jannin).

1. Tué à Magenta le 4 juin 1859.

Nous ne faisons pas ici le récit des opérations du siège de Sébastopol. D'autres que nous s'en sont occupés. Nous ne relatons que les faits de guerre auxquels Bourbaki a participé.

Bataille d'Inkermann. — Le prince Menschikoff, qui commande l'armée russe de secours, sentant qu'il ne peut attaquer de front le corps de siège, a résolu de porter tous ses efforts sur le saillant aigu que la droite anglaise, mal couverte, formait à l'extrémité méridionale du plateau d'Inkermann, pendant que des opérations d'une moindre importance et des démonstrations retiendraient loin du champ de bataille le corps d'observation du général Bosquet.

Pendant la nuit du 4 au 5 novembre, la pluie n'a cessé de tomber. Les grand'gardes et les sentinelles avancées ont leurs vêtements transpercés ; elles tiennent à peine leurs armes humides, tellement elles sont épuisées par les corvées des régiments ou par le travail des tranchées.

Un brouillard épais augmente les ténèbres.

Le lendemain est un dimanche. Dès quatre heures du matin, on entend les cloches des églises de Sébastopol sonner à toute volée. Les Anglais ne prêtent aucune attention à ce bruit familier. Néanmoins un sergent de la division légère de service aux avant-postes, croit distinguer un bruit de roues dans la vallée d'Inkermann. Il rend compte de ses observations au major anglais Bunbury. Ce sont les Russes qui menacent l'extrême droite de l'armée d'observation anglaise, gravissent les pentes presque à pic et rangent sur les hauteurs quarante-deux pièces de canon.

Alors commence une des plus sanglantes mêlées du siècle. C'est une série de combats corps à corps, de ralliements découragés, d'attaques désespérées dans les ravins, dans les vallées, dans les broussailles, dans les effondrements du sol, où Anglais et Russes ne sortent que pour se lancer dans la mêlée.

Il est six heures du matin, lorsque le canon met en éveil tout le corps d'observation du général Bosquet. Le ciel, chargé de brouillards et de pluie, abaissait sur la terre un vaste voile d'un gris uniforme. Toutes les dispositions prévues en cas d'alerte n'en furent pas moins prises immédiatement. L'artillerie de la 2e division se porta à l'extrême gauche, sur la route Woronzoff, au-dessous de la grande batterie appelée *la Queue d'hironde*, dans laquelle quatre compagnies du 3e bataillon de chasseurs à pied avaient pris la garde, dès la veille au soir. Puis le général Bosquet, galopant dans la direction de l'armée anglaise, donna l'ordre au général Bourbaki de le suivre avec deux bataillons, les quatre autres compagnies du 3e chasseurs et les deux batteries à cheval de la réserve. Le général Bosquet offrit en vain aux généraux anglais, le secours des troupes françaises qu'il amenait avec lui ; il revint au Télégraphe, gardant sous sa main les quatre compagnies de chasseurs, un bataillon du 6e de ligne, un bataillon du 7e léger et les deux batteries de la réserve.

Mais pendant ce temps-là, la batterie dite *des Sacs à terre* était perdue pour les Anglais dont la droite, complètement à découvert, se replia lentement, sans cesser de contenir les Russes par son feu. Le défilé d'Inkermann était désormais ouvert à l'ennemi. Il n'y avait pas un instant à perdre : Bosquet lança sur les Russes la brigade Bourbaki, avec toutes les troupes établies à sa proximité. Celles-ci prirent le pas de course, Bourbaki en tête ; elles furent suivies de cinq compagnies de tirailleurs algériens, d'un bataillon de zouaves et de deux compagnies du 50e de ligne, sous la direction du général d'Audemarre d'Hérvillé.

De la redoute Canrobert au champ de bataille, la distance est courte, mais si courte qu'elle fût, elle eût été trop longue si les Russes nous y avaient devancés. L'ennemi arrivait près du camp anglais; il fallait le faire rétrograder. Le secours apporté par Bourbaki n'était qu'un renfort de 1,800 hommes, à peu près l'effectif d'une brigade anglaise. Quand les Irlandais entendirent les clairons des chasseurs, ils y répondirent par des acclamations, et quand ces troupes passèrent devant eux, ils les saluèrent de leurs hourrahs.

La batterie des *Sacs à terre* devint encore une fois l'objectif principal de la bataille. Les trois petits bataillons commandés par Bourbaki se lancèrent contre l'ennemi; mais au lieu d'entrer dans la batterie, — ce qui leur aurait fait perdre du temps, — ils la tournèrent et surprirent les Russes qui reculèrent et les laissèrent arriver d'un seul élan jusqu'à la naissance du ravin des Carrières. Cette course précipitée avait mis du désordre dans les rangs français et quand il fallut battre en retraite, il y eut quelques instants d'hésitation. Bourbaki rallia son monde autour du drapeau du 6e de ligne.

On ne sait vraiment ce que l'on doit le plus louer dans cette rencontre : de l'inébranlable solidité avec laquelle les Anglais ont tenu tête à l'orage ou de l'intelligente vigueur avec laquelle les généraux Bosquet et Bourbaki attaquèrent l'ennemi qui les débordait à leur droite.

On s'aborda trois fois à la baïonnette par une pluie battante, et l'ennemi ne céda qu'au troisième choc, laissant le terrain couvert de ses morts et de ses blessés.

Le porte-drapeau du 6e de ligne [1] se fit tuer; son étendard fut ramassé par un chasseur du régiment d'Otckhotz et passa de main en main jusqu'aux dernières files. Le colonel Filhol

1. Le sous-lieutenant Pierre Rotté.

de Camas s'en aperçut ; l'épée haute, il se précipita en avant, en criant : « Au drapeau, mes enfants ! »

Un coup de feu reçu en pleine poitrine, l'arrêta en chemin. Le lieutenant-colonel Goze[1] et le commandant Beaumier qui le suivait de près, arrivèrent jusqu'au drapeau ; tous les deux, tombèrent percés de coups de baïonnettes. Mais enfin, on le vit reparaître dans la main d'un autre officier français qui l'agita triomphalement.

La colonne Bourbaki se reforma autour de cet emblème et se reporta en avant. Le général, après cet acte d'audace, se replia lentement, suivi par l'ennemi, mais non serré de près, se couvrant par son feu et protégé par les deux batteries à cheval de la réserve.

Visitant plus tard ces lieux témoins de tant d'héroïsme, le général Bosquet ne put s'empêcher de dire, en voyant le sol rougi de sang, cet entassement de cadavres abandonnés tour à tour par le flux et le reflux du combat : « *Quel abattoir!* » Ce cri fut entendu ; il resta. Dès lors, on ne parla plus de la batterie des Sacs à terre ; on la nomma la *batterie de l'Abattoir*.

A onze heures du matin, la bataille était gagnée ; mais les Anglais combattaient depuis le lever du jour.

La même gloire couronne Alma et Inkermann ; ce sont cependant deux journées bien différentes. Autant la première est gracieuse et sereine, autant la seconde est sombre et violente. Il semble que ce soit sous ce double aspect, que la guerre se présente sans cesse.

*
* *

Neuf jours après la bataille d'Inkermann, l'hiver inaugurait en Crimée son cruel appareil de neige et de frimas. Le

1. Mort depuis général de division.

14 novembre, une tempête effroyable se déchaînait sur le plateau de Chersonèse. Les tentes et des pans de baraquement furent renversés dans les camps en quelques minutes. Les hommes résistèrent courageusement, consolidant le mieux possible les abris des ambulances. Le lendemain, on répara à la hâte les désastres causés par l'ouragan ; mais un grand nombre d'objets de toute espèce disparurent, emportés par la tempête.

Vers le milieu de décembre, la gelée, puis la neige firent leur apparition et obligèrent de suspendre les travaux de siège. Pendant le mois de janvier 1855 et particulièrement le 16, le froid augmenta jusqu'à dix degrés au-dessous de zéro ; un violent chasse-neige, qui ne dura pas moins de trente-huit heures, combla les tranchées et envahit les tentes ; celles des officiers comme celles des soldats. Les maladies commencèrent à se faire sentir dans les camps ; le général Bourbaki fut un des premiers atteints du typhus et obligé de rentrer en France ; il céda le commandement de sa brigade au colonel Vergé, du 27e de ligne, nommé général de brigade par décret du 10 janvier 1855.

Le numéro d'un des plus beaux régiments de France vient de tomber sous ma plume ; je voudrais en profiter pour relater ici quelques souvenirs personnels qui se rattachent par un côté sentimental à l'existence du général Bourbaki. La veille de son embarquement à Kamiesch, il recevait la visite d'un jeune sous-lieutenant du 27e, qui venait lui faire ses adieux. Ils furent tristes, ces adieux, car ce n'est pas de gaieté de cœur qu'un soldat abandonne son commandement pour cause de santé et une œuvre où il avait mis toutes les forces de son âme.

Cet officier, c'était Raoul Leperche ; le filleul venait serrer la main de son parrain. L'un et l'autre ne s'étaient pas revus depuis vingt ans, c'est-à-dire depuis 1834, date de l'entrée de Bourbaki à Saint-Cyr.

Leperche, après avoir suivi les cours du collège royal militaire de la Flèche en 1840 et 1841, y était entré comme interne, au commencement de l'année scolaire 1842-1843, sous le numéro matricule 2,357.

Élève discipliné, laborieux, toujours à la tête de sa classe, Leperche avait été désigné pour recevoir en 1850, à la fin de ses études, le prix d'honneur, suprême témoignage de satisfaction donné par le chef de l'État, depuis 1835 [1], à l'élève qui s'était toujours fait remarquer par sa conduite, son travail et ses études.

Mais une révolte ayant éclaté l'année précédente parmi les élèves du 1er bataillon, le ministre de la guerre, usant d'une rigueur excessive, renvoya soixante élèves et supprima le prix d'honneur. Il revenait de droit à Leperche, qui avait traversé les trois bataillons sans une seule punition. Il y eut là une scène touchante, que nous ne saurions passer sous silence : ses condisciples l'enlevèrent sur leurs épaules et le promenèrent dans le parc couvert de palmes et de lauriers. La camaraderie rendait à Leperche ce que la révolte lui enlevait.

Entré à Saint-Cyr avec le n° 1, il n'avait pu obtenir qu'une demi-bourse. Son père tomba malade sur ces entrefaites, et les frais occasionnés par la maladie ne lui permirent pas d'acquitter le montant de la demi-pension, pour la première année d'études. Le prince-président, Louis-Napoléon Bonaparte, paya sur sa cassette particulière, et l'élève Leperche put entrer à l'école militaire. Sans ce secours

1. C'est l'élève Cassaigne qui remporta le premier prix d'honneur, en 1835; tué à l'assaut de Malakoff comme colonel d'état-major, aide de camp de Pélissier.

pécuniaire inattendu, la porte de Saint-Cyr lui eût été fermée.

Sorti de Saint-Cyr avec le n° 1, Leperche avait été nommé sous-lieutenant élève à l'école d'état-major, le 1er octobre 1852, et c'est en cette qualité qu'il prit part à la guerre de Crimée, comme stagiaire au 27e.

Cinq mois après, Leperche passé lieutenant, se fera grièvement blesser à la prise du Mamelon-Vert (7 juin 1855). Il rentrera en France avec le grade de capitaine d'état-major et la croix de chevalier de la Légion d'honneur. Nous le retrouverons dans deux ans aide de camp du général Bourbaki.

*
* *

Ces soldats français, que l'on accuse bien à tort, suivant nous, de rencontrer dans la vigueur même de leur nature, un obstacle à une entreprise qui demande une obéissance résignée aux lois de la nécessité, venaient de prouver, sous Sébastopol, leur endurance à toute épreuve. Il fallait, en Crimée, des chefs comme Bourbaki, pour les maintenir dans un état de laborieuse et meurtrière attente, avant de leur faire entrevoir le jour de l'assaut.

En attendant, ils restèrent attachés aux fossés qu'ils avaient creusés, derrière le gabion qu'ils avaient confectionné et dressé, sur un sol durci, rougi de leur sang, et cela des mois entiers, dans une saison inclémente, où ciel et terre, également blancs, ne semblaient former qu'un immense suaire..

Rien de plus émouvant que les visites quotidiennes de Bourbaki dans les tranchées confiées aux régiments sous ses ordres. Pas une plainte ne se faisait entendre; pas un murmure; bien au contraire, la vue du général raffermissait les courages et donnait du cœur aux soldats devant lesquels il passait; chacun d'eux trouvait un sourire pour le saluer. Quant à lui, il s'arrêtait presqu'à chacun, adressant à l'un ou à l'autre quelques paroles d'encouragement.

C'était une bravoure à part que celle dont était doué Canrobert, ce chef intrépide de notre armée de Crimée. Nul homme ne pouvait mieux comprendre et plus aimer que lui, le cœur droit et honnête d'un de ses plus braves lieutenants.

Rétabli de la maladie dont il avait souffert en Crimée, Bourbaki redemanda à l'empereur un commandement actif dans notre armée sous Sébastopol, et le 5 avril 1855, il prenait le commandement de la 2e brigade de la division La Motterouge[1] du corps Bosquet.

Attaque de Malakoff (8 septembre 1855). — A cette date, les cheminements sous Sébastopol étaient parvenus : au *vieux siège,* à soixante-dix mètres du bastion central et à cinquante mètres du bastion du Mât; au *nouveau siège,* à vingt-cinq mètres de Malakoff et quarante mètres du petit Redan. Les Anglais étaient à deux cents mètres du grand Redan.

L'ennemi devait être abordé sur tout le périmètre de l'enceinte, de façon à menacer sa ligne de retraite. A gauche, la plus grande partie du Ier corps français (général de Salles) et la brigade piémontaise devaient donner l'assaut au bastion central et ses annexes (lunette Bietkine, redoute Schwartz); puis au bastion du Mât. A droite, le IIe corps (général Bosquet), avait pour objectif le petit Redan et Malakoff. En conséquence, l'attaque sur Malakoff fut confiée au général de

1. La Motterouge, qui commandait antérieurement la 1re brigade de la division, venait d'être nommé général de division en remplacement du général Brunet, tué à l'assaut du 18 juin 1855.

Mac-Mahon ; l'attaque du petit Redan au général Dulac ; et enfin l'attaque sur la Courtine qui unissait le petit Redan à Malakoff, au général de La Motterouge.

Bien des récits ont été faits sur l'assaut de Malakoff; nous n'en résumerons ici que les phases principales.

Contre le petit Redan, la division Dulac échoua, malgré de prodigieux efforts renouvelés plusieurs fois et des alternatives de réussite. Les généraux de Saint-Pol, de Marolles et de Pontevès s'y firent tuer ; mais les Russes gardèrent l'ouvrage.

Au centre, la division La Motterouge parvint à s'établir sur une portion de la Courtine, mais sans pouvoir progresser du côté du petit Redan.

A gauche, la division de Mac-Mahon s'empara de Malakoff en moins d'une demi-heure.

Au grand Redan, les Anglais échouèrent après avoir éprouvé des pertes considérables.

Plus à gauche, les colonnes françaises s'étaient précipitées sur le bastion central ; mais avaient échoué partout vers quatre heures de l'après-midi, après des succès partiels. Les généraux Rivet et Breton étaient tués, les généraux Couston et Trochu blessés.

Ainsi, sur cinq assauts pouvant se décomposer en douze assauts partiels, celui de Malakoff seul avait réussi : cela suffisait. On possédait dès lors la clef de la partie sud de Sébastopol. Le général Pélissier fit arrêter la lutte ; le génie et l'artillerie prirent toutes les dispositions nécessaires pour assurer et consolider notre établissement dans la redoute. Les Russes évacuèrent la place, pendant la nuit du 8 au 9 septembre, ne laissant derrière eux que des ruines.

Ainsi prit fin le siège de Sébastopol, qui n'avait pas duré moins de trois cent quarante-neuf jours.

La guerre de Crimée était terminée ; la paix cependant ne vint pas de suite, parce qu'un grand peuple ne peut se décider à abdiquer du jour au lendemain. Mais il en fut question dès que les circonstances le permirent : la Russie put la demander sans humiliation ; les alliés ne la lui imposèrent pas.

Sébastopol n'était plus qu'un monceau de ruines, que réunion confuse de décombres.

Notre gloire guerrière venait de briser pour la première fois, depuis 1815, la pierre du sépulcre sous laquelle on la croyait ensevelie à tout jamais. Quatre ans plus tard, ce sera sous le ciel bleu de l'Italie que nous chercherons à en retrouver le divin fantôme.

Le général Bourbaki rentra en France et prit le commandement de la 1re subdivision de la Gironde (Bordeaux).

C'est là qu'il se trouvait, lorsque le général Randon entreprit la guerre de la grande Kabylie et l'appela près de lui.

CHAPITRE IV

BOURBAKI PENDANT L'EXPÉDITION DE LA KABYLIE ORIENTALE

(17 MAI-14 JUILLET 1857)

Les Kabyles, grossis de tous les transfuges du Nord de l'Afrique, montagnards sédentaires, travailleurs passionnés et d'égalité absolue, tenaient toujours la campagne depuis 1830. Une lutte et des négociations incessantes avaient progressivement triomphé des Kabyles des montagnes isolées, puis de ceux des basses montagnes du Djurjura. Restait *la Grande Kabylie* ou *Kabylie du Djurjura,* l'une des grandes chaînes de l'Atlas et le siège principal de la résistance berbère.

C'était le cœur même de la puissance kabyle, le foyer de tous les soulèvements des peuples du Nord de l'Afrique que le maréchal Randon, gouverneur de l'Algérie, se proposait d'attaquer avec un corps de 25,000 hommes, formant trois divisions, sous le commandement des généraux Renault, Mac-Mahon et Yussuf, chacune de celles-ci organisée à deux brigades.

Bourbaki commande la 1re brigade de la division Mac-Mahon (2e division). Il a sous ses ordres le 1er bataillon du 2e régiment étranger (colonel de Granet Lacroix de Charrière) ; le 11e bataillon de chasseurs à pied (commandant

Dumont); le 2e zouaves (colonel Saurin); le 54e régiment de ligne (colonel Martineau Deschenets).

Sous les ordres de Bourbaki, les officiers dans chaque corps de troupes sont énergiques, obéissants, dévoués, assez fermes pour assumer la responsabilité du commandement; dans les rangs, des soldats aguerris par les fatigues, de ces natures vigoureuses qui saisissent dans son regard la pensée du chef et se lancent en avant sans songer au péril.

Derrière chacune de ces roches, de ces escarpements, se tenait une population disposée à faire payer chèrement le passage de ses terres que n'avait pas encore souillées le triomphe de l'ennemi.

Le 16 mai, les habitants de Tizi-Ouzou pouvaient voir les longues files de nos troupes passées en revue par leurs généraux respectifs, dans la vaste plaine qu'un soleil ardent éclairait. La musique de chaque corps de troupes jouait ses fanfares, et à l'horizon se dressaient les montagnes où tant de braves gens allaient rester. C'était dans les rangs comme un frémissement de guerre qui saisissait l'âme; car il n'y avait pas là à s'y tromper : le chef comptait sa troupe avant de la mener au danger. Le lendemain, la division Mac-Mahon prenait la direction d'Abid-Chambai où elle campait le soir, ayant à sa droite la division Renault, qui occupe le camp de Sikhou-Medour, et à sa gauche la division Yussuf, campée au Hamis.

Les trois camps sont établis sur une étendue de plus d'une lieue dans le fond de la vallée du Sebaou. Derrière eux règne une longue suite de collines qui viennent mourir dans la vallées par pentes douces. A droite, dans le lointain, se voit le Bordj de Tizi-Ouzou, qui ferme le chemin d'Alger et de la Metidja et commande la vallée du Sebaou. A gauche, la vallée se perd derrière les montagnes des tribus ennemies, et le cours sinueux du Sebaou va toujours en se rétrécissant jusqu'au Djurjura, dans lequel la rivière prend sa source.

En face des camps, du côté de l'ennemi, les terres s'élèvent progressivement par plateaux ou mamelons. Sur les crêtes de ces derniers, crêtes sans plateaux, étroites comme des tranchants de lames, se trouvent les villages qu'il va falloir enlever.

L'attaque est projetée pour le lendemain, et chacun se prépare. Les soldats nettoient leurs armes; les officiers chargent leurs pistolets. Le maréchal et les généraux discutent une dernière fois le plan d'attaque. Tout est prêt. La tribu dont le territoire doit être envahi le premier jour est celle des Beni-Raten, une des plus ardentes de l'indépendance berbère.

Attaque et ascension des montagnes des Beni-Raten (18 mai 1857). — Lorsque la diane se fait entendre, il est trois heures et demie du matin. Les étoiles brillent encore; les montagnes kabyles apparaissent noires et sombres sur un ciel sans nuages. Une lueur vague semble poindre vers l'orient. A quatre heures précises du matin, la brigade Bourbaki se porte en avant sans sacs, suivie de la brigade Périgot, formée par bataillons en masse : 93e de ligne (colonel Paulze d'Ivoy); 3e zouaves (colonel de Chabron); 1er bataillon du 3e tirailleurs algériens; un escadron du 1er chasseurs d'Afrique et un escadron de spahis menacent les versants de la montagne attaquée.

La brigade Bourbaki a devant elle un premier plan en pentes douces, planté de figuiers, semé de hameaux avancés qui abritent des tirailleurs kabyles; puis Tacherahir, la demeure du scheik El-Arab, le plus ardent des Beni-Raten. Ce village est situé à trois cents mètres au-dessus de la vallée, doublement fortifié par la nature et les Berbères.

Le 3e zouaves, précédé d'une ligne de tirailleurs, entre sous les figuiers et culbute les premières embuscades ennemies dans le ravin de l'oued Bou-Kale, tandis que l'artillerie ravage les premiers ouvrages ou hameaux fortifiés, et bientôt Tacherahir lui-même.

Les bataillons de Bourbaki, protégés par le désordre occasionné par l'artillerie, avancent sur la montagne. A cet effet, le général a divisé sa colonne en deux groupes. Tandis que le 1er bataillon du 2e étranger et le 11e bataillon de chasseurs marchent de front, ménageant leur feu, le 2e zouaves et le 54e de ligne tournent par la droite, montant par échelons, gravissant par bonds tous les obstacles. Les Kabyles, effrayés, pris entre deux feux, sans retraite possible, abandonnent un à un le village et se jettent dans les ravins. Quand la 1re brigade de la division Mac-Mahon est maîtresse de la première position, il est à peine cinq heures du matin.

Sans perdre de temps, la brigade Bourbaki grimpe dans la direction de Belias, autre bourgade retranchée à trois cents mètres plus haut, franchit sous le feu de l'ennemi les abattis d'arbres qui en obstruent les abords, se jette à la baïonnette sur les défenseurs des maisons, s'arrête dix minutes, puis, ralliant ses têtes de colonne (2e zouaves et 54e de ligne), leur fait reprendre leur course à travers les balles et les lance tête baissée sur Afensou, situé à une demi-lieue de Belias, deux cent cinquante mètres plus haut, sur un piton garni de rochers. Elles y arrivent en trente minutes, ayant parcouru en deux heures deux grandes lieues sous le feu de l'ennemi, gravi sept cent cinquante mètres de hauteur, pris trois villages, balayé devant elles les Kabyles entassés, hurlant comme le ferait un vent d'orage, après la tempête, balayant des poussières.

Le plateau de Souk-el-Arba (*marché du quatrième jour ou du jeudi*), n'est plus désormais séparé de l'avant-garde Bourbaki que par une distance d'une lieue et demie. Le général Mac-Mahon y envoie le 2ᵉ zouaves qui, en une demi-heure, se rend maître d'Imaïseren et de Bou-Arfaa, autre mamelon situé plus à gauche.

La 2ᵉ division, maîtresse de cette crête, s'arrête enfin, attendant l'arrivée parallèle de la division Yussuf, et se cantonne dans ses positions, où elle se fortifie. Du haut des deux mamelons d'Imaïseren et de Bou-Arfaa, elle domine Souk-el-Arba, point extrême de toutes les opérations, cœur du pays kabyle et dernier refuge de la liberté mourante des Berbères.

Pour la division Mac-Mahon, la lutte du premier jour est presque terminée vers trois heures de l'après-midi; les troupes victorieuses couvrent de leurs bivouacs les crêtes de la montagne, depuis la plaine jusqu'à portée de canon de Souk-el-Arba. Une fois de plus, la patrie triomphe; mais elle compte 30 morts, dont le commandant Boyer de Rebeval, du 54ᵉ, et 225 blessés.

Peu à peu le soleil s'éclipse et disparaît derrière les montagnes d'Alger; ses derniers rayons embrasent le ciel d'une lueur rougeâtre. Le soir venu, des transparences de pourpre baignent les roches grisâtres du Djurjura; la vallée du Sebaou apparaît déserte, profonde comme un gouffre. Les montagnes se confondent en masses noires éclairées çà et là par des incendies.

Lassitude ou crainte, l'ennemi laisse la division Mac-Mahon en paix pendant la nuit.

*
* *

Combat d'Icheriden (24 juin 1857). — Une partie des montagnes des Beni-Raten est encore à l'ennemi. Les Beni-Menguillet, une des tribus les plus belliqueuses de la Kabylie, se sont retranchés dans deux de leurs villages. Le 24 mai, ils ont formé le contingent principal et le plus acharné de tous les contingents kabyles accourus au secours des Beni-Raten. La longue crête à pitons successifs qu'ils occupent est le seul chemin qui relie le territoire des Beni-Raten à celui des tribus insoumises du Djurjura.

La division Mac-Mahon, forte de 7,000 hommes, laisse deux bataillons à Souk-el-Arba, quitte, au point du jour du 24 juin, les hauteurs d'Aboudid et marche contre les montagnes d'Icheriden. Bourbaki conduit l'avant-garde, composée de cinq bataillons. Le général Périgot (2e brigade), guide l'arrière-garde.

Une lieue et quart sépare le camp d'Aboudid de la position à enlever. Des pitons successifs escarpés, mais sans vallées profondes, relient ces deux positions l'une à l'autre. Sur la droite de cette crête, des ravins et des contreforts abrupts tombent dans une vallée principale formant fossé-ceinture autour des Beni-Yenni, dont les gros bourgs paraissent étalés par masses rouges, sous leurs mosquées à minarets blancs ; puis, à l'horizon, dominant tout, le Djurjura profile ses hauts rochers grisâtres, arides et droits, comme une muraille immense. Par quelques échappées soudaines, on aperçoit la vallée du Sebaou, avec ses moissons jaunes et les filets d'eau de sa rivière serpentant entre des cactus.

La montagne d'Icheriden s'élève isolée à pic en avant de nos troupes. Sur son sommet aigu, les maisons entassées du village sortent d'un bouquet d'arbres et de verdure, comme des pigeonniers au toit rougeâtre.

Dès l'aube, l'artillerie tonne; ses coups se multiplient; le sifflement strident des fusées se mêle au bruit du canon et des explosions lointaines des obus. Lorsque la fumée a enveloppé d'un immense rideau la montagne et la vallée, Mac-Mahon fait diminuer le feu de son artillerie et lance ses colonnes d'infanterie à l'attaque. Bourbaki a l'ordre d'assaillir Icheriden par le point le plus vulnérable.

En exécution des ordres qu'il reçoit, il descend comme une avalanche, avec le 2e zouaves et le 54e de ligne, toute la pente de cette longue suite de montagnes qui s'étend de la vallée des Fraouen à celle des Yenni. L'artillerie a fait silence et le bruit des clairons monte retentissant. Sous ces fanfares stridentes, les bataillons marchent rapides, gravissant les escarpements, rampant sur les flancs de la montagne, masses sombres et mouvantes dont les armes seules scintillent au soleil.

A 150 mètres environ de l'ennemi est une rampe étroite couverte de buissons et bordée de cactus. C'est par cette rampe que passe le chemin montant vers Icheriden. Le 2e zouaves et le 54e de ligne, protégés jusque-là par des plis de terrain, sont à découvert pour la gravir et enlever les retranchements ennemis. Qu'importe! Nos fantassins avancent... avancent toujours, précédés par Bourbaki qui, descendu de cheval et l'épée haute, dirige les tirailleurs.

Un hurlement rauque, sinistre, s'élève de toutes les barricades; on tire de partout. Mais, sur la gauche des zouaves, la légion apparaît, à l'allure ferme et disciplinée des vieux reîtres d'autrefois. Ce mouvement inattendu, la bravoure silencieuse des légionnaires que conduit le commandant Mangin[1], terrifient les Kabyles qui descendent rapidement

1. Tué au Mexique comme général de brigade.

la montagne et fuient de partout, disparaissant sous les arbres du village d'Icheriden. En ce moment, l'artillerie se met de la partie, tire sur les groupes ennemis, et le village et les arbres qui l'entourent sont bientôt à nous.

Le 2e étranger et les zouaves poursuivent une partie des fugitifs dans la direction de Aguemoun-Isen, le dernier des villages occupés par les contingents des Beni-Yenni ; mais sur les deux côtés de cette route, et autour d'Icheriden, les Kabyles sont dispersés. Le but que le maréchal Randon s'était proposé dans cette journée ayant été atteint, le général Mac-Mahon donne le signal de la retraite.

Sur ces entrefaites, la 2e brigade (Périgot) arrive à son tour sur la montagne d'Icheriden; l'avant-garde de la 1re (Bourbaki) se replie sur le village que le gros des troupes occupe et continue à défendre.

Sous les arbres, au pied du village, se montrent quelques cadavres Kabyles, épars, solitaires, étendus dans leurs burnous blancs. Ils ont le visage découvert, les traits contractés, les dents serrées ; victimes de leurs croyances et de leur nationalité, tombés sur le sol sacré de la patrie ! Des taches de sang noircissent çà et là le sol poudreux ; des débris de cartouches sont répandus partout. Sur le bord du chemin, des cadavres sanglants sont étendus côte à côte ; à droite et à gauche, des mourants, les yeux vitreux, regardent sans rien voir.

Alors, indifférent du chemin qu'il suit, chacun contemple ce navrant spectacle ; les ivresses de la lutte et du triomphe se dissipent; les nécessités de la conquête pâlissent, effacées sous le sang qui coule ; l'âme attristée reprend ses pensées au-dessus des passions humaines. On ne voit plus que les blessés, les morts et les deuils que la guerre entraîne après elle. Peu à peu le temps couvrira, de ses minutes amoncelées, les images sanglantes des blessés disparus.

Par l'énergie de la défense et le chiffre de nos pertes, le combat d'Icheriden est certainement l'un des plus meurtriers de ceux qui se sont livrés en Algérie. Nous comptions :

44 tués dont 2 officiers ;
327 blessés dont 22 officiers ;

En tout 371 hommes mis hors de combat ont payé ce triomphe de leur sang. C'est beaucoup, si l'on songe que nous n'avions dans cette affaire que 2,400 hommes engagés contre 3,000 à 4,000 Kabyles énergiques, largement pourvus de munitions et bien retranchés. 14 officiers tués ou blessés dans les deux bataillons de zouaves et 7 dans le bataillon du 54e, témoignent des courageux efforts des officiers. Le général Bourbaki avait eu un cheval tué sous lui, et c'est pour ce fait que nous l'avons vu à pied, s'élançant sur les barricades ennemies, à la tête des zouaves.

Le résultat du combat d'Icheriden produisit sur la Kabylie un effet moral considérable. Sa montagne retranchée était la tête de route des chemins du Djurjura, le rendez-vous des tribus insoumises et de tous les révoltés des tribus soumises, le rendez-vous général de la dernière résistance des Berbères.

A partir de ce jour, le corps expéditionnaire de Randon ne devait plus trouver que des résistances partielles.

La soumission des Beni-Raten et l'occupation de Souk-el-Arba portaient les premiers coups à l'indépendance berbère ; mais elle était encore debout. La double victoire d'Icheriden et des Beni-Yenni fut la grande défaite de la Kabylie. Encore une journée de marche, et nos troupes occuperont le grand Djurjura lui-même, ce cratère de tous les fatalismes, de tous les soulèvements et de toutes les révolutions de l'Afrique septentrionale.

* * *

Prise d'Aguemoun-Isen (30 juin 1857). — Pendant que les divisions Renault et Yussuf foulaient victorieusement les montagnes des Beni-Yenni, la division Mac-Mahon se reposait à Icheriden, attendant une occasion favorable pour enlever le village d'Aguemoun-Isen occupé par les Menguillet et leurs alliés. La montagne qui y donne accès s'élève hérissée de retranchements et de fusils, plus forte encore que celle d'Icheriden. Le village lui-même est placé sur un piton rocheux solitaire, protégé par des ravins profonds et plusieurs étages de barricades qui défendent ses abords, comme les fossés, les remparts qui sont derrière eux.

Cette occasion se présenta le 30. La route entre Souk-el-Arba et Icheriden était terminée ; les vivres et les munitions pouvaient venir d'Alger comme sur une route de France. Les Kabyles, inquiétés par nos contingents, abandonnèrent une partie des retranchements en avant d'Aguemoun-Isen. Mac-Mahon s'en aperçut et donna immédiatement ses ordres pour une brusque attaque.

Il est trois heures de l'après-midi lorsque la 1re brigade (Périgot) débouche d'Icheriden en trois colonnes formant croissant. La 2e brigade (Bourbaki) appuie le mouvement. En moins d'une heure nos troupes étaient maîtresses de toute la montagne d'Aguemoun.

Le courage fougueux et sans règles triomphe parfois ; mais la bravoure calme, réfléchie, habile, disciplinée, triomphe presque toujours.

Les prises successives de Taourit-el-Hadjaz et d'Aguemoun-Isen livrèrent au corps expéditionnaire deux routes pour monter jusqu'au Djurjura, dispersèrent les dernières agglomérations de l'ennemi et triomphèrent définitivement de deux des plus fortes tribus de la Kabylie; les Benni-Yenni et les Beni-Menguillet.

*
* *

Quatre tribus peu importantes, mais protégées par les difficultés de terrain, résistent encore aux tentatives de négociations; ce sont les Beni-Ithouragh, Illiten, Iloula-ou-Malou et Idjer. Le maréchal Randon groupe toutes les forces dont il dispose autour de ces quatre tribus.

La division Mac-Mahon est campée à Djemma-el-Korn, sous des arbres dont l'ombrage est précieux à nos soldats pour se créer des gourbis; des fontaines aux approches verdoyantes sont parsemées çà et là, et, lorsque l'ordre de départ est donné le 5 juillet, chaque soldat jette un regard et des paroles de regret aux abris qu'il lui faut quitter pour courir des étapes inconnues.

La brigade Bourbaki va camper le même soir au Sebt des Beni-Yahia.

Partout, sur la route, on trouve des villages rehabités. On n'entend plus un seul coup de feu; les sentiers sont sillonnés par des Kabyles sans armes qui viennent dans les camps vendre leurs denrées, payer la contribution de guerre ou même se promener.

Cependant, les négociations du bureau arabe ont échoué en partie et, le 9 juillet, la guerre, interrompue un instant, recommence. Les Beni-Ithouraq sont envahis les premiers. La division Mac-Mahon campe le soir même sur leurs frontières. Elle traverse tout le pays des Ithourag, laissant derrière elle un long sillage de flammes, et vient s'établir à l'extrémité de leurs montagnes, sur le pic de Tamesguida, où elle bivouaque toute la nuit, sans être inquiétée par les Kabyles.

Le 10 juillet, les trois divisions se groupent pour l'assaut des tribus formant le territoire des Iloula, des Illiten et des Idjer. La division Mac-Mahon quitte Tamesguida, descend dans la vallée d'un des affluents supérieurs du Sebaou et va bivouaquer au pied de la montagne des Iloula-ou-Malou, dont elle menace le pays par l'est.

Le 11, le corps expéditionnaire se remet en marche. A quatre heures du matin, la division Mac-Mahon descend dans la vallée. Généraux et officiers sont à pied, comme les soldats. Les hommes n'emportent que leurs tentes-abris et deux jours de vivres dans leurs musettes; point de sacs. Les canons de montagne, les affûts de fusée et leurs munitions cheminent sur des brancards portés à dos d'homme. Chevaux, mulets et bagages sont restés dans les camps, à la garde de quelques compagnies. Les longues files mouvantes de nos fantassins s'enfoncent rapidement dans la vallée; quelques coups de canon, des coups de feu isolés; des accents de clairon passent dans l'air et presque aussitôt trois colonnes de fumée s'élèvent droites et épaisses au-dessus de la vallée; c'est là tout ce qui s'aperçoit de la première lutte contre les villages des Beni-Ithourag.

A travers l'éloignement et le pays tourmenté qui la cache au regard, on distingue à peine les mouvements de la division Mac-Mahon. Mais le soir, la brigade Bourbaki, tête d'avant-garde, s'avançait victorieuse à travers les premiers villages des Illoula.

Enfin, le 14 juillet, le lendemain de la soumission des

Beni-Idjer, le corps expéditionnaire était dissous et chacun de ses éléments rentrait dans ses garnisons respectives.

La division Mac-Mahon traversa le territoire des Beni-Idjer, afin de sceller l'acte de soumission à la France par une occupation armée, puis elle se dispersa sur Oran (brigade Bourbaki) et sur Alger (brigade Périgot), ses deux centres.

Le 2e zouaves rallia Oran; le bataillon du 2e étranger Sidi-bel-Abbès, et le 54e de ligne, Mascara.

La campagne était close.

Aujourd'hui, la region du Djurjura n'existe plus à l'état de nation indépendante. Toutes les tribus berbères sont domptées; toutes reconnaissent sans réserve la domination de la France[1].

*
* *

C'est à la suite de cette campagne dans la Kabylie du Djurjura que Bourbaki est nommé général de division, le 12 août 1857, et mis en disponibilité. Appelé au commandement de la 2e division du camp de Châlons, le 11 juin 1858, il en exerce le commandement jusqu'au 11 octobre, date de la levée du camp. De là il est placé, le 30 octobre suivant, à la tête de la 7e division militaire, à Besançon.

C'est dans cette position que le trouve la guerre d'Italie.

Nommé le 16 avril 1859 au commandement de la 3e division du IIIe corps d'armée (Canrobert), il prend pour aide de camp le capitaine Leperche qui, dorénavant, va associer son existence militaire à celle d'un chef qui a été son parrain dans les circonstances que nous avons relatées dans le cha-

1. Les données de ce chapitre ont été puisées en partie dans les *Récits de Kabylie* d'Émile Carrey. Paris. 1858. Michel Lévy, éditeurs.

pitre Ier de ce volume. Pendant plus de vingt ans, il le suivra partout et ne le quittera que lorsqu'il sera mis en disponibilité, en 1879, pour des causes absolument étrangères à l'armée et dont nous expliquerons plus loin les déplorables effets.

Leperche a été mon camarade d'enfance au collège de La Flèche ; l'ayant connu intimement et ayant été à même de l'apprécier dans la vie privée comme dans la vie militaire, je dirai, en passant, ce qu'il fut pendant l'invasion allemande, comme chef d'état-major de l'armée de l'Est ; je dirai aussi les services signalés qu'il eût pu rendre à son pays, si une mort prématurée ne l'avait pas ravi trop tôt à l'affection de ses amis et, en particulier, du général Bourbaki.

L'armée est le seul milieu constitué dont les bases reposent avec solidité sur un ordre moral, c'est-à-dire où la chaîne sacrée du devoir unit l'obéissance d'en bas à l'autorité d'en haut. Dans l'armée, la loi est la formule de ce devoir. D'où l'obligation, pour tout homme qui veut bien servir son pays, de remonter aux causes, de s'y tenir fortement et de diriger sa vie en conséquence.

Bourbaki et Leperche étaient deux hommes faits pour s'entendre : le premier aimait la guerre avec passion, pour le plaisir des yeux ; inconscient du danger, il possédait à un haut degré le culte de l'honneur et du drapeau ; le second, à la fois austère et bienveillant, était d'une inflexibilité indomptable dans l'application de ses devoirs. Tous les deux ont été des hommes d'un grand caractère, un des plus beaux et des plus nobles de notre époque.

La folie de l'épée, comme la folie de la croix, a conquis de tout temps des milliers de cœurs généreux. Sous ce rapport, Bourbaki et son aide de camp se complétaient l'un par l'autre.

Le reflet d'une âme ardente sur un visage noblement passionné frappe plus l'imagination du soldat que la lueur d'un incendie sur les murailles d'un palais qui flambe sous les obus. Leperche avait ce que le prince de Ligne appelait, dans le langage de son siècle, *une jolie bravoure*. Nous aurons plus d'une fois l'occasion, dans ces récits, de mettre en évidence son haut caractère.

CHAPITRE V

I. — BOURBAKI EN ITALIE

(MAI 1859-1860)

La division que commande Bourbaki à l'armée d'Italie a la composition suivante :

Chef d'état-major : Lieutenant-colonel MARTINOT DE CORDOUX.
Aide de camp : capitaine d'état-major LEPERCHE ;

Brigade Vergé :
18e bataillon de chasseurs à pied (commandant Avril de Lenclos) ;
11e et 14e régiments d'infanterie de ligne (colonels Gely de Moncla[1] et Duplessis) ;

Brigade Ducrot :
46e et 57e régiments d'infanterie (colonels Blaise et Hardy de la Largère) ;

Artillerie :
7e batterie du 9e régiment ;
12e batterie du 11e régiment ;

Génie :
1re compagnie du 1er bataillon du 3e régiment (capitaine Mallet dit Merland).

Le 1er mai 1859, le commandant de la 3e division du

1. Passé général de brigade le 29 mai 1859 et remplacé, le 26, par le colonel Porion, venant du régiment des zouaves de la garde, où il était lieutenant-colonel.

IIIe corps de l'armée des Alpes adresse à ses troupes la proclamation suivante, sous la forme d'un ordre du jour lu aux troupes avant le départ de Briançon, lieu de rassemblement des régiments qui doivent constituer sa division :

Soldats,

Je ne veux pas vous recommander la patience dans les souffrances, la discipline en marche comme au combat, la bravoure au feu ; ces vertus militaires, vous les possédez tous.

C'est par elles que vous illustrerez vos régiments, que vous augmenterez l'honneur et la grandeur de la France, et que vous vous rendrez dignes de la bienveillance de notre empereur qui, aimant son armée par-dessus tout, saura récompenser les plus braves.

Le maréchal Canrobert nous commande ; vous le connaissez ; vous êtes donc asssurés d'avance que si vous souffrez, c'est que la nécessité, qui peut faire échouer les plus sages prévisions, exigera la souffrance.

C'est avec autant de savoir et d'expérience de la guerre que d'intrépidité, qu'il vous conduira au combat.

Braves et patients, comme vos anciens des 11e, 14e, 46e et 57e demi-brigades de la glorieuse armée d'Italie, aux temps héroïques de nos pères, vous saurez, comme eux, fixer la victoire. Montrons que nous sommes leurs dignes descendants.

Soldats !

Votre général compte sur vous ; comptez sur lui, il ne vous fera pas défaut.

Au quartier général à Briançon, le 1er mai 1859.

Le général commandant la division,
C. Bourbaki.

*
* *

Pendant cette courte et glorieuse campagne d'Italie, Bourbaki et sa division eurent le regret de ne pas avoir d'engament sérieux avec les Autrichiens. La destinée le voulait ainsi. Mais voici ce que disent à ce sujet les historiques des corps sous ses ordres.

Le 2 mai, la division Bourbaki franchit les Alpes au mont Genèvre et descend en Italie par Oulx, Exiles et Suze où elle arrive le 5.

Le maréchal Canrobert pense qu'en jetant tout son corps d'armée à Alexandrie et à Casale, sur le flanc gauche de l'ennemi, cette mesure suffira pour arrêter la marche des Autrichiens sur Turin; en conséquence, le IIIe corps est embarqué en chemin de fer et réuni le 6 mai à Alexandrie, où le 46e occupe la citadelle.

Le 10 mai, la division Bourbaki marche sur le Pô; son quartier général est à Monte, cinq kilomètres nord-ouest de Valenza. Le 11e de ligne y cantonne.

Le reste de l'armée française (Ier, IIe, IVe corps et la garde) se masse vers Alexandrie pour mettre à exécution le plan du maréchal Canrobert[1], approuvé par l'empereur. La marche offensive des Autrichiens se trouve arrêtée; l'ennemi se retire derrière la Sezia et occupe la Lomeline.

Ce premier point obtenu, l'armée franco-italienne songe à prendre l'offensive contre la gauche autrichienne. Ce sera une fausse attaque ayant pour but d'attirer vers ce point les principales forces de l'ennemi, et d'entreprendre le grand mouvement tournant que l'état-major français est décidé à entreprendre, dans la direction de Verceuil, Novare et Magenta, contre l'extrême droite ennemie, afin d'atteindre Milan avant les Autrichiens.

Le 16 mai, le IIIe corps quitte sa position du Pô, retourne

---

1. Voir notre livre : *Le dernier maréchal de France : Canrobert*. Tolra, éditeur.

à Alexandrie et le 17, la 3e division arrive à Tortone et s'y cantonne tout entière; elle y apprend le 20 le succès du combat de Montebello livré par la division Forey, du Ier corps.

L'empereur veut poursuivre ce succès. La division Bourbaki va occuper Brugna et Ponte-Curone.

L'ennemi, trompé par cette marche, continue à se masser entre Casale et Stradella.

Le 28 mai, l'empereur replie brusquement ses corps les uns sur les autres en exécutant une marche de flanc; il utilise la grande route Tortone-Alexandrie-Casale et le chemin de fer qui passe par ces mêmes villes, pour les IIe, IIIe et IVe corps. Ce mouvement s'exécute pendant les journées des 28, 29, 30 et 31 mai; il est couvert par le Ier corps resté provisoirement à Voghéra.

Le lendemain, toute la division se porte sur la Sesia. Pendant la route, on entend le canon de Palestro. Ce sont les Piémontais et le 3e zouaves qui repoussent une attaque des Autrichiens sur ce point. L'artillerie, sous les ordres de Bourbaki, prend position à Pravolo et ouvre le feu. Mais elle ne tire que quelques obus sur les colonnes autrichiennes en retraite.

La Sesia franchie, la 3e division du IIIe corps se dirige sur Novare, où elle arrive le 3 juin. Elle devait se mettre en route le lendemain, vers onze heures du matin pour se porter sur le Tessin. Mais la route est encombrée par les bagages du IVe corps (Niel); il est plus de quatre heures, lorsque le mouvement commence. Elle défile toute la nuit à travers les voitures et ne peut franchir le pont de San-Martino, sur le Tessin, qu'à deux heures et demie du matin.

Le canon de Magenta se faisant entendre dans le lointain. Bourbaki fit accélérer l'allure de ses troupes, qui traversèrent

Trecate au pas de course. Le bruit du combat devenait plus distinct au fur et à mesure que l'on approchait du Tessin. Chacun croyait que le moment était venu de se mesurer avec l'ennemi. Vains espoirs! Il fallut s'arrêter dans une plaine pour laisser passer les blessés et les prisonniers. La bataille de Magenta était gagnée.

Ce fut un spectacle imposant que le passage du Tessin pendant la nuit, sur un pont à moitié détruit, à la lueur des torches qui éclairaient les travaux du génie, et les files espacées des soldats formés sur deux rangs.

Le maréchal Canrobert présida lui-même à cette opération rendue assez difficile par l'obscurité profonde de la nuit.

Le journée du lendemain fut employée à enterrer les morts et à rechercher les blessés. Le 6 juin, la division Bourbaki se concentra à Abbiatte-Grasso et poussa des reconnaissances sur les routes de Milan et de Pavie. Le 7, elle alla camper à Gaggiano, et fit son entrée dans Milan, le 8, aux acclamations d'une population enthousiaste et sous une pluie de fleurs, pendant que dans le lointain se faisait entendre le canon de Malegnano (Marignan).

La division Bourbaki quitta Milan le 11 juin et bivouaqua le soir à Gorgonzola. Le lendemain, elle traversa l'Adda à Cassano et coucha à Treviglio. Le 13, elle était à Sola, les 14 et 15 à Fontanelle, le 16 elle passa l'Oglio, un peu au-delà de Soncino. Le 17, elle bivouaquait à Maizano, le 18 à Pontacarelle, les 21, 22 et 23 à Mezzano.

Pendant ce temps-là, les Autrichiens avaient pris position derrière le Mincio. Tout faisait alors prévoir une bataille prochaine, aussi ne fut-on pas surpris d'entendre le canon, le 24 vers trois heures et demie du matin. Les régiments de la division Bourbaki furent bientôt sous les armes et saluèrent les premières détonations par d'unanimes acclamations. Le bivouac fut immédiatement levé; les troupes quittèrent Mezzano, pour prendre la direction de Medole, de façon à se trouver en réserve derrière le IVe corps (Niel) qui marchait sur Rebecco et Guidizzolo. A mesure que l'on approchait, les coups de canon se succédaient avec une intensité croissante, apportant la certitude d'un engagement des plus sérieux. L'impatience était dans tous les cœurs; aussi le désappointement fut-il grand lorsque, en arrivant à Acquafreda, il fallut tout à coup changer de direction, marcher sur Castel-Gofredo et s'éloigner du champ de bataille.

C'est que le maréchal Canrobert avait été averti qu'un corps de 20,000 Autrichiens était sorti de Mantoue pour tourner Medole. Pour parer à ce mouvement, la division Bourbaki fut placée en potence, face au sud, avec mission de couvrir le flanc droit de notre armée contre une attaque présumée de la garnison de Mantoue.

Il est midi. La chaleur est suffocante. Tout d'un coup, on signale l'ennemi. Bourbaki prend ses dispositions de combat, les bataillons massés en colonnes par division sont jetés en dehors de la route. Des uhlans paraissent, quelques coups de feux sont tirés contre eux; ils tournent bride et s'éloignent aussitôt, rapportant sans doute à leur corps la nouvelle que nous étions gardés de ce côté. Ce fut tout. La division Bourbaki resta dans cette position jusqu'à deux heures de l'après-midi.

A ce moment, elle reçoit l'ordre de marcher sur Medole. Le canon fait rage dans cette direction. Il est cinq heures et demie du soir, lorsque notre infanterie a atteint ce village. Aux cadavres qui jonchent le sol; aux nombreux blessés qu'on rapporte; au fracas de l'artillerie; aux traces de dévastation qu'on rencontre partout, il est facile de reconnaître qu'une lutte acharnée a eu lieu sur ce point et se poursuit un peu plus loin.

Malgré cette heure avancée, le maréchal Canrobert appelle sa 3e division au secours de la 2e (Trochu) fortement engagée. Les régiments de Bourbaki mettent sacs à terre, et s'élancent au pas de course sur la route entre Robecco et Casa-Nuova, pendant qu'un effroyable ouragan, obscurcissant le ciel, soulève des tourbillons de poussière et vomit la pluie par torrents. Rien n'arrête l'ardeur de nos soldats qui, tous, précipitent l'allure. Cette course se poursuit pendant cinq kilomètres et l'élan est tel que, lorsque les régiments d'infanterie se forment en bataille, à Rebecco, pour marcher à l'ennemi, on ne constate dans les rangs qu'un nombre insignifiant de traînards ou de retardataires.

Bourbaki peut être satisfait de l'endurance de ses troupes, si l'on tient compte de la longue étape parcourue depuis le matin et des accablantes circonstances atmosphériques de la journée. Sa division prend alors ses dispositions de combat et attend avec impatience le signal de la charge. Mais les Autrichiens, vaincus, ont profité de l'orage pour battre en retraite. Cette fois encore, la 3e division du IIIe corps arrivait après la bataille, et au lieu de se porter en avant, elle reçoit l'ordre d'allumer ses feux de bivouac.

Le lendemain, Bourbaki avec ses troupes, traversait le champ de bataille et allait s'installer au pied de la tour de Solférino. De là, il se porta le 28 juin sur Goïto qu'il trouva évacué par l'ennemi, puis passa le Mincio le 2 juillet, alla camper près de Vallegio ; le 3 il se dirigea sur Fornello.

Cette campagne portait à son apogée la gloire militaire de la France. La paix de Villafranca y mettait fin quelques jours après, le 7 juillet.

La guerre terminée, la division Bourbaki fut désignée

pour faire partie du corps d'occupation de la Lombardie, placé sous le commandement du maréchal Vaillant, jusqu'à ce que le traité de Villafranca eût reçu sa complète exécution. En vertu de cette nouvelle affectation, elle va tenir successivement garnison à Crémone, Casal-Maggiore, Plaisance et Gênes, où elle s'embarque pour Toulon du 14 au 23 mai 1860.

Quant à Bourbaki, il est mis le 22 juin suivant à la tête de la 2e division d'infanterie, à Grenoble, création nouvelle, due à l'annexion de la Savoie.

II. — APRÈS LA GUERRE D'ITALIE

(1860-1870)

A partir de 1860, jusqu'en 1870, il y a une interruption dans les services de guerre du vaillant Bourbaki; pendant dix ans, les travaux de la paix vont succéder aux exploits guerriers de celui qui fut aux heures du péril un des plus braves parmi nos généraux et le meilleur des chefs.

Aujourd'hui, des esprits forts ont entrepris de dénigrer l'armée, l'ancienne, la vieille armée, celle que les désastres de l'année terrible ont engloutie dans les prisons de l'Allemagne. Ils essaient de transformer en coups de main sans gloire nos campagnes d'Afrique; en hasards heureux nos victoires de Crimée et d'Italie. Les sceptiques, les découragés, les détracteurs systématiques de la patrie font école de nos jours. Ce livre a surtout pour but de réagir contre cette tendance qui ne tend à rien moins que de faire prendre rang à la France parmi les astres éteints.

Les peuples, dit-on, périssent par leurs légendes. C'est là

une erreur, en ce qui concerne l'armée ; les traditions glorieuses, en s'y maintenant, deviennent comme la religion pratique d'une nation ; comme un patrimoine à conserver et à agrandir ; comme un but d'émulation constant, un exemple resplendissant de lumière et de vitalité. La foi d'un peuple dans le passé lui donne confiance dans le présent, et devient la source de sa force dans l'avenir.

La croyance patriotique disparaissant, l'amour du pays s'en va à la dérive. N'oublions donc pas que l'humanité n'est que la confédération de toutes les patries, et que c'est l'amour de la patrie seule qui peut nous conduire à l'amour de l'humanité. Tous les devoirs s'enchaînent : les petits mènent aux grands. Aimons donc notre pays, et pour le mieux aimer, sachons estimer ceux qui, comme Mac-Mahon, Canrobert, Bourbaki, ont été l'honneur de la patrie française.

Nommé grand-officier de la Légion d'honneur, le 6 août 1860, le commandant de la division de Grenoble exerce successivement les commandements suivants :

La 5e division militaire à Metz, du 19 février 1861 au 13 avril 1864.

La 2e division d'infanterie du camp de Châlons, du 15 avril 1864 au 7 septembre 1864.

La 1re division d'infanterie du 1er corps d'armée, à Paris (maréchal Magnan), d'octobre 1864 à décembre 1865.

La 1re division d'infanterie de la garde impériale (voltigeurs et chasseurs à pied), du 16 décembre 1865 au 15 juillet 1869.

Président du comité consultatif de l'infanterie, 15 octobre 1869.

Président de la commission des comités d'armes, 21 janvier 1870.

*
* *

Pendant toute cette période, le capitaine Leperche, toujours semblable à lui-même, est la cheville ouvrière de l'état-major du général Bourbaki. On ne fait guère le bien qu'en prêchant d'exemple; c'est là une leçon toujours bonne à rappeler. L'autorité dont a joui toute sa vie durant cet aide de camp à l'accueil glacial, mais au fond très sympathique à ses amis, venait de son intelligence autant que de sa vertu. Disons-le donc bien franchement, Leperche, homme du devoir avant tout, était l'un de ces hommes bien doués, auxquels Dieu a départi en proportion élevée l'intelligence, l'imagination, le sentiment du devoir, la vertu, la bonté.

Élevé par une mère chrétienne, il avait conservé, au collège de la Flèche et plus tard dans l'armée, les principes droits et honnêtes qu'il avait reçus dans la famille. En Crimée, lorsque le soldat qui servait d'ordonnance à l'aumônier supérieur de l'armée expéditionnaire[1] venait à manquer, soit pour une cause, soit pour une autre, Leperche, sous-lieutenant d'état-major attaché au 27e de ligne, servait la messe, alternant avec Paul de Molène, l'aide de camp de Canrobert, lorsque leur service, dans les tranchées ou ailleurs, leur en laissait le loisir. Ce devoir, ils l'accomplissaient l'un et l'autre sans forfanterie, par conviction. Qui oserait les en blâmer?

En France, sous les ordres de Bourbaki, Leperche suit les mêmes traditions que celles de l'armée de Crimée. Suivons-le de près, dans son intérieur. Levé diligemment, hiver comme été, à cinq heures du matin, il était prêt pour la journée; à Metz, il entendait la messe dans l'oratoire des pères de Saint-Clément; à Paris, dans la chapelle de

1. Le R. P. Parabère.

l'École militaire. Son temps était pris ensuite par les travaux professionnels, les causeries entre camarades, les promenades à cheval au ban Saint-Martin ou au bois de Boulogne.

Lorsque c'était le temps, il jeûnait, cet officier qu'on voyait journellement à l'attache; Bourbaki avait en lui un collaborateur aussi dévoué que désintéressé, et avec quelle rigueur! A le voir mener une vie aussi unie que la sienne, du même pas et du même air, nul n'aurait pu croire à son austérité.

Que de fois nous l'avons vu à Passy, en 1865, écouter, le soir, les sermons d'un prédicateur en renom venant se faire entendre à l'église Notre-Dame de Passy! Il descendait de cheval dans la cour d'une des villas qui bordent la ligne de ceinture, près le château de la Muette, et se rendait à pied et en tenue à l'église. Il ne connaissait pas la tenue civile, ce vaillant qui, grièvement blessé en Crimée, marchait tout d'une pièce, la tête haute en refusant l'épaule gauche.

« L'uniforme militaire, me disait-il un jour, est une livrée; soit. Mais c'est la livrée aux couleurs de la France; elle honore celui qui la porte. Si je me mettais autrement qu'en tenue, on croirait que j'ai peur et que je fuis les responsabilités. »

Et cet officier, qui aimait sa religion au point d'en faire sa ligne de conduite habituelle, faisait dans le monde une très belle figure. Il était d'agréable compagnie, ce qui le rendait le bienvenu parmi les meilleurs, distingué aussi parce qu'il avait un état d'âme d'une hauteur soutenue, dont le secret désir était de bien faire et de monter toujours. Sa politesse pouvait se comparer à celle que demandait Fénelon à son neveu. Nul air hautain, nulle affectation, nul empressement:

il déférait à tout le monde avec la même dignité. Il saluait et traitait bien qui que ce fût, mais en conversation courante, il se livrait à peu de gens.

*
* *

Le maréchal de Mac-Mahon commandait le camp de Châlons en 1864 ; il avait, sous ses ordres, trois divisions d'infanterie et une de cavalerie. Bourbaki était à la tête de la 2e division d'infanterie.

On a beaucoup écrit sur l'inutilité des camps permanents. Il faudrait pourtant s'entendre. Sous la Restauration, ils n'avaient qu'un but : mettre les princes de la dynastie régnante en contact avec les troupes. Il n'en était pas de même sous le second Empire. Les troupes, munies de tous les accessoires de campement et sur le pied de guerre, venaient s'y exercer à tour de rôle et vivre pendant trois mois de la vie militaire en campagne. Certes les moralistes, — et il y en a dans l'armée comme ailleurs, — peuvent blâmer les fantaisies du Petit et du Grand-Mourmelon. Jusqu'à preuve du contraire, on n'a cependant rien fait de mieux depuis. Les grandes manœuvres d'automne actuelles, nécessitées par l'appel momentané des réservistes et des territoriaux, ne donneront jamais aux troupes cette instruction solide qui découle d'une vie passée en commun pendant plusieurs mois et dans un contact permanent avec les différentes armes.

La fatigue, les exercices continuels, les manœuvres d'ensemble presque quotidiennes, dans les plaines immenses de cette partie de la Champagne, sous un soleil ardent, dont l'intensité se trouve doublée par la réverbération d'un terrain blanc et crayeux, imprime au soldat ce je ne sais quoi, que possèdent seuls les corps et les hommes en expédition.

Les distractions ne manquent pas dans cette Palestine qui pourrait s'appeler Mourmelon-le-*Long,* tout aussi bien que Mourmelon-le-*Grand,* puisque le village n'a qu'une rue, où chaque habitant tient un commerce essentiellement militaire.

A partir de six heures du soir, tout appartient aux troupes : fantassins, cavaliers, artilleurs s'y croisent. Il y a là toute une macédoine d'uniformes, d'épaulettes, de galons, d'aiguilettes ; depuis les épaulettes de laine, jusqu'aux épaulettes d'or à graines d'épinards étoilées. Le maréchal de Mac-Mahon et Bourbaki ne dédaignaient pas, eux-mêmes, de s'y promener, quand la soirée était belle, pour voir ce qui s'y passait, et ce qui vaut mieux, pour entamer la conversation avec les sous-officiers et soldats décorés ou médaillés, rencontrés au passage.

*
* *

En 1865, lorsque Bourbaki prend le commandement de la division des voltigeurs de la garde impériale, en remplacement du général de Ladmirault, nommé sous-gouverneur de l'Algérie et chef d'état-major du VIIe corps d'armée, la garde impériale est en pleine réorganisation.

Pour rentrer dans les prévisions budgétaires et diminuer les dépenses de l'armée, un décret du 15 novembre 1865 apporta certaines réductions dans l'armée, et entre autres, celles-ci, en ce qui concerne la garde impériale :

1° Les grenadiers et les voltigeurs furent ramenés à trois bataillons de sept compagnies, au lieu de huit ;

2° Les deux régiments de cuirassiers furent fondus en un seul de cinq escadrons ;

3° Les autres régiments de cavalerie de la garde furent réduits à cinq escadrons ;

4° La division d'artillerie à pied de la garde fut supprimée, ainsi que deux batteries du régiment monté, la division du génie, une compagnie du train des équipages et deux compagnies du régiment de gendarmerie à pied de la garde.

Mais en compensation et pour ne pas réduire le nombre des régiments de cavalerie qui faisaient partie de la garde, les carabiniers, réduits en un seul régiment par décret du 20 décembre 1865, firent partie de la garde impériale, à partir du 1er janvier 1866.

Nous donnons ces renseignements à titre de documents, car c'est ainsi constituée que la garde prendra part, quatre ans plus tard, à la guerre de 1870, sous les ordres directs de Bourbaki.

Arrivé au terme de son commandement dans la garde, le général fut nommé aide de camp de l'empereur, le 7 juillet 1869. L'ordre du jour que lui consacra le maréchal Regnaud de Saint-Jean-d'Angely, au moment de son départ de la garde, est des plus élogieux.

Le voici *in extenso :*

ORDRE GÉNÉRAL

M. le général Bourbaki, commandant la 1re division d'infanterie de la garde, arrivé au terme de la durée de son commandement, a été désigné, par décision impériale du 19 mai 1869, pour commander le second camp de Châlons de cette année. En vertu de cette décision, M. le général Deligny, ex-commandant de la province d'Oran, a été appelé au commandement de la 1re division de la garde.

M. le général Bourbaki, précédé dans la garde par la brillante réputation que lui ont valu ses glorieux services, a su se faire aimer du soldat, tout en maintenant la discipline, et entretenir dans la division des voltigeurs l'esprit militaire, le sentiment du devoir et le dévouement à l'empereur.

Le maréchal commandant, en lui exprimant ses regrets de le voir quitter la garde, lui adresse ses remerciements pour le loyal et habile concours qu'il lui a constamment prêté. Ses vœux, comme ceux de toute la garde, le suivront dans le poste éminent auquel il a été appelé par l'empereur, qui vient de lui donner une nouvelle preuve d'estime en le nommant son aide de camp.

M. le général Bourbaki remettra le commandement de la 1re division d'infanterie, le 14 juillet, à M. le général Deligny, qui entrera immédiatement en fonctions et sera reçu avec les honneurs qui lui sont dus.

Paris, le 12 juillet 1869.

Le maréchal commandant en chef de la garde,

REGNAUD D'ANGELY.

Ici s'arrête la partie vraiment heureuse de la vie du général Bourbaki. Retraçons maintenant les épisodes sanglants de ce calvaire qui porte dans l'histoire le millésime de 1870.

CHAPITRE VI

BOURBAKI AU DÉBUT DE LA CAMPAGNE DE FRANCE ET SOUS LES MURS DE METZ

(14 JUILLET-24 SEPTEMBRE 1870)

I. — Marches de concentration.

Les éclatants succès de 1866 ne devaient être que la première étape de la monarchie prussienne dans la voie des conquêtes où la poussait, avec un rare bonheur, une politique faite de rancunes et d'avidité. Malgré l'attitude de la France devant l'écrasement de l'Autriche et l'annexion des petits États de l'Allemagne ; malgré un demi-siècle de relations amicales ; malgré Leipzig, malgré Waterloo ; malgré deux invasions, la Prusse n'avait pas oublié Iéna. Comme en 1813, ses historiens, ses poètes soufflaient dans tous les cœurs, avec l'idée de l'unité allemande, la haine du nom français. Affaiblie par la guerre néfaste du Mexique, agitée par l'élévation des budgets et l'accroissement des dépenses ; troublée par le réveil des partis politiques un instant assoupis, la France employa vainement les ressources de la diplomatie. La guerre, évitée en 1867, au sujet du Luxembourg, fut regardée inévitable en 1870, par suite de l'acceptation de la couronne d'Espagne par un prince de Hohenzolern, de la maison royale de Prusse.

Bien que la déclaration de guerre n'ait été faite que le 19 juillet, les mouvements de concentration de nos troupes commencèrent le 15 juillet 1870. Le général Bourbaki, de service aux Tuileries ce jour-là, descendait l'escalier du grand pavillon de l'Horloge, lorsqu'il rencontra l'empereur qui, précisément, montait dans ses appartements.

— Général, lui dit ce dernier, je vous ai nommé au commandement du Ier corps d'armée ; mais le commandement en chef de ma garde est vacant par suite du départ du maréchal Regnaud de Saint-Jean-d'Angely, qui demande à se retirer. Que désirez-vous ? Commander le Ier corps, ou la garde impériale ?

— Sire, répondit Bourbaki, je ferai en cette circonstance ce que j'ai toujours fait. Je laisse l'empereur libre de choisir la place qui me convient, et où Sa Majesté croira que je serai le plus utile au pays.

— Vous ne répondez pas à ma question, ajouta Napoléon III. Ma première idée était de vous nommer au commandement de ma garde, dont vous connaissez tous les éléments. J'ai été amené à y renoncer ; mais aujourd'hui, en présence d'une guerre imminente, je vous demande ce que vous préférez. Mon désir serait que vous prissiez le commandement de ma garde ; mais je vous laisse le choix.

Dans ces conditions, il n'y avait aucune objection à faire ; Bourbaki opta pour la garde, et c'est ainsi que le général se trouva, en 1870, à la tête du plus beau commandement de l'armée française.

Son état-major particulier est ainsi composé :

Aide de camp : le chef d'escadron d'état-major LEPERCHE[1].

Officiers d'ordonnance :

Le capitaine en second Jorna de Lacale, du régiment d'artillerie monté de la garde ;

1. Nomination du 25 décembre 1867.

Le capitaine de Sancy de Parabère, des guides de la garde;
Le lieutenant Sedillot, des zouaves de la garde.

Porte-fanion :

Le maréchal des logis Frémy, des chasseurs à cheval de la garde.

Quant au corps de la garde, les commandements en étaient ainsi répartis :

Chef d'état-major : général D'AUVERGNE.

Sous-chef d'état-major : colonel DE GAUJAL.

Officiers attachés à l'état-major général :

Chefs d'escadrons : De Stanor; Chennevières;
Capitaines : Pagès; Guillet.
Aumônier : l'abbé Maréchal.

1re division d'infanterie :

Général commandant : général DELIGNY.

Aide de camp : capitaine Hulin.
Chef d'état-major : colonel Ferret.

Officiers attachés à l'état-major de la division :

Chef d'escadron : Fabre;
Capitaines : Multzer; Blanchet.

1re brigade : général BRINCOURT.

Aide de camp : capitaine Tordeux.
Bataillon de chasseurs à pied : commandant Dufaure du Bessol;
1er voltigeurs : colonel Dumont;
2e voltigeurs : colonel Peychaud.

2e brigade : général GARNIER.

Aide de camp : capitaine Godard.
3e voltigeurs : colonel Lian;
4e voltigeurs : colonel Colin.

2e division d'infanterie :

Général commandant : PICARD.

Aide de camp : Capitaine Sonnois.
Chef d'état-major : colonel Balland.

Officiers attachés à l'état-major de la division :

Chef d'escadron : Maguin ;
Capitaines ; Kienlin ; Guioth.

1re brigade : général JANINGROS.

Aide de camp : capitaine Noiret.
1er régiment de grenadiers : colonel Théologue ;
Régiment de zouaves : colonel Giraud.

2e brigade : général DE POITEVIN DE LA CROIX.

Aide de camp : capitaine Delanoix.
2e régiment de grenadiers : colonel Lecointe ;
3e — — : colonel Pradier.

Division de cavalerie :

Général DESVAUX.

Aide de camp : chef d'escadron d'état-major Robert.
Chef d'état-major de la division : colonel Galinier.

Officiers attachés à l'état-major de la division :

Chef d'escadron : de Villermont ;
Capitaines : Delphin ; Dubreton.

1re brigade : général HALNA DE FRETAY [1].

Aide de camp : capitaine Darras.
Régiment de chasseurs à cheval : colonel de Montarby ;
Régiment des guides : colonel Percin de Northumberlan.

1. Remplaçant le général du Barail, nommé divisionnaire le 23 mars 1870, et commandera, à l'armée du Rhin, la division de cavalerie du VIe corps (Canrobert).

2e *brigade :* général DE FRANCE.

Aide de camp : capitaine de Grandmaison.
Dragons de l'impératrice : colonel Dupart;
Régiment de lanciers : colonel de Latheulade.

3e *brigade :* général DU PREUIL.

Aide de camp : capitaine Furst;
Régiment de carabiniers : colonel Petit;
Régiment de cuirassiers : colonel Dupressoir.

Brigade d'artillerie :

Général PÉ DE AROS.

Aide de camp : capitaine Saillard.
Régiment d'artillerie monté : colonel de Vassoignes ;
Régiment d'artillerie à cheval : colonel Clapier;
Escadron du train d'artillerie (2 compagnies) : chef d'escadron Guillemard;
Escadron du train des équipages militaires (3 compagnies) : chef d'escadron Anglada.

* * *

L'inutilité de la gendarmerie à pied, comme corps de combat, est incontestable. A Paris, ce régiment ne faisait pas le service prescrit par les règlements qui régissaient cette arme, et n'était employé que comme régiment de grenadiers. Sa mobilisation en cas de guerre était difficile, en raison du grand nombre d'hommes mariés, dont quelques-uns atteignaient l'âge de cinquante ans.

Le 26 octobre 1868, on avait supprimé deux compagnies et on discuta, à cette époque, si on ne devait pas licencier le régiment pour en verser les éléments dans la garde de Paris. Ce dernier avis finit enfin par prévaloir, et le 29 septembre 1869, le régiment de gendarmerie à pied de la garde impériale avait vécu. Son dernier chef fut le colonel Arnaud de Saint-Sauveur.

Déjà antérieurement, le 16 avril 1864, l'*escadron des chasses de l'empereur* avait cessé de faire partie de la garde impériale pour être placé sous l'autorité du grand maréchal du palais, avec le titre d'*escadron de gendarmerie d'élite*. Cet escadron a été licencié le 6 octobre 1870.

Les unités qui vont prendre part à la guerre franco-allemande sont dès lors les suivantes :

	BATAILLONS.	ESCADRONS	COMPAGNIES.	BATTERIES.
Infanterie	24	»	»	»
Cavalerie	»	30	»	»
Artillerie	»	»	»	12
Train d'artillerie et des équipages	»	»	5	»

En réalité, nous allions à la dérive, car pendant que notre cavalerie d'Afrique guerroyait au Mexique, avec plus de gloire que de résultat obtenu, le gouvernement impérial avait supprimé, en 1865, 42 escadrons de ligne sur 386, et dans la garde 10 escadrons sur 40 ; c'était en quelque sorte le septième de l'effectif agissant de notre cavalerie qui disparaissait.

Arrêtons-nous un instant sur les têtes de colonnes.

Bourbaki est le héros légendaire que notre armée lègue à la postérité. Son existence, nous l'avons vu par ce qui précède, est une sorte de feu d'artifices d'où jaillissent des combats, des victoires, des assauts, des triomphes, des croix, des grades, des citations à l'ordre de l'armée. Ce militaire *exquis,* pour nous servir d'un des mots de la chanson qui lui est consacrée, fait songer à Bayard, à Dunois, à Murat ; c'est le type de la vaillance et de la crânerie.

Les généraux qui commandent sous ses ordres sont dignes du chef.

Voici le beau et spirituel Deligny, — un ancien fléchois aussi celui-là, — que ses soldats arrachent un jour aux Arabes au milieu desquels il s'était jeté, entraîné par son bouillant courage.

Voici Picard, l'ancien colonel du 91e qui, le 18 juin 1855, criblé de blessures, ne voulut pas se laisser emporter, sans avoir embrassé les plis déchirés et noircis de poudre du drapeau de son régiment.

Voici Garnier, ex-commandant du 5e bataillon de chasseurs qui, bien qu'atteint de trois coups de feu, à l'assaut du 18 juin 1855, avait escaladé trois fois le parapet de la batterie Gervais.

Voici encore:

Brincourt, un des héros de Puebla;

Dumont le brave commandant du 11e bataillon de chasseurs à pied à Magenta et à Solférino.

Lecointe, qui a pris part à toutes nos victoires depuis vingt ans.

Janingros, qui a fait toutes les campagnes, a été blessé sept fois en Crimée, en Italie et au Mexique.

Il faudrait nommer presque tous les officiers de la garde et la plupart des sous-officiers et soldats, pour répartir à chacun le rôle de vaillance qui lui est dû, dans toutes les guerres soutenues par la France depuis vingt ans. Nous n'en nommerons qu'un: Melchior, sorti de l'École de Metz avec le n° 1 et qui, capitaine d'artillerie en Crimée, chargé de porter un ordre aux tranchées, monte à cheval, quand il pouvait y aller à pied, reçoit un obus de plein fouet qui lui emporte l'avant-bras gauche. Lui, sans s'émouvoir, continue sa route sans ralentir l'allure de son cheval, remet sa dépêche au major de tranchée et ne se fait panser qu'en rentrant au bivouac d'où il est parti.

Bien que manchot, cet officier, qui était un écuyer hors ligne, se servait d'un bras articulé avec lequel il faisait manœuvrer le cheval le plus difficile.

* * *

La garde impériale est destinée à former la réserve générale des sept corps d'armée qui vont être dirigés sur la frontière. Presque toute l'infanterie française, — quatre-vingt-seize régiments de ligne et les vingt bataillons de chasseurs à pied, — entre dans la composition de ces derniers. Depuis 1813, la France n'avait pas mis sur pied une armée aussi formidable d'hommes, de régiments et de chevaux. Du pied de *paix parlementaire*, elle était passée instantanément, sans préparatifs, sans transition, au pied de guerre à outrance. Nous étions vaincus d'avance. C'était l'avis des clairvoyants : ce ne fut pas l'opinion de ceux qui nous administraient.

Cette vaste organisation comprenait les neuf dixièmes de nos bataillons actifs. Nous n'avions plus en réserve que les 35e et 42e, en garnison à Rome ; la légion, les trois bataillons d'Afrique, les 16e, 38e, 39e et 92e employés en Algérie, et les 22e, 34e, 58e et 79e, en garnison dans le Midi.

Dans la cavalerie, cette vaste organisation ne laissait libre que les spahis et cinq régiments de cavalerie légère : trois en Afrique, les 1er et 9e chasseurs à cheval, et le 8e hussards ; deux en France, le 7e chasseurs à cheval, dont deux escadrons étaient détachés dans les États pontificaux et le 8e de la même arme, adjoint à la division d'infanterie de Toulouse, chargée d'observer la frontière des Pyrénées.

Dès le 16 juillet, le général Bourbaki donna l'ordre au commandant Leperche de lui acheter deux bons chevaux, en sus de ceux qui lui étaient alloués par le règlement en temps de paix, de se munir de cartes et se pourvoir de tout le matériel nécessaire à une entrée en campagne immédiate.

Le 17 juillet, les régiments de cavalerie de la garde reçurent l'ordre de former cinq escadrons de guerre à 130 hommes et 105 chevaux chacun. Le 6e escadron de chaque régiment et le dépôt furent transférés à Paris (École militaire).

Le 20, les deux divisions d'infanterie de la garde s'embarquèrent à la gare de Strasbourg (La Villette), à destination de Nancy, où leur campement était préparé dans la plaine de Tomblaine, entre la Meurthe et le canal de la Marne au Rhin. Elles y arrivèrent le lendemain, 21 juillet. Ce même jour, Bourbaki et son état-major particulier quittaient Paris par la gare de l'Est, pour se diriger sur Nancy et y recevoir les premières troupes.

Les deux régiments d'artillerie de la garde, forts chacun de six batteries, ainsi que l'escadron du train des équipages, s'embarquèrent à la gare de Pantin dans les journées des 21 et 22 juillet ; ils arrivèrent à Nancy les 23 et 24 et campèrent, le régiment monté dans la plaine de Malzéville, sur la rive droite de la Meurthe, au nord de la ville ; le régiment à cheval, dans une prairie voisine du pont d'Essey.

Ce fut alors seulement que se fit la répartition des batteries entre les divisions d'infanterie et de cavalerie de la garde.

Le colonel Pé de Aros, nommé général de brigade, devient alors le commandant de toute l'artillerie de la garde ; il a pour chef d'état-major le colonel Melchior.

Sont affectés à la division des voltigeurs :

Deux batteries de 4 rayées : 1re et 2e (capitaines Lyon et Belin) ;

Une batterie de mitrailleuses : la 6e (capitaine Robert).

Sont affectés à la division des grenadiers :

Deux batteries de 4 rayées : 3e et 4e (capitaines Brunel et Malcor) ;

Une batterie de mitrailleuses : la 5e (capitaine Pihan).

Ces six batteries allèrent rejoindre leur division respective au camp de Tomblaine, le 24 juillet.

Ce même jour, le régiment d'artillerie de la garde fournissait deux batteries de 4 à la division de cavalerie du général Desvaux, arrivée la veille à Nancy et qui campait aussi dans la plaine de Malzéville ; les 1er et 2e (capitaines Forqueray et Meurand).

Les quatre autres : 3e, 4e, 5e et 6e (capitaines Meurdra, de Lanet, Delaroze et Gai) formèrent l'artillerie de réserve de la garde, sous les ordres du colonel Clapier.

Le 25 juillet, la division Deligny partit pour Pont-à-Mousson et arriva le lendemain sous les murs de Metz par Montigny, entra en ville par la porte Serpenoise et alla camper au Ban Saint-Martin.

Le 27 juillet, la 2e division d'infanterie y arriva à son tour et alla s'installer au polygone de l'île Chambière.

Le 28, la cavalerie de la garde, qui avait quitté Nancy la veille avec les six batteries à cheval, alla camper au polygone de l'île Chambière.

Toute la garde, resta à Metz, jusqu'au 4 août, pour y compléter son outillage de campagne. Pendant ces quelques jours, la cité messine ressemble à un vaste champ de mars. On ne voit dans les rues que galons d'or et galons d'argent, aiguillettes et plumets ; on n'entend que le cliquetis des sabres traînant sur le pavé et le roulement des voitures. Des officiers d'état-major vont et viennent, à pied ou à cheval; les hôtels de la rue de Paris ressemblent à des casernes peuplées d'officiers. Généraux et colonels entourés d'épaulettes de toutes sortes encombrent les cafés. A l'hôtel de la préfecture, quartier-général de l'empereur, deux grenadiers de la garde en faction se promènent en long et en large. De vagues souvenirs de Waterloo hantent l'esprit des passants. La cour retentit du bruit des chevaux qui entrent et sortent. Les estafettes se suivent sans désemparer.

Le tumulte guerrier dont Metz est agité va d'une rue à une autre, du centre aux extrémités. Autour de la porte Serpenoise, tambours et clairons battent et sonnent presque continuellement. Bataillons ou régiments entrent et sortent. Sur le champ de foire, l'oreille ne perçoit que le sourd roulement des lourdes pièces d'artillerie suivies de fourgons pesants; ce sont des milliers de voitures, au milieu desquelles des bandes de chevaux s'ébrouent.

Des rangées de tentes garnissent le flanc des collines. Quelques escadrons qui reviennent de la manœuvre font entendre leur fanfare. Partout, la fumée des cantines s'élève dans le ciel pur.

Le chassé-croisé des régiments commence dès les premiers jours du mois d'aout.

Les chasseurs à pied de la garde s'embarquent le 1er août à la gare de Devant-les-Ponts et se rendent à Thionville; où ils restent jusqu'au 6 août; puis ils reviennent sur Metz par les voies ferrées et rejoignent la division Deligny au camp de Borny, deux jours après le combat qui s'y est livré [1].

1. 14 août 1870.

3 août. — Le camp de l'île Chambière étant devenu malsain, par suite de l'encombrement des troupes, la division des grenadiers (Picard) traverse la Moselle et va s'établir sur l'autre rive, près de la Grange-aux-Dames.

4 août. — Départ de la garde pour Volmerange, en passant par Noisseville, Glatigny, les Étangs, Condé-Northen. La division Picard, précédant celle de Deligny, repasse la Moselle, traverse la ville de Metz, en sort par la porte des Allemands, et prend la route de Saarlouis. Le soir, on bivouaque à Volmerange, village situé à quatre kilomètres de la Nied française, affluent de gauche de la Sarre, et à trois kilomètres environ de Boulay. Zouaves et grenadiers bivouaquent en avant du village, dans une vaste prairie où l'artillerie a sa place marquée entre la 1re et la 2e brigade de la division de voltigeurs qui, elle, n'arrive qu'une heure après les grenadiers et campe en arrière de la division Picard. La cavalerie de la garde, partie à une heure de l'après-midi, n'arrive à Volmerange que vers huit heures du soir et bivouaque derrière l'infanterie. Les batteries de la réserve de la garde, parties de Metz à neuf heures et demie du matin, ne peuvent arriver qu'à Condé-Northen, où elles bivouaquent vers dix heures du soir.

5 août. — Bourbaki reçoit un télégramme lui annonçant la prise de Wissembourg par l'ennemi.

Ce même jour, l'état-major décide la formation de deux armées : la première, sous le commandement du maréchal Mac-Mahon, comprenant les corps Mac-Mahon, Douay et de Failly ; la seconde, sous les ordres du maréchal Bazaine, comprenant les corps Bazaine, Frossard, de Ladmirault, Canrobert et la garde impériale.

6 août. — On abandonne la direction de Boulay et on se

reporte sur Saint-Avold. Ordre arrivé à minuit au quartier général de Bourbaki.

Bien que le réveil ait sonné à quatre heures du matin, les troupes attendent l'ordre du départ, sac au dos, toute la matinée et une partie de l'après-midi. Elles franchissent la Nied, au village de Varisse et s'acheminent vers Courcelles-Chaussy [1], par une route étroite par laquelle s'échelonne toute l'infanterie de la garde, qui n'arrive à destination que vers sept heures du soir.

Les voltigeurs campent au nord du village, sur les pentes d'un mamelon, dans l'angle formé par la Nied française et la route de Metz à Mayence. La cavalerie de la garde bivouaque à l'autre extrémité de la route; les batteries qui l'accompagnent, dans les bas-fonds, non loin du cimetière, dans un lac de boue.

La division Picard, surprise par un orage épouvantable au village des Étangs, n'arrive au bivouac qu'à onze heures du soir et vient camper près de la cavalerie. Zouaves et grenadiers, dans la boue jusqu'aux genoux, allument de grands feux et attendent impatiemment la levée du jour. Au bivouac des voltigeurs, officiers et soldats s'étendent sous la tente ou dans la boue, et, lorsque l'extinction des feux est sonnée, le bruit a cessé pour faire place au clapotement de la pluie sur la toile des tentes.

Nuit du 6 au 7 août. — Vers deux heures du matin, la division des voltigeurs reçoit l'ordre de se tenir prête à partir pour Saint-Avold. La pluie tombe toujours; la nuit est noire; on allume quelques feux dans la boue qui s'épaissit sans cesse par le piétinement des hommes et des chevaux; on charge les voitures; on attelle les chevaux. Les

---

1. Village situé à moitié chemin entre Metz et Saint-Avold.

compagnies se forment tant bien que mal et les hommes attendent le signal du départ, l'arme au pied autour des brasiers, courbant le dos sous l'averse.

On se met en route vers trois heures du matin, les artilleurs des trois batteries de combat cherchant à démarrer leurs pièces. Le jour commence à poindre.

La marche sur Saint-Avold se fait dans l'ordre suivant :

La pointe d'avant-garde : 2 compagnies du 1er voltigeurs et une section de la 8e compagnie du 3e du génie[1] ;

Le gros d'avant-garde : 4 compagnies du 3e bataillon du 1er voltigeurs ;

Le convoi :

2e et 1er bataillons du 1er voltigeurs ;

2e voltigeurs ;

3e et 4e voltigeurs (brigade Garnier).

On arrive au village de Longeville, à cinq kilomètres en arrière de Saint-Avold, vers onze heures du matin. Bourbaki, qui marche avec cette avant-garde, établit le bivouac de ces troupes sur les hauteurs en arrière ; il occupe ainsi, sur les bords de la Rosselle, affluent de gauche de la Sarre, l'embranchement des routes de Metz à Forbach et de Boulay à Forbach.

La division Picard qui, elle, n'a quitté Courcelles-Chaussy qu'à sept heures du matin, arrive à Longeville vers trois heures de l'après-midi, et va camper près de la division Deligny, ses trois batteries en arrière et à gauche du château.

La division de cavalerie de la garde arrive le 6 août, vers minuit, à Morange, reprend sa marche à trois heures du

1. Le génie de la garde ayant été supprimé en 1865, on y suppléa en 1870 au moyen d'emprunts faits dans les trois régiments du génie de l'armée de ligne.

matin sur Longeville-lès-Saint-Avold, où elle arrive le lendemain assez tard ; elle bivouaque sur le plateau dominant la contrée jusqu'à Forbach.

Les quatre batteries à cheval de réserve de l'artillerie de la garde y arrivent en dernier lieu.

C'est à ce moment-là que Bourbaki apprend les défaites de Spickeren et de Frœschwiller. Il va au-devant de Bazaine qui, précisément, venait visiter les emplacements choisis pour l'établissement des troupes de la garde. Une conversation de quelques minutes a lieu entre le maréchal et lui :

— Monsieur le Maréchal, se hasarde de dire Bourbaki en le saluant, voulez-vous me permettre un avis : les plateaux de Colombiers et de Frécourt sont, dans leur ensemble, une position des plus fortes. Si nous l'occupions ? La Nied serait devant nous ; le pays accidenté et coupé qui y donne accès serait d'une grande difficulté en cas d'attaque. En livrant bataille sur ce terrain, peut-être pourrions-nous racheter les insuccès de Spickeren et de Frœschwiller ?

— Vous avez peut-être raison, répondit Bazaine, mais si, du petit au grand, tout le monde donne son avis, il est impossible de s'y reconnaître.

Et la retraite fut ordonnée jusqu'à Metz.

La garde reçut donc l'ordre de s'établir sur le plateau de Longeville, couvrant la retraite du IIIe corps sur Metz. Personne ne campe sur ces hauteurs ; on y bivouaque, les hommes couchés au pied de leurs faisceaux, les chevaux, sellés et bridés, sous la garde d'une compagnie en grand'garde, en avant de chaque bataillon. La nuit du 7 au 8 août est des plus pénibles. A l'extrême limite de l'horizon, on aperçoit des feux de bivouac qui ne peuvent être que ceux de l'armée française. Pour arriver sur le corps de la garde, il faudrait culbuter les IIIe et IVe corps, puis traverser une forêt qui s'étend sur la gauche jusqu'au delà de la frontière.

La cavalerie de la garde arrive à Longeville à la nuit tombante, se disloque et détache le régiment de chasseurs à cheval à la division des voltigeurs, et le régiment des guides à celle des grenadiers.

Ainsi, à la date du 6 août, la garde s'organisait encore, tout en marchant.

7 août. — Ordre est donné de battre en retraite et de revenir à Courcelles-Chaussy. La division Picard commence le mouvement à quatre heures du matin ; ses batteries de combat, au centre, en colonne par section. La division Deligny se met en mouvement vers huit heures du matin, lorsqu'arrive à Longeville la division Castagny (IVe corps) qui doit l'y remplacer. Le 1er voltigeurs marche derrière le convoi ; son 3e bataillon est à l'extrême arrière-garde. Le régiment des chasseurs de la garde éclaire la marche.

A midi, la cavalerie de la garde, qui a quitté son bivouac à six heures du matin, traverse Courcelles-Chaussy, franchit la Nied française et va camper partie à Silly, partie à Maizeroy.

A la même heure, la division Picard traverse Courcelles à la suite de la cavalerie de la garde et va s'établir à trois kilomètres de Metz, près de Pont-à-Chaussy, son artillerie au milieu de l'infanterie, sur le plateau en arrière du village.

La division Deligny arrive ensuite vers trois heures, et s'établit de l'autre côté de la route de Saarbruck, dans l'angle formé par la Nied française et cette route ; les 1er et 2e voltigeurs (brigade Brincourt) surveillent le cours de la Nied avec la 1re batterie, se reliant avec le IIe corps (Frossard) qui suit la voie ferrée.

9 août. — Réveil à cinq heures du matin. Le mouvement de retraite continue. A midi, les divisions Deligny et Picard vont prendre position un peu plus en arrière, à treize kilomètres de Metz, sur la crête des hauteurs qui bordent la rive gauche de la Nied française, à Silly-sur-Nied ; elles forment la réserve des IIe, IVe et VIe corps (Frossard, de Ladmirault, Canrobert).

A trois heures du soir, toute la cavalerie de la garde se concentre sur le plateau de Maizeroy, au-dessus du village de Pange. A la même heure, les batteries de réserve de la garde quittent Courcelles-Chaussy et vont camper à Viviers.

10 août. — L'armée française continue son mouvement de concentration sous les murs de Metz. Le réveil est sonné à six heures du matin. L'infanterie de la garde cède ses campements aux troupes du IIIe corps, qui se retire également en arrière de la Nied. A midi, la division Deligny vient s'établir à Landremont, à droite de la route de Saarbruck, face à Pont-à-Mousson. La division Picard lève son camp à trois heures de l'après-midi pour s'établir à gauche de la route de Saarbruck, en arrière du bois de Silly-sur-Nied, sa gauche appuyée à la ferme de Beville.

11 août. — L'armée française achève sa concentration sous Metz. Réveil à cinq heures ; départ à six heures par une pluie torrentielle. La cavalerie de la garde prend à travers les champs et les terres labourées, pour laisser la route libre à l'infanterie et à l'artillerie.

La division Deligny, après une marche de vingt kilomètres sous une pluie incessante, arrive vers deux heures de l'après-midi à Borny, qu'elle traverse pour aller camper au village de Grisy, sa gauche appuyée à Borny, sa droite à Grisy, sur la route de Metz à Marbourg, par Château-Salins. La division Picard tourne à droite, à hauteur de la ferme de

Bellecroix, et s'arrête vers trois heures en arrière de Borny, où elle doit camper.

La cavalerie de la garde arrive à son tour, sous le canon des forts de Metz, et va bivouaquer près de Borny, non loin du fortin des Bordes, à moins de trois kilomètres de la porte des Allemands. Elle y séjournera jusqu'au 14.

Enfin, les batteries d'artillerie de réserve, arrivées les dernières, campent près des Bordes, en avant de Plantières.

12 août. — A cette date, l'armée de Bazaine est entièrement réunie sous Metz. Elle s'y repose pendant les journées du 12 et du 13. Le prince impérial, accompagné de Bourbaki, en profite pour passer en revue les troupes de la garde, dans leurs camps respectifs, pendant que l'empereur examine de son côté, avec Bazaine, nos positions et celles de l'ennemi.

L'empereur venait de quitter le commandement de l'armée du Rhin, qu'il remettait le 12 au maréchal Bazaine, en lui donnant le général Jarras comme chef d'état-major.

La nuit du 13 au 14 août est magnifique ; le ciel parsemé d'étoiles invite à la joie. Les troupes de la garde allument de grands feux. Tous les camps sont en liesse.

14 août. — C'est un dimanche. Le temps, remis au beau depuis deux jours, semble favoriser les mouvements de notre armée, qui avait reçu l'ordre la veille de se tenir prête à partir dès quatre heures du matin. Mais à peine le soleil s'est-il levé qu'un brouillard épais s'abat sur la campagne et voile l'horizon. Néanmoins, les hommes sont prêts à se mettre en marche à l'heure dite, sac au dos et derrière les faisceaux.

Borny, quartier général du IIIe corps, est un petit village situé aux portes de Metz, dont il n'est séparé que de quatre kilomètres ; il faisait autrefois partie des trois évêchés. Placé sur le Cheneau, à gauche de la route de Metz à Marbourg, il n'est qu'à quelques kilomètres de Saint-Julien-lès-Metz, ancien faubourg de Metz sur la droite de la Moselle, face à l'île Chambière.

Examinons le terrain. A l'est de Metz, il est divisé en deux plateaux : celui de Borny, au sud, celui de Saint-Julien, au nord. Ces deux plateaux sont séparés par un ruisseau encaissé qui, après avoir rejoint le ruisseau des Vallières, va se jeter dans la Moselle, au-dessus du fort Belle-Croix, face à l'île Chambière. Sur le plateau de Borny, à l'est et au sud, le terrain va en s'élevant et aboutit à de nombreux bouquets de bois, fort épais en certains endroits, surtout dans la direction de Colombey. Le plateau de Saint-Julien s'élève dans la direction nord-est jusqu'à Sainte-Barbe, où le ruisseau des Vallières prend sa source.

Le réveil sonne pour la garde à trois heures et quart du matin. Le boute-selle se fait entendre aussitôt pour la cavalerie du général Desvaux. Grenadiers et voltigeurs font leurs sacs, plient les tentes et attendent le signal de la mise en marche, derrière les faisceaux.

A trois heures et demie, la garde impériale se met en mouvement, la division Deligny rompant la première dans la direction de Verdun.

A quatre heures dix minutes, quelques coups de canon se font entendre du côté de Colombey ; une demi-heure après, la canonnade devient très violente ; elle est suivie par une fusillade intense et le crépitement des mitrailleuses. Ce sont les divisions Castagny, Metmann et Grenier qui soutiennent le premier choc de l'armée allemande. Bourbaki suspend le mouvement des troupes de la garde qui ont pris la direction du fort de Queleu ; il les fait traverser la Moselle sur les ponts de Metz et les porte en avant, dans l'ordre qu'elles occupaient le matin, au moment du départ. Là, la garde est en réserve sur la route de Strasbourg, en arrière du IIIe corps; la division des voltigeurs, protégée par le fort Queleu, formée dans l'ordre suivant : 1re brigade (1er et 2e voltigeurs) en bataille, face à droite, perpendiculairement à la route de Strasbourg, couverte par le bataillon des chasseurs de la garde qui vient d'arriver, venant de Thionville. Le 1er bataillon du 2e voltigeurs est en réserve avec le drapeau du régiment; la 2e brigade (3e et 4e voltigeurs) forme la seconde ligne.

L'artillerie divisionnaire (1re, 2e et 5e batteries) appuie sa droite au fort de Quelcu, soutenue par le régiment des chasseurs à cheval de la garde.

Les quatre batteries qui forment la réserve de la garde sont déployées sur le plateau des Bordes.

Dans cette position, la garde impériale assistera l'arme au pied à la bataille de Borny. Un moment, l'armée française en sera réduite à la garde et au IIIe corps. Le IIe a franchi la Moselle dans la matinée, le IVe effectue son passage; mais, au bruit du canon, ce dernier suspend son mouvement et s'établit à la gauche du IIIe. La canonnade est effrayante, les coups de canon se succèdent de seconde en seconde, la fusillade roule comme un tonnerre continu. De nombreux blessés passent contre le fortin des Bordes. Quelques obus labourent le terrain, à côté de la brigade Brincourt qui a trois hommes blessés au 1er voltigeurs.

Vers huit heures du soir, les quatre batteries de la réserve de la garde sont disposées en arrière de la division Picard qui vient appuyer le IIIe corps avec la mission de soutenir la retraite.

La nuit seule met fin au combat; un incendie immense éclaire l'horizon; une fumée rougeâtre enveloppe tout le terrain sur lequel les deux armées ont combattu. C'est l'ennemi qui, en se retirant, porte la torche dans tous les villages où il passe. Les Prussiens, repoussés sur toute la ligne, se retirent avec de très grandes pertes.

Les clairons sonnent pour rallier les troupes isolées. Les troupes ne campent pas cette nuit-là ; elles allument des feux et bivouaquent.

A huit heures du soir, les chasseurs à cheval de la garde traversent Metz pour aller camper au ban Saint-Martin.

15 août. — A deux heures de l'après-midi, les brigades du Preuil et de France reçoivent l'ordre de se rendre à Gravelotte ; le 1er escadron du régiment des carabiniers (capitaine Bué) est d'avant-garde avec une section d'artillerie légère de la garde. On traverse Longeville-lès-Metz et on atteint le plateau de Gravelotte vers sept heures du soir. La brigade du Preuil bivouaque, les cuirassiers s'appuyant à la route de Rezonville, à peu près à hauteur de la maison de poste de Gravelotte ; la brigade de France dépasse ce dernier village et va se former au delà sur deux lignes. Les chevaux sont mis à la corde, on ne dresse pas de tentes. Les lanciers et les dragons de la garde ont l'ordre d'escorter l'empereur sur la route de Conflans.

A midi, la division des voltigeurs de la garde se met en route pour Gravelotte ; elle arrive à deux heures après midi sur le plateau en arrière du village et établit son campement entre le Point-du-Jour et la ferme de Saint-Hubert, à droite de la route qui conduit à Gravelotte. A minuit, le 4e voltigeurs prend position à trois cents mètres sur la gauche. Les 1re et 5e batteries vont camper près de la ferme de Moscou où elles passent la nuit. Le régiment des chasseurs à cheval de la garde rejoint, dans la soirée, la brigade Deligny campée au Point-du-Jour. Le bataillon de chasseurs à pied est à cheval sur la route qui mène de Gravelotte à Ars-sur-Moselle par le ravin passant entre le bois de Vaux et le bois des Ognons.

La brigade Picard, qui ne s'est mise en mouvement que vers onze heures du matin, ne peut arriver à son bivouac qu'à dix heures du soir; elle campe sur la gauche de la route de Verdun, à deux cents mètres en avant de la maison de poste, face au bois des Ognons. Enfin, le régiment des zouaves de la garde, avec les 1re et 3e batteries du régiment monté de la garde, s'établissent à l'extrémité du village de Gravelotte, sur la route d'Ars-sur-Moselle. Ces derniers sont à huit cents mètres des autres batteries de la division.

L'ennemi avait atteint son but, qui consistait à nous couper la route de Verdun en faisant filer ses nombreuses colonnes par la vallée de Gorze pour gagner les plateaux de Mars-la-Tour et de Rezonville.

Nous sommes à la veille de la bataille dite de Gravelotte, qui prend le nom de Rezonville pour les troupes de la garde engagées. Elles viennent d'arriver à l'étape le soir du 15 août, jour de l'Assomption.

De gros nuages gris, poussés par un vent violent, couraient dans l'espace. Mais, par un de ces brusques revirements atmosphériques si fréquents dans la nature, l'horizon s'était subitement éclairci dans la soirée, et, comme nous nous glissions sous nos tentes, harassés par une journée de marche des plus fatigantes, le crépuscule annonçait une journée splendide pour le lendemain. Le ciel noir et profond ressemblait à une immense draperie de velours bleu parsemée de clous dorés; un reste de clarté traînait seul au sommet des collines, du côté où le soleil se couche. Tout sommeillait dans les bivouacs de la garde établis autour de

Gravelotte et de Rezonville. Si ce n'était quelques lumières vacillantes piquant çà et là l'obscurité, les sentinelles qui, de distance en distance, profilaient leurs silhouettes sur le front de nos lignes, et les cavaliers d'escorte du commandant en chef du corps de la garde, qui vaquaient à leurs travaux ordinaires autour de la maison de poste de Rezonville, quartier général de Bourbaki, aucune animation ne se faisait spécialement remarquer et n'indiquait qu'une armée de près de cent mille hommes campait dans cette vaste plaine.

Neuf heures viennent de sonner au presbytère voisin... Bourbaki, assis près d'une table, dans une chambre du rez-de-chaussée de la maison de poste, examine, penché sur une carte étalée devant lui, les ordres de mouvement prescrits par Bazaine. Son chef d'état-major, le colonel Ferret, et son premier aide de camp, le commandant Leperche, causent entre eux à voix basse, tisonnant un feu de bourrées qui pétille dans l'âtre. De temps à autre, le vent agite la porte qui grince sur ses gonds rouillés ; ici et là, dans le village, dans la campagne, un coq chante, un chien aboie, un cheval hennit, une pesante voiture qui passe broie les cailloux de la chaussée.

— Leperche, dit tout à coup le général Bourbaki, se redressant brusquement, demain le réveil à quatre heures, le boute-selle et le boute-charge une demi-heure-après. A cinq heures, les troupes se tiendront prêtes à se mettre en route, l'infanterie rangée en bataille, derrière ses faisceaux, les cavaliers à la tête de leurs chevaux.

— Bien, mon Général.

Et l'officier, mettant la main à son képi, tourna sur ses deux talons et s'éloigna dans la direction des cavaliers d'escorte du général.

Une heure après, dans une salle basse débarrassée à la hâte des amas de bois qui l'obstruent, un manteau jeté sur des fagots de menus branchages forme un lit improvisé, sur lequel Bourbaki s'endort d'un profond sommeil.

A l'extérieur, les officiers de l'état-major bivouaquent en plein air. Le commandant Leperche, les capitaines Jorna de la Calle et de Sancy de Parabère s'étendent côte à côte sur des bottes de paille que recouvrent de fourrage le sous-lieutenant Sedillot des zouaves de la garde, le plus jeune des officiers d'ordonnance du général, et le maréchal des logis Paul Fremy, des chasseurs à cheval de la garde, son porte-fanion. Tous les deux se couchent ensuite aux deux extrémités de cette installation primitive, interceptant l'air et l'humidité, l'un avec son caban, l'autre avec son long manteau blanc.

L'imagination la plus féconde s'épuiserait vainement à rechercher et à mettre en parallèle les contrastes qu'offre à chaque instant ce monde étrange au milieu duquel se promène la guerre ; il n'y a certes que dans l'armée où les privations et les fatigues soient le lot des puissants de la terre comme celui des plus humbles.

II. — A Rezonville.

Le lendemain, lorsque se lève l'aube du 16 août, éclairant de ses pâles rayons les coteaux d'un vert sombre qui limitent l'horizon du côté de Gorze, les clairons d'infanterie et les trompettes de cavalerie sonnent la *diane*, comme les moineaux pépient dans la broussaille, comme aussi l'alouette matinale gazouille dans les champs. Une brise imprégnée des rosées de la nuit passe sur la tête de nos soldats qui, comme des abeilles sortant de leurs ruches, s'échappent de leur maison de toile, s'étirent, plient bagages, font leurs sacs et viennent se ranger silencieusement pour l'appel, à leur place de bataille. Aucun cri, mais un bourdonnement confus de voix qui sortent de partout, et, de temps en temps, le hennissement prolongé d'un cheval qui frappe le sol de ses sabots, ou le roulement des voitures d'artillerie qui traversent les sillons au pas.

Au travers du brouillard troué de place en place par les rayons argentés d'un beau soleil levant, les casques lancent des étincelles, les armes brillent, le poil des bêtes miroite.

Au loin, les forêts s'allongent interminables, profondes, silencieuses. Voici d'abord le bois de Vaux, en avant de Gravelotte ; puis celui des Ognons qui donne accès à Rezonville. Malgré soi, on les regarde comme si quelque chose de mystérieux devait sortir de leur solitude. Au-dessus de la vallée qui les sépare, des vapeurs s'en élèvent en moutonnant : c'est le sillon que trace le cours de la Meuse. A droite, à deux kilomètres environ, ce clocher, pointu comme une baïonnette, qui émerge d'un groupe de maisons au toit rouge ; c'est Vionville. A gauche, à deux kilomètres également, ces quelques maisons qui se développent dans la brume en longeant la route de Verdun ; c'est Gravelotte. Voici l'*Auberge du Cheval d'or,* qui allonge sa façade sur le côté gauche. Les gourmets doivent en connaître le chemin. Que de plats nettoyés, que de plats vidés par les touristes lorrains, à l'ombre de cette maison hospitalière ! Aujourd'hui, le général Picard, qui commande la division des grenadiers de la garde, y a établi son quartier général ; des chevaux tenus en main par des cavaliers des guides sont sellés devant la porte ; des ordonnances et des officiers chamarrés d'or entrent dans la cour ou en sortent. Voici maintenant la maison du cultivateur Plaisant, sur la droite de la route de Verdun, presque en face de l'*Auberge du Cheval d'or*, où l'Empereur a passé la nuit et d'où il est parti à la pointe du jour en route pour Deaucourt, escorté par la brigade de cavalerie du général de France (lanciers de la garde et dragons de l'impératrice). Plus loin, cette estafette lancée au galop qui disparaît dans un nuage de poussière, roulant avec l'impétuosité d'un tourbillon, porte un ordre au quartier général de Rezonville. On entend le fourreau du sabre sonner contre l'étrier, et par intervalles on voit briller les garnitures de cuivre du mousqueton porté en sautoir.

Il y a comme de la gravité dans l'air. Et cependant la campagne est resplendissante ; mais personne n'est là pour la moisson. Les fermes sont abandonnées, le cheval ne broute plus l'herbe du sentier, la vache ne rumine plus dans les prés. Aujourd'hui, les canons remplacent la charrue et lorsque le soleil en se levant est assez vigoureux pour rougir, comme *une traînée de sang,* les toitures de Rezonville, Gravelotte et Vionville, le général Bourbaki peut voir et examiner, de l'observatoire qu'il a choisi, en avant de son quartier général, les troupes du corps de la garde se rallier autour de leurs officiers, en attendant l'heure de la mise en route. Des lignes de baïonnettes émergent au-dessus des champs et de tous les replis du terrain ; des pantalons rouges à bandes noires se montrent derrière les haies ; ici, un peloton ; là, une compagnie ; ailleurs, un bataillon. Dans cette prairie sont rangées les batteries de la garde ; leurs longs tubes de bronze, les chevaux, les caissons sont alignés comme en un jour de parade : pas une croupe n'empiète sur sa voisine, pas un timon ne dépasse l'autre.

* * *

Le 4e escadron des guides de la garde, envoyé en reconnaissance, à l'extrémité du bois des Ognons, sous les ordres du commandant Harmignies, vient de rentrer à Gravelotte, ramenant quelques prisonniers ennemis, exténués de fatigue et portant les traces d'une longue course dans les bois. Leurs vêtements sont mouillés de rosée, leurs bottes maculées de boue ; leurs chevaux ont l'encolure basse, les flancs retroussés, les boulets engorgés, les membres raides.

« Ils sont, disent-ils au colonel Balland, chef d'état-major du général Picard, les éclaireurs des 1re et 2e armées allemandes (prince Frédéric-Charles et prince royal) venant de Gorze, qui doivent arriver dans la journée aux deux extrémités de notre ligne. »

Deux de ces prisonniers attirent particulièrement notre attention : un officier de hussards, grand, maigre, aux yeux pâles, couleur de faïence, clignotant sous des lunettes à armature dorée; puis un sous-officier de uhlans à la figure blafarde sur laquelle s'épanouissent deux énormes favoris rouges en forme d'arc de cercle. Le premier, dépouillé de son uniforme, ressemblerait à un *magister de village,* plutôt fait pour manier la férule du maître d'école que le sabre du cavalier. Le second est le type du paysan poméranien, dur, farouche, cruel même à l'occasion.

On est donc bien près de l'ennemi? Qui s'en douterait? Dans certains régiments, les guides entre autres, on a ordonné une revue qui doit avoir lieu à neuf heures du matin. Chacun astique son fourniment et fourbit ses armes ; celui-ci se rase avec soin, revêt son meilleur uniforme et ses insignes les plus brillants; celui-là inspecte sa lame de sabre, fait jouer le ressort de son revolver ; cet autre s'assure que sa gourde est remplie et que sa blague renferme la quantité de tabac nécessaire pour la journée. Il faut se présenter dignement devant ses chefs.

Dans d'autres régiments on est allé aux provisions. Des soldats, avec la permission de leurs officiers, sortent de leurs rangs pour aller arracher des pommes de terre dans un champ voisin, tandis que d'autres charrient sur leurs épaules des fagots garnis de leur vert feuillage. Dans tous, les feux s'allument et on prépare la soupe ou le café qui doit servir au déjeuner du matin. Des fumées bleues s'élèvent dans le ciel pur et courent à travers les arbres ; on sent partout une odeur de café grillé ; les bidons se remplissent, les marmites mijotent. Les cantinières débitent un délicieux petit vin de Lorraine, provenant des vignobles de Thiaucourt et de Sampigny. C'est le fidèle compagnon de nos gloires passées et futures ; celui qu'ont bu les artilleurs de Kellermann, et que boiront demain les *lignards* de Saint-Privat, les chasseurs à pied de Servigny et les voltigeurs de Ladonchamp. Les officiers en profitent pour arroser un morceau de pain qu'ils mangent, avec du saucisson ou quelques sardines tirées de leurs provisions de conserve.

L'aspect est tout autre à l'*Auberge de Saint-Hubert* où des filles rouges tournent autour de tables rustiques, les mains chargées de plats fumants. Ce n'est que bruit, rires et folle gaieté interrompue parfois par le sourd roulement des lourdes pièces d'artillerie fendant la foule des soldats, suivies des fourgons pesants. Ici, le capitaine Brasseur, du 1er grenadiers, échange une poignée de main avec le lieutenant Thierry, des zouaves de la garde ; là, le colonel Percin de Northumberlan allume son cigare au cigare du commandant de Ligniville, du 2e grenadiers ; ailleurs, la cantinière Rossini, des zouaves de la garde, médaillée de Palestro, frappe sur l'épaule d'un soldat du train des équipages qu'elle a connu au pays. De tous les côtés, on profite de cette halte avant la bataille pour s'aborder, se reconnaître, se rechercher. De ce côté, la guerre dure, farouche, impitoyable a pour ainsi dire des allures de fête.

Soudain, se fait entendre un premier coup de canon, puis un deuxième, suivi peu après d'un troisième. Ce sont les Allemands qui nous canonnent à une distance de trois kilomètres.

Il est neuf heures et demie du matin.

Nos soldats relèvent la tête; un tressaillement de joie et d'impatience parcourt les rangs.

— Tiens! dit Bourbaki, toujours posté sur son éminence d'où il peut voir toute la campagne en avant de lui, nous voilà encore engagés comme à Borny, sans que nous nous y attendions.

Puis se tournant vers Leperche, son premier aide de camp :

— Nous sommes sous les armes depuis quatre heures du matin; pourquoi diable ne pas avoir marché en avant pour offrir la bataille aux Prussiens, au lieu de l'accepter d'eux? C'est à n'y rien comprendre.

Dans chaque escouade, un coup de pied est bien vite donné dans les marmites, les sacs sont bouclés, les bêtes chargées et chacun court joyeusement à ses armes, à son cheval. Les caissons d'artillerie sillonnent la plaine, au galop de leurs chevaux, foulant les blés par larges places, broyant les épis.

Bientôt la fusillade crépite, dominée au loin par la voix majestueuse du canon se faisant entendre à des intervalles réguliers; puis ce sont des cris et le tumulte occasionné par les commandements que répercute l'écho.

Notre artillerie est à peine en contact avec celle de l'ennemi, que la plaine se couvre de soldats qui, surpris dans leurs bivouacs et ahuris d'être frappés d'aussi loin, battent en retraite à la débandade, dans toutes les directions, poursuivis par leurs officiers dont on entend les clameurs et qui cherchent à les arrêter. Des dragons, isolés ou par groupes, se sauvent à toutes jambes; des chevaux, les uns sans selle, les autres sans cavaliers; des attelages sans voitures galopent un peu partout. Ce sont des cavaliers de la division de Forton et de la brigade de Valabrègue que les canons ennemis ont surpris au moment où ils mangeaient la soupe.

Sont-ce bien des fuyards ces hommes affolés qui, dans un moment de panique ont quitté leurs rangs, inconscients du tort qu'ils se font à eux-mêmes et aux camarades laissés en première ligne?... Non. Un coup de trompette suffit pour les arrêter et ces soldats, un instant foule désordonnée, font demi-tour, disparaissent dans la poussière et reviennent sur l'ennemi. Parmi eux combien en restera-t-il, lorsque le soir venu ils traverseront leur ancien bivouac, noirs de poudre, rouges de sang?...

Ce retour à l'ennemi coïncide précisément avec une avalanche de troupes allemandes, débouchant du défilé de Gorze, à une allure rapide. Sur tous les points, la bataille s'engage avec une énergie soutenue; les coups de canon se succèdent rapidement, les obus fouettent l'air en sifflant, les boulets ronflent au-dessus des têtes, les balles font entendre leur bourdonnement sinistre; quelques cris, le bruit sourd que fait le projectile en éclatant ou en s'enfonçant dans les terres; un vide aussitôt comblé: tel est l'aspect du champ de bataille au début de l'action. C'est surtout l'état-major de Bourbaki qui sert de point de mire au tir de l'artillerie ennemie. Posté sur une hauteur à découvert, très visible de loin, le général examine le terrain avec sa jumelle de cam pagne, lorsqu'une balle perdue vient ricocher en avant de lui et s'abat sur les fontes de sa selle en velours cramoisi en frôlant légèrement les oreilles de son cheval. L'animal qui, instinctivement a vu le danger, baisse la tête, agite convulsivement ses naseaux et indique par le tremblement de ses membres que la place où il se tient est dangereuse. Bourbaki, tenant la bride courte, se penche sur l'arçon de la selle, allonge la main jusque sur le cou de son cheval, le flatte doucement pour le rassurer; puis, reprenant son aplomb, braque de nouveau sa lunette d'approche sur la plaine et examine les mouvements qui se font en avant de lui.

— Conscrit, as-tu vu le *Turko-bono?* dit tout à coup à voix basse un vieux guide de l'escorte du général, s'adressant à son voisin admis depuis peu dans les chasseurs de la garde.

— Ce n'est pas lui qui a peur, c'est le poulet d'Inde.

— C'est ma foi vrai ! répond avec admiration notre jeune chasseur. Il n'est pas poltron notre *kebir*.

Au même moment, un obus vient ricocher en avant du vieux guide en labourant la terre.

— Oh ! le brigand, dit ce dernier en serrant les dents et en suivant le projectile des yeux pour juger de son effet, passe ton chemin, brutal, je ne te connais pas.

Un instant après, un boulet arrivant de plein fouet, brise les jambes du cheval du jeune conscrit qui, dans l'escadron, répond au nom du Parisien.

— C'est toujours comme cela, riposte le vieux grognard. Ces scélérats de boulets passent sans crier gare et ne vous avertissent que quand on est tué. C'est malsain. Les obus valent mieux, au moins ils s'annoncent quand ils viennent vous donner une tape.

— Si vous faisiez un peu de silence! crie tout à coup en se retournant le commandant Leperche que toutes ces réflexions énervent.

*
* *

Autour de Rezonville et de Gravelotte, pas une ferme, pas un hangar, pas une étable qui n'ait sa garnison, des soldats du génie armés de pelles et de pioches creusent des tranchées, élèvent des épaulements, percent les murs de crémaillères.

Les blessés sont nombreux déjà, ils défilent devant les troupes de la garde, soit à pied, soit transportés sur des cacolets ou brancards; il en arrive de partout, de droite comme de gauche; la figure pâle et triste, les uns marchant péniblement, lentement, appuyés sur leurs fusils ou sur leur bâton de tente; les autres couchés, assis ou repliés sur eux-mêmes, une jambe entourée d'un linge ensanglanté et la chemise entr'ouverte laissant apercevoir des taches de sang.

Une rivière vagabonde et capricieuse, mordant sur la prairie, court dans ce frais vallon; non loin de là, gît un petit chasseur à pied qui vient de recevoir trois coups de feu: à la cheville, au genou et à la hanche.

— Les blessures, cela m'est égal, dit-il au camarade qui vient le relever; mais vois comme c'est bête: j'ai attrapé tout cela d'un seul coup, sans avoir pu décharger ma carabine!

Il a une bonne figure ce petit soldat, avec ses joues roses, ses yeux bleus, sa barbiche née de la veille. Peut-être est-il un de ceux qui ont le bâton de maréchal de France dans leur giberne?

Vers dix heures et demie, l'artillerie tonne des deux côtés avec un égal acharnement. On voit sur le sol le sillon tracé par les boulets et les ravages qu'ils font en passant. Les arbres sont coupés, les blés couchés à terre, les clôtures rompues. Les chevaux effarés, abasourdis par le vacarme qui se fait autour d'eux, lancent des ruades contre un ennemi invisible, ne peuvent être maintenus par leurs conducteurs, se sauvent dans la plaine et galopent à qui mieux mieux, l'oreille couchée, l'œil en feu, les naseaux dilatés. Il y a là une hécatombe de vie humaine, dont il nous est impossible de suivre de si loin le résultat désastreux.

Un blessé arrive, un capitaine d'un régiment de ligne. Une balle l'a frappé au cou, près de la nuque et le force à parler, la tête tournée de côté et comme tordue. Lui-même a fait le coup de feu avec ses hommes couchés dans un chantier, derrière des pierres de taille qui leur servaient d'abris.

— Les bois sont noirs de Prussiens, dit-il au docteur qui lui fait un premier pansement.

— Comment, les bois aussi ?

— Les bois ! Ils en sortent de partout... C'est par là qu'ils sont venus. C'est à peine si on les voit ; mais eux, ils tirent sur nous comme sur une cible.

— Et ce bataillon de chasseurs qui était campé dans le pré sur la gauche de la route de Verdun, en face du bois : qu'est-il devenu ?

— Ah ! vous l'avez vu, docteur ? Braves petits chasseurs !... Se sont-ils lancés héroïquement en avant ! Mais des arbres, toujours des arbres et derrière ces arbres, des fusils à aiguille et des casques à pointe par milliers.

Voici un autre blessé : le colonel Percin de Northumberlan[1]. Il a la main gauche percée par une balle et semble beaucoup souffrir. Derrière lui vient le capitaine Manheimer, des guides de la garde, qui a le pied gauche contusionné par un éclat d'obus. Encore un blessé, le brigadier Veranx, frappé de trois éclats d'obus à la cuisse, à la poitrine, à la tête ; puis deux, puis trois, puis d'autres encore. On ne les compte plus. Ils se couchent partout où il y a une place vide, attendant que des brancardiers viennent les y relever.

Ici passe un brancard porté par quatre soldats. Des branches d'arbres ployées en berceau, ombragent le corps du malheureux étendu là, et qui, enveloppé d'un drap sur lequel s'aperçoivent quelques gouttes de sang, a encore la force de saluer de la main les camarades accourus pour savoir le nom de ce vaillant blessé. Et ce nom qu'un sergent prononce en passant est celui du commandant Terreyre, du 25e de ligne, qui mourait à Metz quelques jours après des suites de sa blessure.

Honneur à tous ces vaillants, dont beaucoup, hélas ! ne verront pas la fin de cette journée !

Ce prélude de la lutte qui s'engage, n'est-il pas un indice d'une action plus meurtrière encore que celle de Borny ?...

*
* *

Au premier coup de canon tiré par les batteries prussiennes, les troupes de la garde ont quitté leurs bivouacs et se sont mises en marche ; c'est une forêt de baïonnettes qui s'ébranle ; on en suit de l'œil, l'éclair vacillant qui reluit au-dessus des

---

1. Le colonel prince Murat, nommé général de brigade quelques jours avant la déclaration de guerre, commandait, sous Metz, une brigade de dragons et avait été remplacé aux guides de la garde par le colonel Percin de Northumberlan, du 10e cuirassiers.

képis. La route entre Rezonville et Gravelotte est encombrée de voitures du train d'artillerie et de canons. On entend le cahot des roues sur la chaussée, et les jurons des conducteurs. Peu à peu, les crêtes voisines se couronnent de troupes et des pièces d'artillerie y prennent position.

De petits nuages blancs font la boule sur les hauteurs. Un grondement continu remplit l'espace, produisant par intervalle de ces déchirements qui donnent le frisson. Les balles ennemies arrivent même jusqu'au milieu de nos colonnes et écornent les sacs des soldats en passant. Tout siffle, tout éclate dans la fournaise dans laquelle s'engagent les troupes de la garde. Les obus arrivent de partout ; du fond des bois, des coteaux, des vallons, et aucun de nous ne peut voir au juste où se tiennent les régiments prussiens que ces feux violents protègent. Ce spectacle est un long duel d'artillerie auquel l'infanterie sert de témoin ou de complice, selon les heures et la disposition du terrain. Il y a loin de là à ces luttes homériques du temps passé, où les soldats combattaient à l'arme blanche, se chargeant avec furie.

Peu à peu, l'ennemi, sous le feu écrasant de son artillerie, gravit les pentes qui, du fond du ravin de Flavigny, s'élèvent jusqu'au village de Rezonville.

Bazaine arrive à ce moment-là :

— Il faut sacrifier un régiment de cavalerie, dit-il, en se tournant vers le 3e lanciers dont les banderoles caressées par le vent semblent rire sous le soleil qui les éclaire.

Puis s'adressant au général Desvaux :

— Les cuirassiers de la garde appuieront la charge du 3e lanciers.

Le lieutenant Davignon des cuirassiers de la garde, son officier d'ordonnance, transmet aussitôt cet ordre au colonel Dupressoir.

Le 3e lanciers, monté en chevaux gris, se forme en bataille et s'élance à la charge, mais trompé par les inégalités du terrain imparfaitement reconnu, il se jette trop à droite; les chevaux recevant des projectiles sur leur gauche appuient du côté opposé par un mouvement irrésistible de plus en plus prononcé, qui colle le régiment contre le remblai de la route; les escadrons sont obligés de faire demi-tour, aux deux tiers du chemin, après avoir essuyé des pertes très sensibles. La charge était manquée. C'est alors que le gigantesque colonel Dupressoir, debout sur ses étriers, majestueux dans son armure d'acier sur laquelle flottent des aiguillettes d'argent d'une éclatante blancheur, haut perché sur son cheval noir aux reflets ardoisés, lève son épée, criant de toute la force de ses poumons :

— Cuirassiers de la garde, en avant!

Ils sont là cinq escadrons disposés sur trois lignes, à cent pas de distance l'une de l'autre, et rangés en bataille le long d'une haie qui borde le chemin de Rezonville à Gorze.

Un spectacle sublime se présente alors, au milieu de la véritable tempête de boulets et d'obus qui sillonnent l'espace en tous sens; c'est l'aspect imposant de cette cavalerie d'élite, se vouant à la mort, avec une rectitude d'allures aussi parfaite que sur un terrain de manœuvre; spectacle grandiose que ces magnifiques escadrons s'ébranlant comme une muraille de fer, et que n'oublieront jamais ceux qui en ont été témoins.

Certes, l'assaut d'une position à enlever est un beau et grand spectacle. Ces fantassins qui se précipitent tête baissée, sur une brèche rendue praticable par l'artillerie, qui ne savent pas où poser le pied, tellement le sol est mouvant, qui tombent, se relèvent, s'accrochent des mains aux saillies de la pierre, et ne peuvent qu'à grand'peine se servir de leurs armes, sont admirables d'élan et de patriotisme. Les morts et les mourants roulent dans une poussière de sang ; le bruit du tambour, le son du clairon sont étouffés par les déchirements de la mousqueterie et les grondements du canon. Mais tout là-haut au sommet, une forme humaine apparaît vaguement se détachant dans des nuages de poudre, sur le fond d'un ciel gris. C'est l'officier ou le soldat heureux qui plante sur les remparts conquis le drapeau du régiment.

Eh bien, ce spectacle est surpassé s'il est possible par une charge de cavalerie bien commandée, bien conduite, car la gloire du cavalier est celle du sacrifice.

Voilà donc le régiment des cuirassiers de la garde qui gagne au galop la déclivité du terrain en avant de Rezonville. Le lieutenant-colonel Letourneur et le chef d'escadrons Sahuquet se mettent à la tête de la première ligne, formée des 4e et 6e escadrons. Le général du Preuil, la canne à la main, avec son officier d'ordonnance, le lieutenant de Saint-James, des carabiniers de la garde, se placent devant la deuxième ligne, qu'enlève le commandant de Vergès (2e et 3e escadrons) ; enfin le colonel Dupressoir charge en avant de la 3e ligne, formée du 1er escadron. Ces trois lignes parcourent au petit galop une étendue de terrain d'environ trois cents mètres, puis sont mises au trot, et prennent enfin le galop de charge, lorsque le premier échelon est arrivé à trois cents mètres de l'ennemi. Le choc des balles sur les cuirasses produit un effet sinistre, les éclats d'obus creusent des vides effrayants. Le cavalier ne voit dans le lointain, qu'une épaisse fumée, sa respiration est haletante ; il se sent entraîné vers l'inconnu, enlevé pour ainsi dire au-dessus de la terre et éprouve un sentiment de grandeur et de puissance. Le cœur bat, les oreilles tintent, les yeux, sous le brillant des casques, lancent des éclairs, les chevaux surexcités par une course vertigineuse, rendus fous par le bruit et les cris des combattants, s'irritent, se cabrent, ruent dans les rangs, tournent sur eux-mêmes ou roulent dans la poussière. Les rayons du soleil, en frappant cette masse éclatante la font ressembler à une nappe d'éclairs qui court, emportée vers le vent; les sabres étincellent parmi les cuirasses. Le sol tremble sous la chevauchée de la mort de cette cavalerie pesante ; c'est comme un bruit de ferrailles qui sort des entrailles de la terre. Bientôt on ne voit plus qu'un nuage de poussière, au milieu duquel, on entend comme l'approche d'un torrent. Les trois lignes s'engouffrent dans un véritable brasier, dans lequel s'agitent des masses noires piquées çà et là de petites pointes brillantes. Chacune d'elles vient successivement toucher à l'ennemi : elle baisse la main, s'élève sur les étriers et présente le fer, en poussant de grands cris, auxquels répond le *hourrah* des Allemands.

Le but est atteint ; mais au prix de quels sacrifices ! La première ligne est venue se briser contre un fossé dans lequel s'entasse pêle-mêle la moitié des 4e et 6e escadrons et vient rouler sous les baïonnettes prussiennes ; la seconde ligne, qui a vu l'obstacle et a pu l'éviter en appuyant à gauche, vient mourir sur les rangs de l'infanterie prussienne (un bataillon de fusiliers du 12e régiment d'infanterie et deux compagnies du 52e), faisant face, les uns à la chaussée où paraissent encore quelques lanciers du 6e, les autres aux cuirassiers de la garde, ce qui donne aux spectateurs de Rezonville, l'illusion de deux carrés formés en échiquier. La troisième ligne, conduite par le vaillant Dupressoir, déchire en lambeaux tout ce qui tente de résister ; mais ses efforts viennent se heurter contre une muraille d'hommes et de chevaux fauchés par les projectiles, entassés de façon à former un rempart à l'ennemi.

Tout était dorénavant terminé et il n'y avait plus qu'à se replier le plus vite possible derrière Rezonville, pour éviter les atteintes d'un régiment de hussards prussiens, chargeant en flanc les débris de ce magnifique régiment, et sabrant les cavaliers isolés qui galopaient dans la plaine.

On n'entend plus alors que la voix des quelques officiers survivants, raccordant leurs escadrons, et à travers les éclaircies de la poussière qui recommence à s'élever, on aperçoit encore une ligne entière, correctement alignée et superbe d'allures et de maintien. N'est-ce pas le cas ici de rappeler cette phrase de l'Écriture sainte : *sicut procellam equestrem,* quand elle compare les nuages portés par le vent à un ouragan de cavalerie? Le premier rang des 4e et 6e escadrons[1] est composé d'officiers. Presque tous se font tuer ou blesser. Le lieutenant-colonel Letourneur est grièvement blessé d'une balle à l'aisselle; le commandant Sahuquet, mortellement blessé, tombe comme un héros au milieu des rangs ennemis. Auprès de lui, se fait tuer l'adjudant-vaguemestre Fuchs qui a abandonné les voitures du régiment pour charger avec ses camarades. Son cheval a été tué sous lui; sa lame de sabre s'est brisée dans la mêlée, ce brave se sert de son casque dont il enroule la crinière autour de son poignet et, Goliath d'un nouveau genre, frappe tous ceux qui l'approchent, jusqu'à ce qu'il tombe percé de coups de baïonnettes.

Au 4e escadron, sur sept officiers, cinq meurent, étant au pouvoir de l'ennemi[2]. Le capitaine commandant Thomas, assez grièvement atteint, traverse la ligne ennemie, suivi du

1. Le 5e constituait le dépôt du corps resté à Saint-Germain.

2. Les lieutenants Bonherbe et Barrau; les sous-lieutenants Leclerc, Cornéjouls et Faralicq.

capitaine Masson qui seul est épargné ; mais une balle a enlevé l'épaulette de sa cuirasse et son cheval est blessé ; du maréchal des logis chef Langlaude, blessé lui-même, et de quelques hommes restés à cheval. Cette poignée de braves se rallie comme elle peut, en faisant le coup de sabre avec les hussards prussiens des 11e et 17e régiments accourus de Flavigny, au secours de leur infanterie. Parmi les sous-officiers, tous sont horriblement mutilés ; sur treize brigadiers il n'en reste plus que deux (neuf sont tués et deux blessés), de cent cavaliers, il n'y en a plus que dix-huit de valides[1].

Le 6e escadron n'est guère moins éprouvé ; une partie des chevaux tombent dans un large fossé qui précède la compagnie de droite ennemie, une décharge presque à bout portant, désorganise le reste. Le capitaine commandant Roussange[2] a son cheval blessé, le capitaine Gudin tombe sous le sien atteint en pleine poitrine ; le sous-lieutenant Bauvin est blessé.

La seconde ligne a suivi de près la première. Mais son élan est entravé par les chevaux du 4e escadron qui gigotent à terre. L'ennemi a le temps de se reconnaître ; il concentre tout son feu sur ses nouveaux adversaires et la mitraille abat leurs deux rangs dans une mêlée indescriptible. Le commandant de Vergès a son cheval tué, ses épaulettes enlevées, ses vêtements percés de balles ; il saute sur le cheval d'un brigadier tué à côté de lui, rejoint ses escadrons et conduit la charge jusqu'au bout, à la tête des 2e et 3e escadrons, qui perdent deux officiers tués[3], quatre officiers blessés[4]. Les

1. L'historique du 12e régiment d'infanterie allemand cite les noms des hommes blessés et foulés aux pieds par les cuirassiers de la garde.

2. Décédé chef d'escadrons en retraite, à Rochechouart, le 1er novembre 1893.

3. Le lieutenant Boudaville et le sous-lieutenant Michaux.

4. Les capitaines commandants Laborde et Barroy, les sous-lieutenants de Croux et de Fromessent.

deux seuls officiers épargnés (les lieutenants Davesne et Mégard de Bourjols) ont leurs chevaux tués sous eux.

Enfin, le colonel Dupressoir, blessé lui-même et ayant un cheval tué sous lui, ne peut rallier ses escadrons qu'en empruntant le cheval du cuirassier Puiboulot, qui, dans cette circonstance, se dévoue pour son chef. Le capitaine en second Casadavant est blessé. Et le 1er escadron, très éprouvé lui-même, ne peut joindre l'ennemi.

Après cette charge héroïque, un silence relatif se fait sur toute la ligne... L'offensive de l'ennemi est arrêtée ; quelques cuirassiers reviennent sanglants, au milieu de chevaux sans cavalier. Parmi ces derniers, le trompette Bucheler revient péniblement, seul, à pied et le bras fracassé. Gêné par son pantalon collant, embarrassé de ses hautes bottes qui lui montent jusqu'aux genoux, alourdi par la cuirasse, il traverse les genêts et s'appuie contre un arbre, la figure contractée par la souffrance, lorsque la balle d'un tirailleur prussien, embusqué derrière un taillis, l'atteint au défaut de la cuirasse et lui perfore le cou. Le malheureux fait la pirouette et s'affaisse sur lui même, sans pousser un cri... Puis, plus rien... N'est-ce pas le cas de rappeler le sort du chevreuil blessé qui, poursuivi par les chasseurs au travers de la cépée, reçoit traîtreusement le coup de grâce de l'un d'eux, et fait la culbute entre les pattes? Plus loin, quel est ce cheval qui galope à travers les sillons, monté par un cavalier sans tête qui serre convulsivement de sa main droite, un sabre qui se balance dans l'air, comme mû par un corps décapité qu'anime encore cependant, un souffle de vie? C'est celui du maréchal des logis Schœffer.

Nul n'aurait osé arrêter ce fantôme qui reste, comme une de ces visions fantastiques, racontées par les poètes; ses jambes, chaussées de hautes bottes, enserrent les flancs du cheval, comme dans un étau. Ailleurs, un gigantesque cuirassier, Remond, dont le cheval vient d'être tué par un éclat d'obus, cherche à se dégager de dessous sa monture, lorsque survient un houzard ennemi au dolman bleu qui, le saisissant par la crinière de son casque, le soulève et lui tranche la tête d'un coup de sabre. On croit rêver en signalant de telles atrocités, puisqu'il s'agit d'un cavalier à terre et sans défense. Ici un cheval blanc d'écume a rejoint par instinct les rangs de son escadron ; deux ou trois projectiles lui ont labouré les flancs, et lorsqu'on s'empresse autour de lui, pour étancher le sang qui coule de ses blessures, l'animal tombe lourdement pour ne plus se relever, fixant seulement un regard de reconnaissance sur les cavaliers témoins de son agonie. Là un cheval traîne son cavalier pendu par l'étrier; la tête de cet homme qui a roulé dans la poussière, n'offre plus qu'une face boursouflée, hideuse, masse de boue informe. De ce côté, un officier revient de la charge couvert du sang des camarades tombés, sa cuirasse en est placardée et des lambeaux de chair se sont attachés au sang coagulé. De cet autre, le brigadier Gardebled, du 3e escadron, présente au Dr Fargues, son poignet droit coupé qui ne pend au bras que par un lambeau de chair tuméfié et qu'il soutient de la main gauche, comme un trophée ramassé sur le champ de bataille. Il mourra plus tard à l'hôpital des suites de cette blessure.

D'autres cavaliers se distinguent par des traits de courage. Le cuirassier Dormayer, démonté et resté pris sous son cheval, voit tomber à côté de lui, le capitaine Casadavant, du 1er escadron, grièvement blessé ; il se dégage de sa monture, court à son officier, sous le feu de l'ennemi, le traîne dans un fossé à l'abri des balles et lui sauve la vie.

Mais que de chevaux blessés se traînant péniblement ! Ils cherchent à rejoindre nos escadrons qui se reforment en arrière du bois des Ognons. L'un, la tête basse, l'œil égaré se trouve sur le passage du vétérinaire Bruyant, qu'il éclabousse de son sang coulant comme une fontaine d'une large blessure faite au poitrail. Cet autre galope fièrement sur trois jambes portant en avant sa jambe brisée qui pend et ballotte ; il a l'œil fier, la tête haute, la queue redressée sur les reins. Mais que faire d'un animal qui ne peut plus rendre aucun service ? Un officier passe et le fait abattre d'un coup de revolver.

Rentrés au bivouac de Rezonville, les escadrons se comptèrent. Il manquait 19 officiers (6 tués, 13 blessés) sur 40 ; 188 hommes de troupe (133 tués et 55 blessés) sur un effectif de 600; plus, 208 chevaux disparus.

Au moment de la charge, les cinq escadrons comptaient, en moyenne, un effectif de 120 cavaliers; au retour, leurs débris ne purent former que quatre escadrons, à 75 hommes chacun.

Le régiment des cuirassiers de la garde avait vécu. Aujourd'hui, il dort enseveli dans sa gloire, au fond du ravin de Flavigny.

Dormez en paix, braves cuirassiers de Rezonville ! Vous avez honoré la mémoire des cuirassiers légendaires de Waterloo, et de ceux non moins héroïques de Reichshoffen. La postérité admirera votre sublime dévouement.

*
* *

Il ne nous appartient pas de discuter cette charge héroïque qui fut certainement exécutée avec le plus grand courage. Si elle ne parvint pas à rompre complètement le groupe d'infanterie ennemie contre lequel elle était dirigée, elle eut du moins les résultats qu'on en attendait, en attirant sur elle le feu de l'artillerie allemande. Elle permit à nos batteries de régler leur tir, à notre infanterie de reprendre l'offensive ; elle rétablit le combat sur cette partie du champ de bataille et arrêta les progrès de l'ennemi, qui ne gagna plus un pouce de terrain de ce côté, pendant toute la journée.

Mais vers une heure et demie, une nuée de cavaliers ennemis (dragons royaux et houzards hanovriens) descendent au galop les hauteurs qui, du bois des Ognons, vont mourir vers Gravelotte ; ils se ruent sur nos batteries de première ligne, sabrent les artilleurs sur leurs pièces.

Le moment est venu de faire entrer en ligne l'infanterie de la garde. Bourbaki n'hésite pas. Il fait appeler les deux bataillons de zouaves (commandants Lapedague et Raison), qui arrivent au pas de course, enlevés très crânement par le lieutenant-colonel de la Hayrie ; il les place lui-même à droite et à gauche de la route de Verdun, au-dessous des escarpements du ravin de la Judée qui passe entre les bois des Ognons et de Saint-Arnould.

Ceci fait, Bourbaki prescrit au général Picard de porter ses grenadiers à hauteur de Rezonville, en arrière des crêtes, à droite et à gauche de la route ; au général Deligny, de disposer ses voltigeurs à gauche de la route d'Ars-sur-Moselle, face au bois des Ognons que doit fouiller et couvrir le bataillon des chasseurs à pied de la garde.

Ici autre coin de tableau tout aussi admirable que celui de la charge des cuirassiers de la garde.

Ces fantassins d'élite, passent de l'ordre serré à l'ordre déployé, avec une rectitude d'allures parfaite, comme à l'exercice, et exécutent devant l'ennemi, sous un feu écrasant une de ces marches en bataille qui est un puissant argument en faveur d'un corps de réserve composé de vieux soldats rompus à la discipline. Ici les zouaves, la chéchia sur l'oreille, le pas leste et dégagé, l'arme sur l'épaule droite; tous les capitaines à cheval, en avant de leurs troupes, marchent alignés, comme s'ils étaient maintenus par un cordeau. Pas un homme ne dépasse son voisin. Le drapeau et les guides règlent la marche, comme à la parade sur un champ de manœuvres. Un obus enlève une file à côté du guide qui marche en tête du 2e bataillon. « Serrez les rangs! » crie une voix de stentor, celle du capitaine Colliot, et le vide est aussitôt comblé par deux sous-officiers de serre-files. Pendant ce temps-là, le guide n'a pas bronché, ne détourne pas la tête, prend des points à terre dans la direction qui lui a été donnée par l'adjudant-major, sans accélérer ni ralentir son allure. Le sifflement de l'obus, le vide laissé à côté de lui, par deux hommes qui tombent à la renverse ne l'ont pas effrayé. Cet homme, on peut l'admirer, aucune plume ne saurait rendre sa mâle énergie, son attitude sous les armes et son mépris du danger. Bourbaki, devant lequel le régiment défile, ne peut s'empêcher de dire au lieutenant-colonel de Chenevierre, qui est à côté de lui :

— Ils sont admirables mes zouaves; si ce n'était la fournaise dans laquelle nous sommes engagés, on se croirait sur un terrain d'exercice.

Là, les grenadiers, par leur attitude calme et imposante, par leur haute stature, semblent un mur inébranlable; les tambours et clairons qui ont suivi, battent à tour de bras, sonnent à pleins poumons, et c'est au cri de : *Vive la France!* que ces splendides fantassins franchissent sillons et fossés, se jouant, pour ainsi dire, des obus qui sillonnent l'espace.

— Trop court! Autant!... clame un vieux chevronné, médaillé de Crimée, lorsqu'un de ces projectiles éclate devant la ligne, sans atteindre personne.

— Trop long ! riposte son voisin, un balafré de Magenta, dont la figure énergique est sillonnée d'une immense cicatrice qui, partant de l'œil gauche, va rejoindre la commissure des lèvres du même côté, lorsque l'obus passe au-dessus des têtes.

Et le tambour-major du 1er grenadier, du nom de Bailly, un colosse choisi parmi les plus grands hommes des carabiniers de la garde, de faire jouer et sauter sa canne, sans perdre un centimètre de sa taille, en criant à ses tambours :

— Allons, mes tapins, de la musique à tour de bras; faisons-leur *z-y* voir que nous n'avons pas peur.

Plus loin, les chasseurs à pied et les voltigeurs de la garde disparaissent dans un champ de colza, dont la fleur se confond avec les tresses jonquille qui ornent les tuniques de ces derniers. Mais ils ne sont pas pour cela à l'abri des coups de l'ennemi : les balles et la mitraille y tombent comme grêle. Le lieutenant-colonel Verjus, du 2e voltigeurs, a la moitié d'une oreille enlevée. A côté de lui, le fourrier Péquignot, à peine âgé de vingt ans, reçoit un éclat d'obus qui lui fracasse la mâchoire et lui brise le bras droit. Malgré ces horribles blessures, ce brave jeune homme cherche son capitaine, en arrière de la ligne, et lui demande la permission de se retirer.

Au 4e voltigeurs, un jeune chef de bataillon, Bourdon de Vatry, salue de l'épée un obus qui vient de s'enfoncer dans le sol sous le nez de son cheval. Celui-ci se cabre, fait un écart pour se débarrasser de son cavalier; mais lui, calme, solide sur ses étriers, de dire sans s'émouvoir : — « C'est mon premier de la campagne, je lui dois le respect. » Puis, se tournant vers sa troupe : « Ce n'est rien, cela, mes amis;

un peu de terre et quelques cailloux, ce n'est pas encore cela qui tue. »

Avec de tels officiers et de tels soldats, que n'entreprendrait-on pas ?

Cette attitude dans le péril est une de ces choses les plus belles qui se puissent imaginer, elle constitue une des vertus essentielles de notre armée : la constance et le sang-froid, sans lesquels on ne peut rien à la guerre. Mais quelle irritation que cette tension continuelle des nerfs surexcités à l'excès !

Il est environ deux heures de l'après-midi lorsque l'infanterie de la garde arrive sur les emplacements où elle doit combattre ; le 1er grenadiers (colonel Théologue) à gauche des zouaves ; le 2e grenadiers (colonel Lecointe), sa droite appuyée au village de Gorze, sa gauche au bois des Ognons ; le 3e grenadiers (colonel Cousin) à l'extrémité du plateau de Rezonville, chargé tout spécialement de soutenir la brigade Lapasset.

La division des voltigeurs (général Deligny) prend position : les 1er et 2e voltigeurs (colonels Dumont et Peychaud) à droite et à gauche de Rezonville ; le 3e voltigeurs (colonel Lian) à cent cinquante mètres au delà de la route de Verdun, face au bois de Vaux ; le 4e voltigeurs (colonel Collin) à trois cents mètres en avant de Rezonville.

A cette heure, la 6e division d'infanterie allemande se maintient avec peine dans Vionville, dont elle vient de s'emparer, et le prince Frédéric-Charles, qui dirige en personne les attaques dirigées vers Rezonville et Gravelotte au centre et à gauche de nos lignes, voit ses troupes repoussées jusqu'à cinq fois, grâce à la ténacité des zouaves et des grenadiers de la garde impériale qui, couchés à plat ventre en avant des batteries divisionnaires du régiment d'artillerie montée de la garde, 3e, 4e et 6e batteries (mitrailleuses), font subir, au seul régiment de Magdebourg, une perte de trente-deux officiers mis hors de combat. Ces batteries tirent par volée; de longues gerbes de feu sortent de la gueule des canons; des éclairs larges et flamboyants passent au-dessus de la tête de nos soldats.

Grenadiers et voltigeurs, couchés ou embusqués derrière une haie, un arbre ou un pli de terrain, écoutent en frémissant le fracas de la bataille; ils assistent impassibles au spectacle grandiose qui se livre dans la plaine; ils sont tout yeux et tout oreilles, le corps penché en avant, silencieux, la main sur le canon de leur chassepot, le regard fixé sur l'horizon obscurci par la fumée et d'où se détachent comme deux points rouges : les villages de Flavigny et de Vionville en flammes. Le jour se voit au travers des maisons; le clocher de l'église de Vionville s'effondre avec fracas et tombe dans le brasier.

La bataille, à cette heure, est engagée sur toute la ligne et dans des conditions atroces de part et d'autre. La situation devient critique et réclame tout le sang-froid et l'énergie dont nos officiers sont capables. Le colonel Ferret, chef d'état-major du général Deligny, fume tranquillement sa pipe sur la ligne des tirailleurs formés par le 1er voltigeurs, dont l'emplacement est jalonné par le capitaine Hulin, comme s'il s'agissait d'une théorie en terrain d'exercice. Le capitaine Tordeux, la tête entourée d'un bandeau marquant une ancienne blessure reçue au Mexique et qui s'est rouverte, met pied à terre et dispose lui-même les voltigeurs derrière leurs abris.

Le général Bourbaki et le commandant Leperche sont seuls à cheval, sur la route de Verdun, surveillant l'engagement des grenadiers qui a lieu à quelques centaines de mètres en avant d'eux. C'est là que se fait blesser le lieutenant-colonel Péan, du 1er grenadiers, en communiquant un ordre sur le feu de la ligne. En moins d'une heure, ce régiment a treize officiers blessés, dont l'un meurt le lendemain des suites de ses blessures (le capitaine Billon). Dans le même laps de temps, le régiment des zouaves de la garde, qui n'a en ce moment qu'un seul bataillon engagé (commandant Raison), perd à lui seul cinq officiers dont un, le capitaine Manceaux, mourra des suites de sa blessure le 26 août.

Au 2e voltigeurs, le capitaine Langlois-Fontaine de Cramayel, un vieil Africain qui compte plus de quinze années de grade, reçoit en plein front une balle qui le fait tourner sur lui-même et retomber ensuite lourdement sur le sol. Le lieutenant Laîné prend le commandement de la compagnie; lui-même est mortellement frappé et s'affaisse sur le cadavre de son chef. Le sous-lieutenant Durand le remplace ; un éclat d'obus le fait tomber à son tour pour ne plus se relever. Ces trois officiers se font tuer en se passant le commandement, comme à l'exercice. En moins de deux heures, cette compagnie perd à elle seule vingt-neuf hommes sur quatre-vingt-dix combattants.

Pour se soustraire à cette avalanche de projectiles qui tombent sur nos lignes, les plus agiles de nos soldats sautent par-dessus les haies et cherchent un emplacement plus favorable. Les plus timides ou les plus fins profitent des plis du terrain pour s'embusquer, d'autres s'abritent derrière une haie, une pierre ou une borne jetée à l'angle d'un mur ou d'une ferme. Les yeux, les oreilles, l'âme, le cœur : tout appartient à la bataille. Au bout du fusil, chacun cherche sa proie ; on a des joies subites et un sourire nerveux quand on voit un corps ennemi tomber. Dans ces moments-là, on a soif de sang humain ; on ne pense qu'à tuer. Cette férocité, qui précipite l'attaque, n'a d'égale que la peur, qui précipite la fuite.

— *Ça mord,* dit un vieux zouave à son voisin, jeune engagé volontaire pour la durée de la guerre.

Et, comme ce dernier ne comprenait pas ; il épaule sa carabine, ajuste un soldat prussien qui rampait devant lui, essayant de gravir sans être aperçu les ondulations de terrain qui le séparaient de nos lignes ; il presse ensuite la détente dès que l'ennemi qu'il guette est arrivé au point voulu. Celui-ci lâche son fusil et roule dans l'herbe.

— Tu vois, il a mordu, ajoute le vieux zouave en ricanant, ce n'est pas plus malin que cela.

Les pertes de l'infanterie de la garde sont tellement sensibles que les blessés arrivent par bandes dans les ambulances de Rezonville, après avoir subi un premier pansement sur le champ de bataille. De malheureux blessés se traînent le long des haies, usant ce qui leur reste de force pour trouver un abri ; des soldats tombent comme des masses, les bras en avant, et ne remuent plus ; d'autres pivotent sur eux-mêmes ou bondissent comme des chevreuils surpris dans leur course et se débattent dans l'herbe.

Mais que dire de l'artillerie, dont le tir continu attire les gros projectiles de l'ennemi ? En moins de deux heures, la 3e batterie montée de la garde (capitaine Barjon), qui a pris position au pied d'un glacis, à cinq cents mètres en avant du village de Rezonville, et contre-bat une batterie prussienne qui en occupe la crête, a les attelages de ses deux caissons et toutes ses voitures mises hors de service par les projectiles de l'ennemi. Les 4e et 6e batteries montées (capitaines Melot et Robert), qui font feu à Rezonville, tirent par-dessus le 1er grenadiers dont les hommes sont couchés en avant.

L'ennemi concentre son feu sur elles; son tir, d'une extrême précision, fait de nombreuses victimes parmi nos canonniers. Quatre batteries prussiennes contre-battent la seule batterie du capitaine Melot, dont les soixante-deux hommes et les quatre officiers restent impassibles sous une grêle d'obus creusant le terrain en tous sens, mutilant les canonniers, éventrant les chevaux qui se traînent sur les genoux, sur le ventre et vont expirer, la tête ou le cou allongé sur les cadavres de nos artilleurs. En une demi-heure, une trentaine d'hommes gisent à terre, étendus dans une mare de sang; la batterie est réduite à la moitié de son effectif. Les officiers pointent eux-mêmes leurs pièces, écartant de la main les restes sanglants des hommes tués sur leurs affûts. La sixième batterie n'a plus qu'un seul servant, le maréchal des logis chef charge lui-même sa pièce, et, pendant qu'il manœuvre le refouloir dans l'âme, l'unique servant qui se tient à la culasse, le pouce sur la lumière, est frappé en pleine poitrine d'un éclat d'obus. La lumière se trouve ainsi débouchée, le coup part et le sous-officier, dernier champion de la sixième pièce, est projeté à cent mètres en avant, aveuglé par la fumée, la face brûlée, le bras droit emporté et la main gauche mutilée. Cette 4e batterie ne se retire du feu que lorsque le capitaine Melot, blessé lui-même, voit l'impossibilité de lutter plus longtemps contre les vingt-quatre pièces de l'artillerie allemande; trois de ses pièces sont enlevées à bras par les servants qui survivent encore.

En très peu de temps également, la 6e batterie (mitrailleuses) a son lieutenant en premier, Bernard, tué, un homme tué, neuf blessés, dont quatre chefs de pièce, et dix-neuf chevaux abattus; trois pièces sont privées de leurs attelages, les trois autres sont sans défense, presque tous leurs servants s'étant fait tuer. Dans ces conditions, la lutte d'artillerie ne pouvait durer longtemps. A ce moment-là, deux compagnies du 35e prussien s'élancent sur nos six mitrailleuses et veulent s'en emparer; un jeune sergent de zouaves, du nom d'Iverden, réunit autour de lui trente hommes de sa section, se jette à la baïonnette sur les Prussiens, et cette poignée de héros fait dans les rangs ennemis un tel carnage, que dix hommes sur cent restent seuls debout. Iverden est atteint de trois coups de feu et est promu sous-lieutenant le soir même.

Sur un autre point, le 1er bataillon du 1er grenadiers se rue sur un détachement ennemi accouru en toute hâte pour s'emparer de deux autres mitrailleuses. Le sous-lieutenant Cadiot enlève sa section en criant : « Allons, mes enfants, aux mitrailleuses ! Ne les laissons pas entre les mains de ces gueux-là (*sic*). » Le caporal Dubonet, le grenadier Signac, aidés de quelques artilleurs valides, s'attellent aux mitrailleuses, les ramènent dans nos lignes, et la 6e batterie est ainsi sauvée.

Le tambour-major Bailly, d'une force herculéenne, s'était joint aux combattants. Dépassant de tout le buste les hommes avec lesquels il marche, il brandit sa canne comme une massue, et tous les ennemis qu'il touche mordent la poussière.

Le soir, les habits en lambeaux, le colback perdu, Bailly rentrait au bivouac avec les débris de ses tapins, n'ayant d'intact sur lui que ses bottes vernies ornées de leur gland d'or.

Il faut certainement des troupes éprouvées pour rester impassibles, sans reculer d'une semelle, sur le versant de ces hauteurs que canonne constamment l'artillerie ennemie, nombreuse sur ce point comme sur beaucoup d'autres.

Au 2e grenadiers, le colonel Lecointe a la jambe traversée par une balle ; le lieutenant-colonel Rigault de Maisonneuve est atteint d'un coup de feu qui lui brise l'artère crurale. Transporté à Metz le lendemain, le mulet sur lequel il est couché s'abat dans la rue des Clercs, la ligature de l'artère se brise et le malheureux officier succombe des suites de l'hémorragie. Le commandant Lucas est contusionné à la poitrine. Le commandant Joppé reçoit un premier coup de feu qui lui coupe le biceps du bras droit; une heure après, un coup de mitraille lui brise le cubitus du même bras, depuis le poignet jusqu'au coude. En se retournant, le brave officier voit le général Poitevin de la Croix et son aide de camp rouler sous leurs montures qui viennent d'être tuées sous eux; il lève son bras mutilé et, sur un signe affirmatif de son chef, il cède le commandement de son bataillon au capitaine Normand; puis l'intrépide blessé gagne à pied l'ambulance de Rezonville, où on lui fait un premier pansement, et l'ambulance de Gravelotte, où le docteur Boulogne lui pratique l'amputation du bras droit.

A deux heures et demie, la 5e compagnie du bataillon Lucas, qui est la plus éprouvée, a le capitaine Léger tué et quarante-cinq hommes mortellement atteints. Dans cette première phase de la bataille, le 2e grenadiers perd pour sa part 534 hommes (le bataillon Joppé: 175; le bataillon Lucas: 359). Ce régiment est donc cruellement éprouvé, et les voitures d'ambulance sont, de ce côté, chargées de blessés.

A Rezonville, amis et ennemis se rapprochent par les mêmes souffrances, se prêtent un mutuel appui. Un chasseur à pied, frappé à l'épaule, soutient un Hanovrien qui a reçu une balle dans la jambe; la tête d'un voltigeur de la garde repose sur les genoux d'un Poméranien blessé à la main.

A voir tous ces hommes qui attendent leur tour pour

passer sous le scalpel du chirurgien, on croit avoir devant soi des soldats revenant d'une promenade ; mais ici une tunique est trouée; là, une buffleterie a perdu sa couleur sous des taches de sang ; ailleurs un képi, à bandes jaunes ou blanches, cache un mouchoir tacheté en rouge ; plus loin, un mouchoir s'enroule autour d'une jambe tremblante. Un grenadier s'appuie contre le mur, le visage contracté, la tête basse, les mains croisées sur son fusil, et, quand le chirurgien lui demande ce qu'il a :

— C'est que mon pays est mort, dit-il.

Quant à lui, il a reçu quatre coups de feu dans les jambes et il n'en parle pas.

A l'extérieur, les moins gravement frappés font des calembours, des jeux de mots, racontent des petites histoires de bivouac, et les camarades sourient. Un caporal de voltigeurs, du nom de Michel, qui a reçu en séton une balle qui lui a traversé le bras gauche, a surtout un merveilleux talent de loquacité. Dès qu'il ouvre la bouche, toutes les conversations, toutes les plaintes cessent de se faire entendre. Combien de romanciers pourraient en dire autant ?...

Suivons ce chemin qui conduit au bois des Ognons. Un voltigeur du 1er régiment passe étendu sur une civière ; ses jambes sont cachées par la tunique à laquelle pendent ses épaulettes jaunes ; sa chemise couvre seule son buste dont le haut, près de l'épaule, présente une plaie hideuse produite par un biscaïen qui s'est logé sous l'aisselle. Cet homme se soulève à demi et salue ses officiers lorsqu'il rencontre sur sa route un képi galonné. La discipline seule peut produire un tel respect de l'autorité.

Derrière lui marche un grenadier du 3e régiment, l'avant-bras gauche emporté par un boulet; les chairs, affreusement déchirées, pendent comme une frange ; il n'en chemine pas moins allègrement, laissant des traces de son sang sur le sol chaque fois qu'il agite ce qui lui reste de son bras mutilé.

Ailleurs, ce brancard qui passe, emporte un mort dont on ne voit que les pieds nus ; un mulet le suit ; un des cacolets semble fléchir sous le poids d'une forme raide, couverte d'un manteau, l'autre fait contrepoids au moyen de la capote, du bidon, du sac, de la giberne, du fourniment, du fusil du malheureux étendu là... et qu'on y a suspendu.

Le champ du combat a un aspect terrible. Dans les blés, sur la route, sur les troncs d'arbres partout rompus, sont couchés et renversés, dans les agonies de la mort, ces cadavres d'hommes et de chevaux que Bellangé représente dans un si grand nombre de ses tableaux populaires. Çà et là, dans les fourrés, quelques branches d'arbres sont hachées par les balles ; dans cette ferme, derrière laquelle s'abritent quelques chasseurs à pied, l'angle du mur est écorné, le plâtre est tombé par écailles ; un carreau manque à cette fenêtre ; deux ou trois trous ronds percent ce volet.

La guerre a passé partout.

*
* *

Il est quatre heures du soir. Soudain une violente détonation se fait entendre et une épaisse fumée enveloppe le débouché du ravin de Gorze, en avant duquel se tient à cette heure le bataillon de chasseurs à pied et le 3e grenadiers de la garde. Ce sont les 7e et 8e corps prussiens qui, entrant en ligne, après avoir franchi la Moselle à Corny et gravi les hauteurs de la rive gauche, débouchent sur le plateau de Rezonville par le défilé du bois de Gorze, en déployant leurs grandes lignes sombres en face de nos troupes.

Jusqu'alors les Prussiens avaient été battus sur toute la ligne ; ce renfort inattendu leur fait reprendre l'offensive, et la bataille recommence avec un acharnement prodigieux de part et d'autre. Un ouragan de fer s'abat sur le 3e grenadiers. Le cheval du commandant Lavollée est atteint d'un obus qui, en éclatant sous le poitrail, le réduit en lambeaux; cavalier et monture, environnés d'un nuage de poussière et de fumée, sautent en l'air par suite de la commotion. Le cheval roule à terre dans une mare de sang, l'officier tombe inanimé sur le sol, couvert de blessures et de grésils de fonte qui se sont logés dans les chairs. En quelques minutes, le drapeau du régiment change trois fois de mains; tous ceux qui le portent sont successivement tués ou blessés. Le sous-lieutenant porte-aigle Marcel, tombé le premier, passe son drapeau au capitaine Geoffroy, qui lui-même reçoit coup sur coup trois coups de feu; le précieux emblème est ramassé à terre par un troisième officier qui, lui aussi, est tué d'une balle en plein front.

Le colonel Cousin s'empare du drapeau dont la soie est lacérée et dont la hampe, atteinte par une balle, se brise entre ses mains.

— Au drapeau, mes enfants, crie cet admirable soldat en agitant le signe de ralliement du 3e grenadiers, les Prussiens peuvent le mutiler, mais ils ne l'auront pas !

Au même instant, il tombe criblé d'une vingtaine de balles, serrant son drapeau contre sa poitrine mutilée et sanglante. Le capitaine Morand s'approche du moribond, lui enlève le *palladium* sacré du régiment, qui n'a plus pour escorte d'honneur que le sergent Morias et le grenadier Hermann, blessé de deux coups de feu à l'épaule; puis il l'agite fièrement en criant de toute la force de ses poumons : « Au drapeau !... Au drapeau, grenadiers du 3e ! » Une poignée d'hommes et une dizaine d'officiers se rangent sous les ordres du capitaine Volmerange qui a pris le commandement des débris du régiment. Cette vaillante cohorte, juchée sur un petit monticule, enveloppée d'une blanche fumée de poudre, est cernée par des forces ennemies considérables accourues de toutes parts.

Les munitions sont épuisées, les chassepots, échangés pendant l'action, ne permettent pas d'y adapter le sabre-baïonnette. Qu'importe ? Si le fusil est inutile, la baïonnette ne l'est pas. Nos grenadiers jettent loin d'eux l'arme dont ils ne peuvent se servir, ni comme arme de jet, ni comme arme de main, et ils se lancent sur l'ennemi, armés seulement de cette héroïque fourchette que l'on nomme le sabre-baïonnette. La lutte corps à corps s'engage; le tambour-major lui-même, qui s'est mêlé aux combattants, abat les Prussiens avec son immense canne à tête de plomb.

Un capitaine prussien veut faire prisonnier un petit groupe de soldats du 3e grenadiers vers lequel il s'est avancé :
— Rendez-vous, Messieurs, leur dit-il en excellent français, vous êtes mes prisonniers.

— Pas encore, répond le capitaine adjudant-major Champy d'une voix vibrante, et il passe son épée au travers du corps de l'officier allemand qui reste pour ainsi dire cloué sur le sol.

En cet instant, le feu redouble d'intensité ; la situation du 3e grenadiers est désespérée, d'autant que le nombre des défenseurs du drapeau du régiment va en diminuant et qu'en moins de trois heures, près de 500 hommes avaient été mis hors de combat, sur un effectif de 900. Soudain, on entend le clairon retentir au loin, puis des cris, des clameurs enthousiastes arrivent aux oreilles de cette poignée de héros. C'est le 3e bataillon du 51e (lieutenant-colonel Bréart, et le

1er bataillon du 62e (commandant Robillard) qui arrivent au secours du 3e grenadiers.

L'aigle du régiment était sauvée.

Il était temps. La nuit commençait à venir. Le champ de bataille se refroidissait comme les cieux et le vent du soir, en soufflant à travers les feuilles des arbres, semblait pleurer les morts couchés sur la terre et que les ténèbres enseveliront bientôt. Au crépuscule, la fusillade est encore rapide des deux côtés; nos batteries de mitrailleuses font entendre leur grincement régulier et sinistre cherchant à arrêter de fortes colonnes ennemies traversant un espace vide entre deux coteaux pour de là gagner le champ de bataille. En quelques instants, *le moulin à café,* dont chaque grincement est précédé d'une lueur rougeâtre, a nettoyé la place.

Mais vers six heures du soir, de nouvelles attaques de la cavalerie allemande se prononcent aux deux extrémités de nos lignes. Deux escadrons de houzards, au dolman rouge et bleu de ciel, chargent à fond de train sur les 1er et 2e voltigeurs déployés sur la crête du plateau où était établie, pendant la journée, la grande batterie prussienne dont le feu avait tant fait souffrir nos lignes. Se présentant par la droite, ces escadrons, qui chargent en fourrageurs, sont reçus par les zouaves de la garde qui les fusillent presque à bout portant; rétrogradant aussitôt, ils arrivent peu après sur le 1er voltigeurs; mais entendant hennir un cheval, celui du capitaine Hulin, ils appuient vers la droite et se trouvent pris entre les feux des 1er et 4e voltigeurs disposés en carrés, en échelon et à cent mètres l'un de l'autre.

Reçus à trois cent soixante mètres environ, par un feu de deux rangs à volonté, pas un seul cavalier ennemi ne put arriver sur nos troupes. Les houzards rouges et bleus, défilant alors par la droite, tombèrent sous les coups de feu du 2e voltigeurs qui les acheva.

A la même heure, des uhlans se présentent en avant d'un autre groupe de soldats français réuni au sud du bois des Ognons, sur la pente du ravin de Gorze et formé d'infanterie de ligne, de zouaves, de voltigeurs et de chasseurs à pied de la garde. Ces troupes sont en carré, avec un feu de bivouac au centre. La charge ennemie est reçue à quatre-vingts mètres environ. La première salve détruit le premier peloton qui s'effondre pour ne plus se relever. Les échelons successifs sont repoussés par une fusillade des plus meurtrières, houzards et uhlans regagnent Flavigny en toute hâte.

A cette heure, les lanciers de la garde, qui avaient quitté le service d'escorte de l'empereur à Conflans et marché au canon toute la journée, étaient disposés en avant du village de Villiers-les-Prés. Le colonel de Latheulade qui les commande, informé des mouvements importants de cavalerie ennemie qui se formaient dans la plaine, vint se mettre sous les ordres du général du Barrail dont la division occupait l'extrême droite de notre ligne. Ordre fut immédiatement donné de fondre sur la cavalerie allemande qui essayait de tourner notre aile droite et menaçait les derrières de l'armée française.

Le régiment des lanciers de la garde descendit un énorme ravin presque à pic, dans le lit duquel coule un ruisseau fangeux, et remonta sur le versant opposé pour s'y former en bataille, tout en s'avançant dans la direction du village de Ville-sur-Irvie. Il y eut d'abord un moment d'hésitation sur la nationalité de la troupe qui était en vue; mais dès qu'on sut que les dolmans bleu de ciel n'appartenaient à aucun des nôtres, le commandement de : *Chargez !* se fit entendre et le colonel de Latheulade, levant son sabre, se mit à la tête de son régiment qui traversa lance croisée une première ligne ennemie, puis une deuxième et enfin une troisième.

A partir de ce moment, il serait difficile de raconter nettement ce qui s'est passé. La mêlée fut générale de part et d'autre. Coups de sabres et de lances s'entrechoquant ; détonations d'armes à feu ; chevaux et cavaliers tombant les uns sur les autres ; cris de rage et de douleur : tel est le chaos qui s'offre à première vue.

Le ralliement sonna et les lanciers de la garde vinrent se reformer sur le plateau d'où ils étaient partis pour charger. Le colonel de Latheulade, atteint de plusieurs contusions, le sabre rouge de sang et la lame brisée, rallia sa troupe ; lorsque l'appel se fit, il manquait dans les escadrons 170 hommes et 17 officiers dont un chef d'escadrons (le commandant de Villeneuve-Bargemont) et quatre capitaines commandants. Le 2e escadron ne revint qu'avec un seul officier, le sous-lieutenant Lecomte, trois sous-officiers et trente cavaliers.

Le retour offensif de la cavalerie allemande, dernier effort impuissant du prince Frédéric-Charles, marqua la fin de cette journée.

Peu à peu, le bruit et l'ardeur de la lutte s'éteignirent de toutes parts, sans sonneries et d'un commun accord. Aux reflets rougeâtres du soleil couchant succéda bientôt l'obscurité. Amis et ennemis, exténués de fatigue, bivouaquèrent et s'endormirent à quelques pas les uns des autres. Une balle perdue lancée par une sentinelle effarée traversa encore l'espace de-ci et de-là, en faisant entendre son *trouit* sinistre au milieu de la nuit. Mais ce fut tout...

*
* *

La nuit du 16 au 17 août est froide, l'air dégagé des senteurs de la poudre a repris sa pureté ordinaire; mais la terre exhale de partout une odeur de sang qui prend à la gorge. Les ruisseaux qui descendent du nord de la plaine roulent brusquement sur leur lit de cailloux et de mousse; ils n'ont pas cet aspect dont tant de poètes ont chanté le doux murmure; ce soir l'eau rejaillit par-dessus les morts en forme de cascade. Les arbres profilent leur feuillage noirâtre, sous un ciel bleu parsemé d'étoiles, qui sont comme autant de pointes de feu. Plus d'autres bruits maintenant que ceux de la nature. Un vent bas et humide souffle et gémit dans les arbres. Les choses prennent des aspects lugubres quand certaines idées tristes préoccupent l'esprit. Il semble que tout est funèbre dans les champs comme dans l'horizon silencieux qui n'est troublé que par un sourd brouhaha et des hennissements affaiblis par la distance.

Les heures se font pesantes dans ces moments-là.

De distance en distance, l'obscurité est piquée par quelques brasiers lançant des éclairs subits, et autour desquels sont étendus ou accroupis nos soldats, les uns roulés comme des boules dans leur capote ou dans leur couverture, la tête cachée sous un pli de laine; les autres assis, les coudes sur les genoux, le menton dans les mains, le visage à la flamme. Quelques-uns tisonnent, faisant jaillir du foyer, des gerbes d'étincelles aux reflets pourpres. Le vent fait osciller les flammes qui projettent dans l'ombre des lueurs bizarres et flottantes, éclairant subitement certains massifs, tandis que d'autres restent plongés dans les ténèbres.

Çà et là, ondulent sur le sol un grand nombre de cadavres, dans cette attitude terrible que donne la mort à ceux qu'elle surprend; les uns étendus sur le dos, les bras en croix, le visage blanc tourné vers le ciel, les lèvres ouvertes indiquant le dernier soupir qui s'en est dégagé ; d'autres, accroupis le front dans les mains fermées pleines de terre ; toutes les sensations de la dernière heure se reflètent comme figées par la mort, sur leurs traits immobilisés : la stupeur, le désespoir, la colère, l'effroi, les contractions de l'agonie. Dans certains endroits, hommes et chevaux sont entassés pêle-mêle. Un uhlan au revers jaune est pour ainsi dire cloué à terre, tellement son corps, contourné par la souffrance, paraît s'enfoncer dans le sol ; un autre, la poitrine traversée par une balle, a été piétiné par les chevaux des camarades, et le visage n'est plus qu'un amas de sang coagulé ; c'est comme un masque rouge sur un visage défiguré. Plus loin, un houzard bleu de ciel est littéralement aplati sous les cadavres de trois chevaux qui sont venus coup sur coup s'abattre sur lui, foudroyés par nos feux à bout portant.

Ici un cheval, la tête trouée d'une balle au front, est renversé sur son cavalier. Là, un officier au dolman rouge est étendu sur le gazon, l'épaule fracassée, une traînée de sang inonde le drap de son vêtement, dont le plastron entr'ouvert laisse apercevoir un pli de batiste festonné maculé de larges taches noirâtres.

Tous ces morts, les faces livides, les mains violettes, les yeux éteints attestent l'ardeur de la lutte qui vient de se terminer.

* * *

La division des voltigeurs de la garde s'est repliée un peu en arrière du grand ravin de Rezonville, le 3e bataillon gardant la batterie de mitrailleuses de la division Montaudon, établie dans le bois des Ognons. La 6e compagnie (sous-lieutenant Dubois) est en grand'garde dans le ravin de

Gorze qui a été balayé toute la journée par nos mitrailleuses. Les morts sont nombreux de ce côté-là ; les blessés aussi. Des cris, des appels, des gémissements se font entendre un peu partout, et lorsque la lune donne, on aperçoit dans l'herbe des débris de casques à pointe ; les mottes de terre derrière lesquelles se placent nos sentinelles ont une teinte rougeâtre qui indique des traces de sang. Là, entre les branches d'un arbre, pend le lambeau d'une tunique allemande ; des taches de couleur brique semblent en épaissir l'étoffe. Çà et là, dans divers coins, une motte de terre d'un rouge brun marque la place où dort un soldat de son dernier sommeil. La terre, humide et non encore tassée, cède sous les pieds. Les jambes d'un cheval sortent d'un fossé mal comblé. Au pied de cet arbre, non loin de l'endroit où est établi la grand'garde du sous-lieutenant Dubois, est étendu le cadavre d'un officier, les mains jointes sur la poitrine, pareil à ces statues que les sculpteurs mettent sur les tombeaux ; un trou rouge au milieu du front indique seul l'endroit où la balle est entrée.

Vers dix heures du soir, l'officier qui commande la grand'-garde se met à la tête d'une dizaine d'hommes, bien décidé à savoir ce qu'il y a en avant de lui, dans le défilé de Gorze, et surtout très désireux de faire la reconnaissance des abords du poste qu'il occupe, afin de ne pas être surpris, s'il se produisait une alerte cette nuit. La semelle des souliers de ces soldats glisse dans le sang ou sur des objets visqueux, dont il est impossible de définir la nature ; on butte sur quelque cadavre enfoui dans l'herbe et qu'on ne voit pas. La lune s'est subitement voilée. On marche à tâtons, en étendant les mains silencieusement et sur la pointe des pieds. Impossible de se reconnaître tellement la nuit est noire.

A un moment donné, le sous-lieutenant Dubois sent, à

hauteur de la ceinture, quelque chose de froid qui lui barre le passage. Saisi d'un pressentiment subit, il s'arrête et recule, disant à voix basse à ses hommes :

— Halte ! Il faut attendre le lever de la lune. Halte ! Et surtout, silence !

Au bout de quelques instants, la lune, dégagée des nuages qui l'avaient obscurcie momentanément, éclairait de nouveau la campagne de ses rayons blafards et argentés. Un spectacle horrible et terrifiant tout à la fois se présenta à la vue de nos voltigeurs. Ce qu'ils avaient devant eux, c'était une agglomération de cadavres allemands, non pas couchés en monceau les uns sur les autres, mais debout, dans l'attitude où nos mitrailleuses les avaient atteints, légèrement inclinés, s'arc-boutant par leur propre poids. Ces faces blêmes, livides ; ces yeux verts, ces têtes renversées en arrière ou sur le côté, les unes coiffées du casque à pointe ; les autres, les cheveux au vent, tenant encore leur arme et frappés au moment où ils allaient faire feu, est un de ces spectacles terrifiants qu'on ne voit qu'une fois dans sa vie, d'autant que derrière ce premier rang il y en avait un second, puis un troisième.

Dubois, le cœur serré, suffoqué par l'émotion, ne put aller plus loin.

— Demi-tour, dit-il à ses voltigeurs. C'est affreux ! Rentrons au bivouac[1].

— Chut ! mon lieutenant, ajoute le sergent qui l'accompagnait. J'entends des pas et un bruissement de branchages dans le bois des Ognons. Les autres ne sont pas loin.

Et en effet, comme la grand'garde rétrogradait sur son bivouac, par le chemin où elle était venue, une balle fit

1. *Français et Allemands*, par Dick de Lonlay.

tomber le casque à pointe d'un des cadavres et siffla aux oreilles de l'officier qui se le tint pour dit. Le but de sa reconnaissance était atteint.

Les Allemands, abrités derrière ce parapet d'un nouveau genre, se défilaient ainsi de nos coups et les casques leur servaient de point de direction.

*
* *

Et voilà la guerre : un peu de gloire et beaucoup de sang ; de l'honneur et des larmes. Nul ne l'aime, nul ne la fuit ; elle a été le berceau de la noblesse française, l'orgueil de nos rois ; elle va dans les chaumières appeler la jeunesse sous les armes. C'est elle qui a créé les plus grands hommes de notre armée, les Turenne, les Condé, les Villars ; c'est elle aussi qui a produit les profondes erreurs de nos souverains, les Soubise, les Contades ; nous pourrions dire aussi les... Bazaine.

La gloire coûte cher, comme on le voit. Officier, on a quitté sa femme, ses enfants pour courir à l'ennemi et défendre nos frontières ; jeune conscrit, le soldat a laissé au pays sa mère, ses sœurs, ses frères, sa fiancée peut-être, pour s'enrôler sous les drapeaux de la patrie ; la mort n'épargne ni les uns, ni les autres. *Usque ad mortem, pro legibus, templo, civitate, patriâ et civibus*[1].

Le soir venu, les intendants, à la recherche des blessés avec leurs transports d'ambulance, constatèrent bien des pertes et des douleurs. Les médecins de l'armée, le scalpel ou la charpie en mains, complétèrent le tableau de cette cruelle boucherie, en recherchant dans les chairs saignantes

1. Jusqu'à la mort, pour les lois, pour le temple, pour la cité, pour la patrie et pour les citoyens.

une balle perdue ou quelque éclat d'obus. Les malheureuses victimes, étendues sur la paille tachée de leur sang, attendaient en gémissant qu'on songeât à leur pansement, soit dans une grange abandonnée, soit au pied d'un mur écorné par les bivouacs.

Les troupes campèrent à la lueur des feux de bivouac devant lesquels séchaient leurs vêtements de boue. La faim, la fatigue, l'émotion se reflétaient sur ces visages dont on apercevait au loin la silhouette à demi éclairée par la flamme.

Le lendemain, le boute-selle remettait en marche toute l'armée qui alla à la recherche d'un nouveau champ de carnage.

III. — A Saint-Privat.

Le général Garnier (3e et 4e voltigeurs) de la 2e brigade (1re division) se mit en mouvement le 17, à 7 heures du matin, suivi de la 1re brigade : chasseurs à pied, 1er et 2e voltigeurs (général Brincourt).

Le soir, Deligny campait sur le versant nord du plateau que couronne le fort de Saint-Quentin, sa division formée sur deux lignes : 1re ligne, deuxième brigade ; 2e ligne, la première brigade, le bataillon de chasseurs ayant à sa droite les 1er et 2e voltigeurs.

Les quatre batteries du régiment d'artillerie à cheval de la garde qui formaient la réserve générale de Bourbaki bivouaquaient au Ban-Saint-Martin.

Après une nuit sans sommeil, le jour est à peine levé qu'on sonne *A cheval* dans les campements occupés par la cavalerie de la garde. Le général Desvaux avec sa division traverse Gravelotte et se dirige sur Vernéville en longeant les bois, traverse ce village, puis Amanvillers, arrive à cinq heures du soir sur la croupe du plateau de Plappeville et vient camper dans une très mauvaise position, sur la droite de la route de Châtel-Saint-Germain à Moulin-lès-Metz, au fond du vallon de Sée et non loin du moulin de Longeau où se trouve également la division de cavalerie du général de Forton.

Dès cinq heures du matin, le grand quartier général s'est transporté au village de Plappeville, à la sortie duquel se sont placés les deux escadrons d'escorte du maréchal Bazaine.

*
* *

Vers dix heures du matin, le capitaine de Mornay-Soult de Dalmatie, des guides de la garde, officier d'ordonnance du maréchal Bazaine, remet au général Bourbaki un billet au crayon, le prévenant qu'il avait l'ennemi devant lui ; qu'il était laissé libre d'engager sa réserve, comme il l'entendrait.

Mais Bourbaki, placé en arrière du théâtre de l'action qui va s'engager et que l'on prévoit pour le 18, ignore la marche des corps d'armée qu'il a devant lui ; il manque de renseignements précis ; comment va-t-il s'éclairer et combiner ses mouvements par une résolution mûrement réfléchie ?...

Dès que les premiers coups de canon retentissent, Bourbaki, dont le quartier général est à Plappeville, fait prendre les armes à ses divisions, et envoie sur sa droite des reconnaissances de lanciers de la garde. Ces dernières sont sous les ordres du lieutenant Guillevin aidé des sous-lieutenants Richard et de Chaignon.

Le bruit du canon s'entend de Vernéville jusqu'à Gravelotte. Bientôt les projectiles éclatent dans l'air ; la lutte paraît devenir générale. Aussitôt Bourbaki monte à cheval, avec le commandant Leperche, suivi d'une escorte de quelques cavaliers fournis par les dragons de l'Impératrice ; il parcourt ainsi un espace de dix à douze kilomètres, toujours sans ordre et sans nouvelle de Bazaine ; il examine le terrain ; persuadé que l'ennemi va faire effort surtout sur la droite de notre armée, il revient à fond de train sur Plappeville ; puis, sans perdre de temps, se rend au quartier général de Bazaine qui lui donne enfin l'ordre de se porter en avant, mais *sans s'engager à fond.*

Bourbaki repart au galop dans la direction de Saulny, s'oriente et envoie chercher les zouaves et les trois batteries de la division Picard, par les officiers de son état-major.

Les zouaves sont commandés par le lieutenant-colonel de la Hayrie[1] ; ils arrivent au pas de course suivis peu après par les grenadiers qui viennent garnir la lisière du bois de Saulny, pendant que la 1re brigade de la division Deligny (1er et 2e voltigeurs) descend du village de Châtel et que la 2e (3e et 4e voltigeurs) prend position en réserve, avec les chasseurs à pied de la garde, au col de Lessy.

Ces 20,000 fantassins aguerris, qui sont presque tous des héros d'Afrique, de Crimée, d'Italie et du Mexique qui pouvaient être si précieux pour un bon coup de collier à donner devaient donc, de par les ordres de Bazaine, rester impassibles et se borner à écouter le canon, sans bouger, sans se défendre même.

Était-ce possible ? Poser la question ; c'est la résoudre. Bourbaki prit sur lui de donner des ordres qu'il demandait en vain à Bazaine, depuis plusieurs heures.

Le bataillon des chasseurs de la garde qui s'était établi le

---

1. Décédé général de division à Paris en 1893.

17, vers trois heures de l'après-midi, sur les pentes du mont Saint-Quentin, à l'ouest du fort du même nom, eut pour mission de surveiller les abords de Moulin, de Sainte-Ruffine et de la Maison-Rouge ; d'empêcher les Allemands d'inquiéter notre cavalerie et nos convois de blessés.

Dans le 1er voltigeurs (colonel Dumont), les 2e et 3e bataillons se déployèrent le long des crêtes du coteau de Châtel-Saint-Germain, au-dessus d'un vallon qui les sépare des hauteurs du Point-du-Jour et de Saint-Hubert, hauteurs sur lesquelles l'ennemi prononce sa première attaque ; pour se défiler du feu et des vues de l'adversaire, les compagnies profitent de tous les abris qu'offre le terrain : buissons, bouquets de bois, vieux pans de murs, ruines, etc. Le 1er bataillon occupe le bois de Châtel, de l'autre côté du ravin ; trois compagnies en garnissent la lisière ; les trois autres vont s'abriter dans une carrière située un peu en arrière.

— Voltigeurs ! s'écrie le général Brincourt, visitant les premières lignes ; pas de lignes de retraite pour vous ! Nous devons tous nous faire tuer plutôt que d'abandonner le poste que le général Bourbaki nous confie.

Ces vieux soldats construisent des créneaux, fortifient leurs positions. Chacun s'apprête à bien recevoir l'ennemi.

Le 1er voltigeurs reste dans cette position toute la journée, sans tirer un coup de fusil. Bazaine n'avait-il pas prescrit, dans ses instructions verbales, de ne pas engager la garde à fond ? Mais, en revanche, vers une heure de l'après-midi, il reçut par ricochet un assez grand nombre de boulets et d'obus dirigés contre les 1re et 2e batteries à cheval de la garde en position en avant de son front. Vers sept heures du soir, le capitaine Dumon-Reveille a la cuisse droite coupée par un obus et meurt, pendant qu'on le transporte à l'ambulance. Le régiment compte en outre une quinzaine d'hommes blessés.

Le 3e voltigeurs a quitté sa position du col de Lessy, vers quatre heures du soir, s'est dirigé sur Châtel-Saint-Germain, pour y appuyer la gauche du IIIe corps. Ces admirables soldats, rencontrant une tranchée-abri dans leur marche en avant descendent dans le fossé et gravissent la pente opposée au cri de : *Vive l'Empereur !* Ce mouvement est admirable. En examinant de loin et à l'œil nu cette descente et cette montée, on croirait vraiment que ces hommes ont un genou à terre, avant de faire entendre leur vivat de dévouement et de fidélité, en l'honneur de leur souverain.

Dans cette journée, l'artillerie et la cavalerie de la garde sont restées immobiles dans leurs bivouacs : seul le régiment des guides attaché à la division des grenadiers est monté à cheval, vers trois heures de l'après-midi, pour se rendre sur le lieu du combat, et suivre tous les mouvements de la division Picard, jusqu'à son entrée dans les bois qui dominent le village d'Amanvillers. D'abord engagé lui-même dans un chemin qui, traversant le bois, descend dans la vallée, il reçoit bientôt l'ordre de faire demi-tour pour se ranger en bataille derrière la lisière du bois. Là, trop exposé aux feux de l'ennemi, ce beau régiment fait encore demi-tour par pelotons, pour se reformer plus en arrière en bataille et y attendre des ordres.

Ce n'est que vers six heures du soir que Bazaine donna l'ordre de faire avancer la garde. Il était trop tard ; on ne put sauver que l'honneur des armées.

Bourbaki prévoyant une grave résistance à droite de nos lignes, avait pris sur lui, — ainsi que nous l'avons vu plus haut, — d'envoyer la division de grenadiers au Gros-Chêne, vers trois heures de l'après-midi. Les zouaves et les grenadiers qui, depuis onze heures du matin, entendaient le canon tonner, sur une étendue de plusieurs lieues, prirent les armes. Leur artillerie divisionnaire attela rapidement ses pièces et vingt minutes après, se mit en route pour Amanvilliers, avec l'infanterie du général Picard. Chaque batterie n'avait pu atteler que quatre pièces. Tout était donc prêt pour une attaque immédiate. On se trouvait à trois kilomètres du champ de bataille.

Dès que Bourbaki reçut l'ordre de se mettre en route pour le champ de bataille, la garde se porta en avant. Il était alors six heures et demie. Les zouaves et les grenadiers avancèrent les premiers, suivis de trois batteries divisionnaires; les 2e et 3e grenadiers, dont les effectifs avaient été très réduits dans la bataille du 16 août, fermaient la marche.

Bourbaki se mit à la tête des zouaves, les enleva de la voix et du geste; puis les faisant déployer en tirailleurs franchit rapidement avec eux le bois de Rappe.

A ce moment, les tambours de la garde arrivent au pas de course battant la charge. Les clairons leur répondent. Bourbaki apparaît. Le génie déblaie la route et les trois batteries de la division Picard débouchent du bois au grand trot. Comment prendre une offensive vigoureuse à cette heure dans l'ombre grandissante?

Néanmoins, les batteries de la garde se déploient sur les hauteurs et braquent la gueule de leurs canons sur Saint-Privat; les 3e et 4e batteries empêchent ainsi les Allemands de continuer leur marche en avant. La 6e batterie (mitrailleuse) était en réserve, à Plappeville, avec le régiment des guides.

En même temps, les grenadiers arrivent au pas de course, se déploient à droite et à gauche des deux batteries. Mais c'est là une précaution tardive, superflue. Les Allemands, maîtres de Saint-Privat, n'osèrent pas s'aventurer au delà.

Enfin, à sept heures quarante minutes, arrivent à toute vitesse les quatre batteries de la réserve de la garde qui viennent s'établir à gauche des deux batteries de la division Picard, leur apportant un utile concours. Les 5e et 6e batteries (chef d'escadron Dejean) prennent position près des grenadiers : les 3e et 4e batteries (chef d'escadron de Montfort) s'établissent face au village d'Amanvillers qui est en flammes et à gauche des trois batteries du régiment monté, que commande le lieutenant-colonel Gerbaut, et font feu jusqu'à la nuit noire, au-dessus du village, contre-battant les batteries prussiennes qui leur répondent.

Les 3e et 4e batteries du régiment à cheval de la garde sont tellement en l'air (1,200 mètres des zouaves et des grenadiers) qu'elles tirent tout le temps à la prolonge.

Sur ces entrefaites, la nuit étant arrivée et des tirailleurs ennemis s'étant montrés à six cents mètres de la droite de notre ligne d'artillerie qui est appuyée à des bois faiblement occupés par deux compagnies des zouaves de la garde, on y envoya la section de droite des batteries montées qui tira à mitraille et reçut l'ordre du général Pé-de-Aros de tirer à la prolonge. En même temps les zouaves de la garde furent lancés à la baïonnette sur l'ennemi qui, croyant à des renforts arrivés après coup, arrêta sa marche et disparut, l'artillerie ennemie cessant graduellement son feu.

Les 1er et 3e bataillons du 1er grenadiers sont déployés en arrière de ces batteries; appuyés par la cavalerie du IVe corps, ils sont en mesure de protéger la retraite.

C'est à peine si le feu a duré une heure et cependant la 3e batterie du régiment monté de la garde, placée au centre, éprouve presque autant de pertes que pendant la journée du

16 août. Les chevaux des deux lieutenants Magron et Marie sont tués. Cette batterie compte 1 artilleur tué ; 4 chevaux tués ; 5 artilleurs blessés ; 7 chevaux blessés. La 4ᵉ batterie a 2 artilleurs blessés ; 2 chevaux blessés.

Les troupes sont épuisées et n'ont plus de munitions, Saint-Privat couvert d'obus est au pouvoir de l'ennemi et les débris des troupes du maréchal Canrobert entraînent dans leur retraite le IVᵉ corps, puis le IIIᵉ et toute l'armée. Le VIᵉ corps (Canrobert) bat en retraite par la route de Briey, sur Saulny et Woippy. La nuit est venue interrompre le feu ; le champ de bataille devient silencieux. C'est alors que Bourbaki prend le parti d'exécuter l'ordre qu'il a reçu depuis longtemps, de faire rentrer ses troupes dans leurs bivouacs de Plappeville. Les deux batteries du régiment à cheval de la garde et les deux batteries du régiment monté se retirent peu à peu, sans bruit, protégées par les zouaves et les grenadiers qui repassent le défilé et rallient en passant les 5ᵉ et 6ᵉ batteries du régiment à cheval, ainsi que la 6ᵉ batterie (mitrailleuses du régiment monté) ; puis elles se rabattent sur Lessy pour rejoindre les zouaves et le parc. La 3ᵉ batterie du régiment à cheval de la garde se retire la dernière, et après avoir traversé le défilé, se déploie à trois cents mètres en arrière pour en assurer le débouché ; elle ne rejoint qu'à onze heures et demie du soir les autres batteries et l'infanterie qui sont depuis une heure dans leur campement de Saint-Quentin.

Le régiment des guides qui n'a pas été engagé, rentre au bivouac de Plappeville, vers onze heures du soir.

Le bataillon de chasseurs à pied de la garde va camper au Sansonnet.

Dès lors, le mouvement tournant tenté par l'armée allemande a réussi au delà de toute espérance. L'investissement de Metz est un fait accompli.

Ces retraites continuelles épuisent les hommes qui ne peuvent rien y comprendre.

La bataille de Saint-Privat fut certes une des plus meurtrières de la campagne de 1870. Elle ne prit fin qu'à la nuit close, vers huit heures et demie du soir. Les Allemands avaient vainement attaqué la gauche de nos lignes ; malheureusement à notre droite, le corps Canrobert (VIe), se trouvant un peu en l'air, ne reçut aucun renfort, et son artillerie à court de munitions s'était vue dans l'obligation d'abandonner le village à l'ennemi.

La bataille restait donc indécise ; l'intervention à temps de la garde, sur un point quelconque de notre ligne, de préférence du côté du VIe corps, eût pu tout sauver. Pourquoi a-t-il fallu que Bazaine maintînt son attitude passive et laissât dans l'inaction la garde composée de soldats d'élite, pleins d'entrain et qui ne demandaient qu'à marcher ?

Cette journée nous coûtait plus de 12,000 hommes ; les Allemands en avaient perdu près de 20,000.

Pendant la nuit du 18 au 19 août, le 1er peloton du 1er escadron des guides, sous les ordres du lieutenant Boyer et du sous-lieutenant de la Mottrie, poussa une reconnaissance dans la direction des villages de Saulny et de Woippy.

Bazaine donnait l'ordre de la retraite, s'éloignait au trot sur la route de Metz quand un obus vint frapper un officier de son escorte.

— Faites-moi taire cette batterie prussienne ! se contenta de dire Bazaine continuant à trotter.

Et Changarnier d'ajouter d'un geste superbe :

— Mais c'est ici qu'il faudrait coucher à tout prix, sur le champ de bataille, pour gagner Verdun au plus tôt.

Le héros de Constantine ne fut pas écouté ; la retraite continua.

IV. — Retraite sous les murs de Metz.

Notre ligne de retraite sur Verdun était définitivement coupée et l'armée du Rhin enserrée autour de Metz. Ordre fut donc donné aux troupes de se replier sous le canon des forts de Metz. En conséquence, le 19 août, vers neuf heures du matin, le 1er voltigeurs fut relevé dans sa position de Châtel-Saint-Germain par le 4e voltigeurs et vint camper sur les pentes du mont Saint-Quentin. Mais comme on n'y était pas à l'abri du tir des batteries que l'ennemi avait mises en position sur les emplacements abandonnés par nous la veille, il fut décidé que la division des voltigeurs irait s'installer sur les pentes orientales du mamelon couronné par le fort de Plappeville. Les deux premiers bataillons du 4e voltigeurs furent établis dans les tranchées situées à l'entrée du plateau de Genevaux, face à la ferme de Moscou ; le 3e bataillon campa un peu sur la gauche.

Vers sept heures du soir, le général Deligny envoya au colonel Ponsard l'ordre d'évacuer la position de Châtel-Saint-Germain et de se replier sur Plappeville, en suivant le ravin au fond duquel se trouve le chemin de fer en construction de Metz à Verdun. Elle arriva vers onze heures du soir dans sa nouvelle position.

La 2e division de la garde se mit en route la dernière vers minuit avec ses batteries, atteignit vers quatre heures du matin le village de Devant-les-Ponts et alla camper sur le territoire de la Ronde, hameau situé au sud de Sansonnet.

Désormais les camps de la garde seront connus sous le nom de camp de la Ronde (2e division) et de Sansonnet (1re division).

Les troupes du général Picard ont été tellement décimées que les deux bataillons du 3e grenadiers n'en forment plus qu'un seul, sous le commandement du capitaine Morand, le plus ancien officier de ce grade dans le régiment.

20 août. — L'infanterie et la cavalerie de la garde reprennent leurs anciens cantonnements sur la rive gauche de la Moselle et au Ban-Saint-Martin.

21 août. — A partir de cette date, les rations des hommes furent diminuées. Le taux des rations de viande et de lard fut ramené de 400 à 300 grammes. Comme compensation, on alloua à chaque homme un quart de vin ou 0 fr. 12 c. d'indemnité. On se trouva même dans l'impossibilité de faire du pain pour toute l'armée. Pendant quelques jours, les hommes reçurent de la farine et s'ingénièrent de façon à en faire le meilleur emploi.

A tout cela vinrent s'ajouter les souffrances occasionnées par le mauvais temps. Mais le pire de ces maux, c'était l'inaction.

25 août. — L'annonce d'une tentative de sortie pour le lendemain réchauffe les cœurs... « La garde, dit l'ordre du jour, ira s'établir entre le fort Saint-Julien et le bois de Grimont, à cheval sur la route de Bouzonville; la gauche en arrière de Chatillon, la droite vers la gauche du IIe corps. Elle passera par les ponts de Chambière, après les IVe et VIe corps, vers sept heures et demie du matin. »

Pour s'y préparer, le 1er escadron des guides fut attaché à la division des grenadiers; un peloton de cet escadron (lieutenant Grousset) forma l'escorte du général Picard. Le 2e escadron fut attaché à la division des voltigeurs, le peloton du lieutenant de Morell d'Aubigny d'Assy forma l'escorte du général Deligny. Les 3e et 4e escadrons furent attachés à l'état-major du général Bourbaki.

26 août. — La garde est sous les armes à cinq heures du matin; mais les corps qui doivent la précéder ont éprouvé des retards considérables. Deux ponts avaient été construits sur la Moselle pour le passage de l'artillerie; l'un d'eux, fait avec de vieux matériaux, ne put être utilisé; un seul fut en état de supporter les voitures d'artillerie; pour compliquer la situation, le temps est froid, une pluie glaciale commence à tomber.

Bref la 2e division (grenadiers), qui doit marcher en tête, ne commence son mouvement qu'à onze heures du matin. Vers midi, éclate un violent orage qui dure jusqu'à huit heures du soir, et les chasseurs à pied de la garde, qui ont quitté leur campement à deux heures, ont à peine franchi le pont de bateaux, mis à leur disposition, que l'ordre arrive de faire demi-tour. Les troupes regagnent leur campement que l'orage de la journée a transformé en de véritables lacs.

En arrivant à hauteur de la voie ferrée de Metz à Thionville, le 1er voltigeurs reçoit l'ordre d'aller garder, pendant la nuit, les retranchements de Woippy, occupés par le 28e de ligne. Les 1er et 2e bataillons en garnissent les tranchées-abris, appuyés à droite à une batterie qui canonne les abords du village; le 3e bataillon est disposé en avant-poste sur les hauteurs de Bellevue. La nuit s'écoule sans incident.

Le 29, quelques coups de feu se font entendre sur la gauche du 3e bataillon. Il est cinq heures et demie du matin; un caporal du 1er voltigeurs se fait blesser en allant en reconnaissance du côté des avant-postes ennemis. Le lendemain, le 1er voltigeurs est relevé dans ses emplacements de première ligne, par le 28e et un bataillon du 25e; il rentre dans ses anciens campements, sous le fort de Plappeville. Le mauvais temps continue avec persistance; la pluie tombe à torrent; les vignes et les terres labourées, dans lesquelles sont dressées les tentes, sont transformées en un bourbier tellement épais que la circulation y est des plus pénibles.

*
* *

Combat de Noisseville (31 août 1870). — Toutefois, le projet de sortie du côté de Thionville n'est point abandonné ; trois jours après, le 30, une nouvelle tentative est résolue et des ordres sont donnés dans les corps avec un tel mystère, dit le général Fay, qu'ils sont connus en quelques instants de tous les camps et de la ville[1].

Les trois corps d'armée qui avaient pris position sur la rive gauche de la Moselle après la sortie infructueuse du 26, c'est-à-dire la garde, les IVe et VIe corps, reçoivent l'ordre de passer de nouveau sur la rive droite. Le combat, engagé dès le matin, ne finit qu'à huit heures du soir. La garde, sous les armes depuis sept heures et demie du matin, ne quitte Plappeville qu'à dix heures et demie. L'itinéraire est le même que le 26 août. Après une halte d'une demi-heure dans l'île Chambière, elle traverse cette île dans le sens de la longueur, en passant près de la lunette la plus avancée vers le nord, franchit le petit bras de la Moselle et vient déboucher sur la route de Metz à Bouzonville par Redange. A la sortie du village de Saint-Julien, elle prend le chemin d'Urcy, sous le canon du fort Saint-Julien et s'arrête à une heure de l'après-midi en arrière de la ferme de Grimont, où elle se forme en bataille.

Le fort Saint-Julien commence à tirer.

La division Picard est établie à cheval sur la route de Sainte-Barbe ; la 2e brigade à droite, la 1re à gauche, entre

1. *Souvenirs d'un officier de l'armée du Rhin*, p. 147.

le fort Saint-Julien et la ferme de Grimont. La division Deligny est placée au sud de la route de Boulay.

L'armée du Rhin a pris position dans l'ordre suivant : le IIIe corps est à droite, vis-à-vis de Noisseville ; le IVe corps au centre, entre Mey et Urcy ; le VIe corps à gauche entre Mey et la Moselle. Le IIe corps est en deuxième ligne. La garde occupe ainsi en réserve, à la gauche du IIe corps, le centre de la ligne de bataille qui est formée, à partir de la droite, par les IIIe, IVe et VIe corps. La réserve d'artillerie et la division de cavalerie se trouvent en réserve entre le fort Saint-Julien et le bois de Grimont.

Comme à Borny, comme à Saint-Privat, la garde reste inactive toute la journée.

L'ordre d'attaquer n'ayant été donné qu'à quatre heures de l'après-midi, les Allemands ont eu tout le temps voulu pour se mettre en mesure de nous barrer le passage. La bataille commence des deux côtés par une vive canonnade. Mais la supériorité des pièces prussiennes a bientôt réduit les nôtres au silence. Les obus de l'ennemi tombent jusqu'au milieu de nos réserves. Le 1er voltigeurs, qui s'est avancé jusqu'à Urcy, se déploie aussitôt sur la droite.

Vers six heures du soir, la canonnade devient intense sur toute la ligne ; une fusillade nourrie crépite du côté de Noisseville et de Servigny que l'infanterie des IIIe et IVe corps attaque vigoureusement.

Vers sept heures et demie, le 1er voltigeurs, déployé en tirailleurs, se porte en avant ; le 1er bataillon jusqu'au ravin de Metz ; les 2e et 3e bataillons jusqu'à la ferme de Grimont. De là, il peut voir brûler les villages de Montay, Noisseville et Servigny.

Cette bataille était un sérieux succès. Nous nous étions rendus maîtres des villages de Colombey, Montay, Noisseville. « Le nerf de nos soldats, qui paraissait un peu émoussé à la suite de nos premiers revers de la campagne, s'était réveillé tout à coup et nous suivions tous avec émotion cet élan de notre infanterie qui nous rappelait de si belles pages de son héroïque passé.

« Nous espérions qu'il serait utilisé malgré la nuit... Or, le commandant en chef quitta le champ de bataille à neuf heures et rentra au pas à Saint-Julien[1]. »

La bataille recommença le lendemain au jour (six heures du matin), malgré un brouillard très épais.

Mais cette fois l'ennemi prit l'offensive avec des troupes fraîches contre nos corps d'armée épuisés par la lutte de la veille et qui n'avaient pas été relevés.

Bazaine ordonna la retraite vers onze heures du matin.

La garde sortit alors de son inaction pour protéger ce mouvement. La 2e brigade de voltigeurs, renforcée par le bataillon de chasseurs à pied, se porta entre le fond du ravin Vantoux et la route de Sarrelouis, s'éclairant à droite vers Borny et Grigy. Onze heures du soir sonnaient lorsque la garde rentra à ses cantonnements de Plappeville, de Devant-les-Ponts et du Ban-Saint-Martin.

La bataille de Noisseville fut la dernière tentative sérieuse de l'armée de Metz, pour rompre le cercle d'investissement de la place. Quelques jours après, le 14 septembre, on recevait enfin des nouvelles de l'armée de Châlons : Sedan, la capitulation, l'effondrement de l'Empire, la France sans armée ; on savait tout. Le général Coffinières, commandant la place, l'annonçait dans un ordre du jour, que nous nous abstenons de transcrire, comme inutile à notre sujet.

---

1. *Journal d'un officier de l'armée du Rhin*, p. 159 et 160.

A cette date, les effectifs de la garde sont les suivants :

	OFFICIERS.	TROUPE.	TOTAUX.	CHEVAUX.
État-major général. .	37	»	37	61
Division Deligny . .	280	7,917	8,197	164
— Picard. . .	197	5,594	5,791	140
— Desvaux . .	260	2,997	3,257	3,108
Artillerie.	84	2,189	2,273	2,167
Train de la garde . .	15	346	361	473
Totaux généraux. .	873	19,043	19,916	6,113

V. — La mission de Bourbaki en Angleterre.

La disette sous Metz se faisait sentir depuis longtemps; les chevaux de la cavalerie et de l'artillerie disparaissaient chaque jour, servant d'alimentation non seulement à l'armée, mais aussi aux habitants.

A dater du 15 septembre, la ration des chevaux fut réduite à 4 kilogrammes d'avoine mélangée avec du seigle et du blé; celle des hommes fut réduite à 500 grammes de pain, à 45 grammes de riz; la ration de sel, à 5 grammes[1], la ration de cheval fut porté à 400 grammes.

Le 20, la ration de sel fut réduite à 2 grammes et demi; celle du riz à 30 grammes; un jour sur trois, on donna de l'eau-de-vie au lieu de café.

Le 22, la ration des chevaux se composait de moitié paille, moitié betteraves. Plusieurs de ces animaux moururent de faim à la corde, de sorte que le 28, 117 hommes du régiment des guides versèrent dans les magasins leurs colbacks, la giberne, le sabre, les bellières, le mousqueton et furent armés comme l'infanterie.

1. 1 kilogr. de sel coûtait alors 30 fr.

On pouvait prévoir la fin du drame que Bazaine méditait. Des bruits de capitulation circulaient déjà.

Parmi les chefs éminents qui commandaient nos corps d'armée à Metz, Bourbaki était le plus jeune. Il n'avait alors que 54 ans. Était-il le plus ardent? Non... Canrobert, de Ladmirault, Lapasset et la plupart de nos généraux de division déploraient leur inaction, et demandaient d'en finir au plus vite par une trouée sanglante au milieu des lignes ennemies. Mais il était le commandant en chef d'une troupe d'élite décidée à percer la ligne d'investissement coûte que coûte, au moindre bruit de capitulation. Les généraux Deligny, Picard et Desvaux étaient de cet avis. Le seul moyen de couper court à ces velléités guerrières était d'éloigner Bourbaki.

Bazaine le comprit et, dès ce jour, manœuvra dans ce sens.

Le 15 septembre, Bourbaki était allé, suivant ses habitudes, visiter les avant-postes, en compagnie de son fidèle Leperche.

A son retour au camp de Plappeville, l'officier de service au quartier de l'état-major général lui remit un papier ainsi conçu et écrit au crayon tout entier de la main de Bazaine:

ARMÉE DU RHIN
—
CABINET
DU MARÉCHAL
COMMANDANT EN CHEF

ORDRE.

Sa Majesté l'Impératrice régente ayant mandé auprès de sa personne M. le général de division Bourbaki, commandant la garde impériale, cet officier général est autorisé à s'y rendre.

Maréchal BAZAINE.

Metz, 15 septembre 1870.

Ne comprenant rien à ce billet, Bourbaki, sans descendre de cheval, se rendit au grand quartier général, à l'effet de s'y faire donner les explications nécessaires. Bazaine était absent; mais reçu par le général Boyer, aide de camp du maréchal, celui-ci lui montra Bazaine se promenant dans le jardin avec un étranger.

— Mais vous le connaissez cet étranger? reprit tout à coup le général Boyer. Vous avez dû le voir aux Tuileries? C'est M. Regnier.

— C'est bien possible, répondit Bourbaki; dans tous les cas, ce nom m'est parfaitement inconnu et qu'est-ce qu'il peut y avoir de commun entre l'impératrice et cet individu aux allures suspectes?

Et comme Bourbaki s'impatientait et insistait pour avoir l'explication de cette énigme, Bazaine rentrait dans son cabinet avec le maréchal Canrobert et Regnier. Après les présentations d'usage, le commandant en chef de l'armée du Rhin prit le premier la parole.

— L'impératrice, dit-il, désire avoir auprès d'elle soit le maréchal Canrobert, soit vous, général Bourbaki. Le roi Guillaume ne met aucun obstacle au départ de Metz de l'un ou de l'autre de vous deux. Le maréchal Canrobert me fait observer qu'il est souffrant et j'ai pensé que vous ne refuseriez pas votre concours pour une mission de dévouement.

— En quelques mots, voici quelle est la situation, ajouta Regnier. M. de Bismarck montre une certaine répugnance à traiter avec le gouvernement de la Défense nationale représenté par Jules Favre. Les conditions de paix seraient bien meilleures si elles pouvaient être traitées directement avec l'impératrice régente qui, du reste, ne voudrait rien entreprendre sans s'être entretenue avec le maréchal Canrobert ou, à son défaut, avec le général Bourbaki.

— Quel est votre avis, Monsieur le Maréchal? ajouta Bourbaki, s'adressant à Bazaine. Quel ordre me donnez-vous?

— Moi je ne vous donne aucun ordre, mais je crois que vous ferez bien d'aller en Angleterre; mon désir même est que vous partiez le plus tôt possible.

*
* *

Quelques jours après, le temps de consulter son aide de camp et son chef d'état-major, de prendre les effets qui lui étaient nécessaires, Bourbaki revint apporter sa réponse à Bazaine. Il partira, mais voici à quelles conditions :

1° Vous me donnerez un ordre écrit, Monsieur le Maréchal;

2° L'ordre du jour adressé à l'armée au sujet de mon départ portera que vous m'avez envoyé en mission;

3° Je ne serai pas remplacé dans mon commandement; je le reprendrai aussitôt ma rentrée à Metz, ma mission accomplie;

4° Si l'armée est engagée sous les murs de Metz, les troupes que j'ai l'honneur de commander ne le seront pas avant mon retour.

Ces conventions acceptées de part et d'autre, Bourbaki se mit en route pour Londres, le 24 septembre, avec Regnier qui n'était autre qu'un agent prussien à la solde de Bismarck. Le 27, il était chez l'impératrice, à Chislehurst.

Aucune avance n'avait été faite par Sa Majesté au susdit Regnier. Le brave et loyal Bourbaki avait été joué par un infâme coquin. Des démarches pressantes furent faites par lui pour qu'il fût autorisé à rallier les soldats qu'il avait laissés sous Metz et avec lesquels il désirait se retrouver.

Le temps se passait. Sous Metz, les officiers de la garde

murmuraient et ne comprenaient rien à la durée d'une mission qui ne devait demander que quelques jours ; l'inquiétude s'accentuait chaque jour davantage. Le commandant Leperche se décida enfin à voir Canrobert et voici le récit de ces démarches tel que nous le trouvons dans ses notes et souvenirs de Metz.

Je copie textuellement :

Aujourd'hui 20 octobre, je suis allé voir le maréchal Canrobert et lui ai dit qu'en raison de son affection pour le général Bourbaki, j'éprouvais le besoin de lui faire connaître les points que j'avais demandé à préciser dans la réunion des généraux, chefs d'état-major et de service, chefs de corps, présidée par le général Desvaux, qui remplaçait par *intérim* le général Bourbaki dans le commandement de la garde.

1° Assurance formelle du maréchal Bazaine au général Bourbaki que toutes facilités lui seraient données pour rentrer dans nos lignes ;

2° Assurance formelle donnée au général qu'il pourrait, en toutes circonstances, partager le sort de la garde ;

3° Délivrance d'un ordre *écrit* et non d'une *autorisation* par le maréchal Bazaine au général Bourbaki ;

4° Remplacement du général Bourbaki dans le commandement de la garde impériale.

— Tout ce que vous m'avancez, me dit le maréchal Canrobert quand j'eus terminé, est parfaitement exact ; Bourbaki n'a fait qu'exécuter un ordre du maréchal Bazaine et il n'a rien dû avoir à démêler avec les Prussiens. J'étais présent quand les conditions de son départ ont été rédigées, et je me fais garant de l'exactitude des faits qui se sont passés tels que vous les présentez.

— Maintenant, repris-je, vous avez compris comme moi, Monsieur le Maréchal, tout ce qu'il y a d'inquiétant dans ce fait que le général Bourbaki ait reçu l'autorisation de franchir les avant-postes prussiens et qu'il n'en ait point usé.

— Peut-être est-il malade, me dit le maréchal ; il a été

éprouvé en ces derniers temps, en raison même de la qualité de son cœur, par tous les événements qui se sont succédé ; par les épreuves de la France et de son armée ; et, il faut le dire, par toutes les fautes commises; l'affection de sa jambe aidant, il a pu se trouver arrêté dans une ville quelconque.

— J'ai pensé à cette explication, dis-je à mon tour ; il me semble impossible que le général ayant reçu l'autorisation de rentrer, ne soit pas parti pour en profiter ; dans le cas où il serait tombé subitement assez malade pour ne pouvoir être transporté, il n'ait pas fait donner de ses nouvelles au commandant en chef qui l'a envoyé en mission et aux officiers attachés à sa personne, de l'affection desquels il est assuré et dont il doit comprendre l'inquiétude. La cause de la prolongation de son absence ne peut être expliquée quant à présent. Plus tard, on sera à même de constater que le général aura été victime d'odieuses machinations.

— C'est précisément pour cela, me dit le maréchal Canrobert, que j'ai demandé à deux reprises différentes au maréchal Bazaine de réclamer, près du prince Frédéric-Charles, des nouvelles du général Bourbaki ; mais j'ignore s'il l'a fait.

— En agissant ainsi, dis-je ensuite au maréchal, vous avez eu la bonté de prévenir un de mes désirs ; je me propose de me présenter de nouveau demain au maréchal Bazaine et de lui soumettre moi-même une demande semblable. Le maréchal ne saurait se préoccuper davantage de ma requête ; mais je considère comme un devoir vis-à-vis du général Bourbaki de la lui adresser.

— Vous ferez très bien, me dit le maréchal Canrobert, et je vous engage à mettre cette idée à exécution.

Le lendemain, 21 octobre, le commandant Leperche se rendit au grand quartier général. Sa conversation avec Bazaine est ainsi résumée dans le carnet du premier aide de camp de Bourbaki.

— Depuis que vous avez bien voulu, Monsieur le Maréchal, me dire ce que vous saviez du général Bourbaki, j'ai été constamment préoccupé par cette idée que le général ayant reçu une autorisation de rentrer, n'en profitant pas, ne faisant pas même parvenir des nouvelles de sa santé, devait être dans une situation des plus fâcheuses; j'ai donc pensé que vous trouveriez bon, peut-être, de faire demander au prince Frédéric-Charles s'il ne saurait pas quelque chose concernant le général. Dans le cas où vous le jugeriez ainsi, je serais très heureux d'être choisi pour cette mission.

— Que voulez-vous? me répondit le maréchal. Peut-être le général est-il allé trouver l'empereur; peut-être encore est-il allé s'entendre avec le gouvernement de la Défense nationale.

— Cette hypothèse me semble très improbable, le général n'ayant d'autre mission que celle que vous lui aviez confiée vous-même. Connaissant son désir de rentrer parmi nous, les démarches réitérées faites par lui pour lever les difficultés qu'on lui imposait, je ne comprendrais guère qu'il n'eût pas profité de l'autorisation obtenue à grand'peine et qu'il fût allé là où vous ne l'auriez pas envoyé. Je me permets donc d'insister pour que vous fassiez demander, si vous le jugez convenable, de ses nouvelles au prince Frédéric-Charles.

— C'est inutile, reprit le maréchal; d'ailleurs, j'ai vu, il y a quelques jours, un des aides de camp du prince et il n'a pu m'en donner.

— Dans ce cas, l'objet de ma visite n'étant autre que de provoquer une demande de nouvelles auprès du prince Frédéric-Charles, il ne me reste plus, Monsieur le Maréchal, qu'à me retirer et à vous présenter mes respects.

Voilà certes un aide de camp modèle, plaçant le devoir au-dessus de tout.

* * *

Pendant que ces incidents se passaient sous Metz, Bourbaki, fatigué de ne recevoir aucune réponse de l'état-major allemand en ce qui concerne le sauf-conduit qu'il sollicitait pour rentrer dans les lignes françaises et reprendre son commandement, Bourbaki, disons-nous, écrivit à l'amiral Fourrichon, ministre de la guerre et de la marine à la Délégation de Tours, avec lequel il avait des relations d'amitié.

« De deux choses l'une, dit Bourbaki dans cette lettre : ou j'obtiendrai des autorités allemandes le passeport que je sollicite pour rejoindre mon poste à Metz, ou, si elle est contraire à mes désirs, à mes espérances, mon devoir sera de me rendre à Tours pour me mettre à la disposition du Gouvernement provisoire et aider à la défense du pays. »

Le 9 octobre, aucune réponse catégorique ne lui étant parvenue des autorités allemandes, Bourbaki n'hésita pas. Il quitta le Luxembourg, hôtel de Bourgogne, où il attendait vainement depuis huit jours et se rendit à Tours, où les plus belles avances lui furent faites par la Délégation du Gouvernement dont Gambetta était le président.

Bourbaki, arrivé à Tours le 15 octobre, recevait, le 17, le commandement supérieur de toute la région du Nord. La fortune, jusqu'à ce jour, lui avait toujours souri. La Délégation de Tours ne pouvait pas faire un meilleur choix. Étranger aux intrigues politiques, peu habitué aux discussions, ce vaillant soldat, le plus vrai soldat que nous ayons connu, va se trouver tout à coup jeté dans un milieu qui n'était pas le sien, car c'était celui des rêveurs. Le réveil devait être terrible, et il le fut en effet.

CHAPITRE VII

BOURBAKI DANS LES ARMÉES DE PROVINCE

I. — A l'armée du Nord.

En arrivant à Lille pour y prendre le commandement de la région du Nord, Bourbaki fut péniblement affecté de la situation de cette place : pas un canon de siège, tous avaient été pris pour la défense de Paris. Pas un fusil, pas d'effets d'habillement et d'équipement ; tous les approvisionnements en ce genre avaient été envoyés à l'armée de la Loire. Dès le début, il se trouva au milieu d'énormes dépôts de gardes nationales mobiles, sans cadres pour les instruire, mal armées et incomplètement équipées. Pour créer quelques batteries, il lui fallut faire construire des affûts, acheter des chevaux, des harnais et trouver des officiers pour l'aider dans sa besogne ingrate et difficile. Des officiers ! il en fallait à tout prix, et où les trouver dans une région aussi froide que le Nord, qui regardait la guerre de Prusse comme une légende à raconter sous le manteau de la cheminée ?

Malgré tout, Bourbaki se mit à la besogne, fit appel à l'industrie privée, à toutes les bonnes volontés et, en moins de douze jours, il avait créé de toutes pièces un petit corps d'armée de 18,000 hommes, le XXIIe, auquel il adressa la proclamation suivante.

Citoyens, gardes nationaux, soldats et gardes mobiles,

J'ai été appelé par le ministre de la guerre au commandement militaire de la région du Nord. La tâche qui m'incombe est bien grande et je la trouverais au-dessus de mes forces, si je n'étais soutenu par les sentiments de patriotisme qui nous animent tous. Mes efforts tendent à créer le plus vite possible un corps d'armée mobile qui, pourvu d'un matériel de guerre, puisse tenir la campagne et se porter au secours des places fortes que je me hâte de mettre en bon état de défense.

Pour moi qui ai loyalement offert mon épée au gouvernement de la Défense nationale, ma vie appartient à l'œuvre commune, qu'il poursuit avec vous, et vous me verrez, au moment du danger, à la tête des troupes organisées pour remplir cette tâche et faire payer cher à notre implacable ennemi, chaque pas qu'il fera sur notre territoire.

Il faut que la concorde et la confiance règnent parmi nous, que nos cœurs ne soient animés que du désir de sauver et de venger notre malheureuse France.

Vous pouvez compter sur le plus énergique concours et sur le dévouement le plus absolu de ma part, comme je compte sur votre courage et votre patriotisme.

C. BOURBAKI.

Lille, 29 octobre 1870.

*
* *

Le seul officier appartenant à la garnison de Lille, et pouvant à l'occasion servir de chef d'état-major à Bourbaki, était le colonel du génie Farre, qui venait d'être promu général de brigade à titre provisoire.

Neuf ans après, ce même général, devenu ministre de la guerre, mettra Bourbaki en disponibilité, au mépris des lois qui régissent l'état-major général de notre armée.

L'arrivée, le 7 novembre, à Lille, du commandant Leperche, évadé de Metz, vint fort heureusement réjouir le cœur de Bourbaki, qui eut dorénavant près de lui un collaborateur dévoué et, de plus, assidu à l'œuvre de la défense nationale.

L'évasion de Leperche est toute une odyssée. La voici :

Le 28 octobre, jour de la capitulation de Metz, Leperche quitta son bivouac, en grande tenue, avec épaulettes, aiguillettes, sabre et revolver, se rendit à cheval au delà du fort Saint-Julien, dans un endroit désigné où il avait donné rendez-vous à deux cents officiers pour être les témoins de son évasion. Là, il leur serra la main à tous, confia son cheval au premier soldat venu, franchit seul, et à pied, les avant-postes français, son caoutchouc sur son bras, portant ses cartes et sa boussole dans une sacoche suspendue en sautoir. Il erra toute la nuit, tomba au milieu d'un avant-poste prussien qui tira sur lui sans l'atteindre. Leperche se faufila, rampa sur le terrain, entra dans un bois où il passa la journée du 29. La nuit suivante il se remit en marche, se cacha dans un autre taillis pour y passer la journée du 30, continua sa route la troisième nuit, mais il avait à peine quitté son dernier gîte qu'il tombait sur un petit poste prussien dissimulé derrière des branchages que l'obscurité l'empêchait de voir. Interrogé par un général, Leperche fut ramené à Metz en voiture, interné à l'hôtel de l'Europe, quartier général de von Kümmer, gouverneur de Metz, et placé sous la surveillance d'un officier bavarois.

Là, on fit asseoir Leperche dans une salle remplie de soldats allemands. Mais l'officier, à la garde duquel il était confié, s'absenta un instant. Le moment était propice. Le vaillant aide de camp de Bourbaki profita d'un moment où la surveillance des soldats était moins active; il se leva, sortit dans la rue, se réfugia chez un brave Messin qui le garda pendant plusieurs jours et l'expédia ensuite, en qualité de domestique, à un de ses amis qui habitait le Luxembourg. De là, le brave officier rejoignit Bourbaki à Lille. Avec Leperche arrivaient également, à Lille, le colonel Lecointe, du 2e grenadiers, et le capitaine Jacob, des zouaves de la garde, tous les deux à peine remis d'une blessure grave reçue à Rezonville; puis le Dr Noguès, médecin-major de 1re classe du 93e de ligne, que Bourbaki affectionnait beaucoup, et enfin son porte-fanion, Paul Frémy, déguisé en maquignon anglais. Ce dernier arrivait avec les chevaux du général, ceux du commandant Leperche et des officiers d'ordonnance du général; il était accompagné du maréchal des logis Xavier Fenelont, des chasseurs à cheval de la garde, qui commandera plus tard, à l'armée de Faidherbe, l'escadron de cavalerie connu sous le nom de dragons du nord.

Avec le concours des officiers qui lui arrivent, Bourbaki réussit à organiser un petit corps d'armée composé de six batteries d'artillerie, de deux escadrons de cavalerie et de quatre brigades d'infanterie[1] qui sont armés avec les trois mille fusils et les soixante pièces de canon envoyés à Lille par l'amiral Fourichon. Cela fait, Bourbaki arma les places du nord, les approvisionna de munitions.

Mais, hélas! la politique l'emporta. Bourbaki, méconnu jusqu'à l'insulte, dut céder son commandement au général Farre, le 20 novembre, pour prendre celui du XVIIIe corps, à l'armée de la Loire, précisément au moment où il allait essayer, avec le peu de troupes dont il disposait, d'enlever Beauvais par un coup de main, et se porter de là sur Chantilly pour détruire les approvisionnements que l'ennemi y avait réunis.

1. Ces quatre brigades furent créées avec les six dépôts d'infanterie et les dépôts de chasseurs à pied existant à Lille.

II. — A l'armée de la Loire.

A la fin du mois de novembre, ce qu'il y avait de mieux dans les forces françaises de province était : 1° le petit corps d'armée créé de toutes pièces à Lille par le général Bourbaki, ébauche de la future armée du Nord ; 2° une division venant d'Algérie et destinée à devenir le noyau du XVe corps dont l'organisation avait commencé le 20 septembre, à Bourges, sous la direction du général La Motterouge ; 3° un rassemblement formé dans l'est par le général Cambriels qui sera obligé bientôt de se replier des Vosges sur Besançon ; 4° des groupes incohérents de mobiles bretons dans l'ouest sous le général Fiereck [1].

Au moment où Gambetta arrivait à Tours, le 10 octobre, les Bavarois entraient à Orléans ; les fractions du XVe corps, qui combattaient à Artenay, n'eurent pas le temps de rallier la ligne du centre jusqu'à la Ferté-Aubin. Le premier acte de la nouvelle administration militaire fut de frapper le général de La Motterouge d'une disgrâce imméritée. Le commandement passa aussitôt dans les mains du général d'Aurelle de Paladines, ancien colonel de zouaves, vieux soldat d'Afrique et de Crimée, connu pour sa fermeté, et que la guerre avait arraché à la retraite. Pendant que d'Aurelle se livrait tout entier à un travail de jour et de nuit pour organiser ses troupes sur des bases solides, le gouvernement de Tours se hâtait de lui donner en plus le commandement du XVIe corps que le général Pourcet créait à Blois. Ces deux corps constitués devinrent le noyau de la première armée de la Loire.

Le XVIIIe corps, dont Bourbaki venait prendre le com-

1. Yves-Louis-Hercule Fiereck, général de division du 12 août 1866, membre du comité d'artillerie.

mandement, s'était formé pour ainsi dire en marchant, comme son chef provisoire, le général Billot, l'avait pu, en recrutant, de ci, de là, du matériel et des hommes. L'ancien commandant de la garde impériale, accompagné de son état-major particulier, quitta Lille, le 20 novembre 1870, et arriva à Tours, le 22 au soir.

Que voulait-on faire de ces soldats réunis sous le nom de première armée de la Loire. Ni Gambetta, ni son délégué, l'ingénieur Freycinet, ne le savaient, et Bourbaki l'ignorait si bien, qu'il demanda à la délégation de Tours de lui faire connaître le plan général adopté pour la défense nationale. Ce qu'il y a de certain, c'est que ces corps, tels qu'ils étaient, ne pouvaient servir à rien ; il fallait les rallier, les raffermir, les réorganiser. C'est à ce travail que s'attela Bourbaki pendant les premières semaines de décembre.

Le 30 novembre, il est à Orléans, et prend définitivement, le 3 décembre, le commandement du XVIIIe corps. Son quartier général est à Nesploy. Là, on lui annonce qu'il prend en outre la direction des opérations du XXe corps. Mais, le 4 décembre, Orléans, attaqué, évacué, s'était rendu aux Allemands pendant la nuit. L'armée de la Loire est dès lors coupée en trois tronçons : les XVIe et XVIIe corps, sous le général Chanzy, battant en retraite sur Blois ; le général d'Aurelle se retirant sur Salbris avec le XVe ; et enfin, les XVIIIe [1] et XXe corps [2] se repliant sur Gien sous les ordres de Bourbaki.

---

1. Le XVIIIe corps était fort de trois divisions d'infanterie, commandées par les généraux Feillet-Pilatrie, qui commandait antérieurement le 92e de ligne, resté en Algérie ; le contre-amiral Penhoat, venant de Brest ; la 3e division n'avait pas encore de titulaire ; une division de cavalerie (général de Brémont d'Ars, qui commandait antérieurement la subdivision de la Charente), et d'une réserve d'artillerie (lieutenant-colonel de Miribel).

2. Le XXe corps, que commandait le général Crouzat, venant des colonels d'artillerie, avait également trois divisions d'infanterie commandées par les

Le commandement en chef de l'armée de la Loire ayant été supprimé, Bourbaki fut nommé commandant en chef des XVe (général des Pallières) et XVIIIe corps (général Billot), avec le général Borel pour chef d'état-major. Il avait l'ordre de se concentrer immédiatement à Gien, sur la rive droite de la Loire, pour y occuper le triangle formé par les deux routes de Nogent-sur-Vernisson à Gien et à Briare. Ce furent ces deux corps d'armée qui constituèrent ce que l'on a appelé depuis l'armée de l'Est dont Bourbaki prit le commandement le 6 décembre.

***

Ouvrons ici une parenthèse et voyons ce que sont devenus, pendant tous ces événements, les dépôts des régiments de la garde dont Bourbaki avait le commandement avant son départ pour Metz.

Par décision du 26 août 1870, le ministre de la guerre, général Cousin-Montauban, avait créé de toutes pièces le 128e régiment de ligne avec tous les dépôts des régiments de la garde : chasseurs à pied, zouaves, voltigeurs et grenadiers.

Plus tard, un décret du 20 novembre créa les 21e et 22e bataillons de chasseurs à pied ; le noyau de chacun de ces derniers fut formé par les compagnies de dépôt des chasseurs à pied de la garde (7e et 8e compagnies du 4e bataillon du 128e de nouvelle formation).

Par ce même décret, le général Cousin-Montauban décidait le groupement par quatre des escadrons de dépôt des

généraux de Polignac, Thornton, venant du 7e chasseurs à cheval, et Segard; plus une réserve d'artillerie, sous les ordres du lieutenant-colonel d'Auvergne, de l'état-major.

corps de cavalerie pour en former des régiments de marche sous les ordres d'un lieutenant-colonel secondé par un chef d'escadrons commandant en second.

Dans la pensée du Gouvernement, les régiments formés de cette façon devaient présenter une solidité relative.

Dans cet ordre d'idées, le dépôt des *carabiniers de la garde* a fourni aux armées de province trois escadrons de marche : un au 2e cuirassiers de marche (lieutenant-colonel Bonaparte, puis Mariani), qui resta dans Paris pendant le siège ; un au 5e cuirassiers de marche, lequel faisait partie de la division de cavalerie du XVIIIe corps et fit la campagne de l'Est avec le général Bourbaki ; un troisième au 7e cuirassiers de marche, attaché à la colonne mobile du général Camô (armée de la Loire).

Le dépôt des cuirassiers de la garde a fourni quatre escadrons aux armées de province : un au 5e et au 7e cuirassiers de marche, un troisième au 9e cuirassiers de marche, et un quatrième au 11e cuirassiers de marche.

Le dépôt des dragons de la garde a fourni trois escadrons : un au 8e et au 9e dragons de marche, un au 1er régiment de cavalerie mixte (lieutenant-colonel Leroy de Lanauze), et un au 5e mixte.

Le dépôt des lanciers de la garde a fourni un escadron au 1er régiment de cavalerie mixte et un au 5e.

Les dépôts des guides et des chasseurs de la garde ont été versés au 1er régiment de cavalerie mixte, qui fit la campagne de l'armée de l'Est avec Bourbaki.

*
* *

Revenons maintenant à l'armée de la Loire, coupée en divers tronçons lorsque les Allemands rentrèrent à Orléans, dans la nuit du 4 au 5 décembre, après une lutte de quatre jours. Le lendemain, le général d'Aurelle n'était plus rien. On lui signifia de Tours que son commandement était supprimé, qu'il y avait désormais deux armées de la Loire et une armée de l'Est sous les ordres de Bourbaki, composée des XVe, XVIIIe et XXe corps; la grande opération militaire, ayant pour but de faire une diversion du côté de Belfort, fut arrêtée le 19 décembre 1870. Bourbaki se rallia à cette idée, en soldat soumis, obéissant, respectueux de la discipline. Les difficultés allaient commencer pour lui. Son âme ardente l'entraînait vers cette entreprise, d'autant que le XXe corps venait d'être donné à Clinchant, un évadé, lui aussi, des prisons de l'ennemi ; qu'on lui promettait d'adjoindre à son commandement supérieur le XXIVe corps, que le général de Bressoles organisait à Lyon, et une réserve sous les ordres du capitaine de frégate Pallu de la Barrière, officier de marine aussi brave que distingué.

III. — A l'armée de l'Est.

Pour réussir dans l'est, il fallait à Belfort un homme de guerre et non un ingénieur plus occupé de politique que de la défense de son territoire, comme l'était le général Denfert-Rochereau ; il fallait un vrai général français à Dijon, et non un homme de parade comme le Gênois Garibaldi ; il fallait surtout opérer la concentration de cette armée en silence, tromper les Allemands et ne pas jeter à tous les vents le projet d'entreprise que l'on était résolu de tenter. Or, les Allemands furent instruits de tout ce que nous faisions. Gambetta se rendit à Lyon ; son voyage, ébruité par une presse hostile à l'armée, acheva de leur donner l'éveil et, dès le 25 décembre, l'état-major de Versailles était informé que les troupes françaises réunies autour de Nevers et de Bourges venaient d'être expédiées, par chemin de fer sur Chalon-sur-Saône.

Quoi qu'il en soit, résumons les faits.

Le 20 décembre, les ordres de départ des XVIIIe et XXe corps sont expédiés ; dès le lendemain, Bourbaki se dirige de sa personne sur Nevers. Les deux corps d'armée, échelonnés le long de la voie, devaient partir de Bourges, de Nevers, de Saincaize, de la Charité et gagner l'un Chalon-sur-Saône, l'autre Chagny. De Bourges à Chalon on compte deux cent quarante-huit kilomètres ; de Saincaize à Chagny, cent soixante-treize. Il fallait quarante-huit heures pour arriver à l'une ou l'autre destination. Le mouvement ne put s'accomplir qu'au bout de huit jours, et cela dans des conditions les plus mauvaises. Le froid augmentait, les préparatifs pour l'embarquement des troupes n'avaient pas été prévus pour le transport d'une armée de 40,000 hommes ; l'administration des chemins de fer n'avait pas été prévenue à temps, de sorte que l'embarquement des troupes dura douze jours. Il n'y avait, pour exécuter ce mouvement, que deux lignes à une voie : celle de Nevers à Chagny et celle de Moulins à Chagny, de sorte que les trains chargés passaient par Nevers et Chagny, les trains vides venaient à Saincaize et Nevers par Chagny-Moulins. L'encombrement fut bientôt tel que les trains s'arrêtaient à chaque instant, et que des détachements de troupes restaient deux ou trois jours en wagon, sans en descendre, par un froid de 12 à 15 degrés.

Les chevaux mouraient et les soldats ne voyaient que la neige autour d'eux. Ainsi, même avant les premiers coups de fusil, l'armée de Bourbaki subissait les plus cruelles épreuves. La santé des troupes laissait fort à désirer et le moral du soldat était très ébranlé.

Enfin, le 29 décembre, l'armée de l'Est était à peu près réunie. Le XVIIIe corps, passé sous les ordres du général Billot, chef d'état-major de Bourbaki à l'armée de la Loire, était à Chagny ; le XXe, passé sous les ordres du général Clinchant, à Chalon-sur-Saône, ainsi que la réserve Pallu de la Barrière. La division Cremer[1] était à Beaune et formait l'aile gauche de la ligne de bataille. Le XXIVe corps était à Besançon. Le XVe corps, laissé provisoirement à Bourges, ne devait rejoindre que dans quelques jours.

Bourbaki présida à toutes ces opérations préliminaires de concentration, arriva lui-même à Chalon dans la journée du 30, se mit à la tête de son armée et s'apprêta à donner le coup de collier qu'on lui demandait du côté de Belfort.

Mais de leur côté, les Allemands, comme bien on pense, n'étaient pas restés inactifs. Dès le 28 décembre, Von der Thann repliait ses troupes de Dijon sur Gray, pour garder leurs communications avec les Vosges.

La campagne ne s'engagea réellement que le 31 décembre et le 1er janvier, par suite de la marche du XXe corps sur Dôle et celle du XVIIIe corps sur Auxonne.

Déjà cependant, on s'impatientait à la délégation de Bordeaux. Gambetta, Freycinet et consorts trouvaient que cela marchait avec une lenteur désespérante. Que se passait-il donc ? On ne comprenait rien à cette *quasi immobilité* de Bourbaki. Ils oubliaient, ces chefs du cabinet militaire de Bordeaux, qu'ils n'étaient pas étrangers à ces lenteurs ; ils ne cessaient d'assaillir Bourbaki d'objurgations, d'instructions méticuleuses, d'ordres, de contre-ordres où perçaient une prétention ignorante et une défiance presque injurieuse ; ils avaient de l'organisation militaire et de la discipline une telle idée, qu'ils se laissaient adres-

1. Ancien aide de camp de Clinchant.

ser des rapports directs par les commandants de corps d'armée, entre autres par le général Billot, sans passer par l'intermédiaire de son chef[1].

Le gouvernement de Bordeaux écrivait à Bourbaki, le 31 décembre :

> Je désire qu'il soit bien entendu qu'aucune décision ne doit être prise avant de m'avoir été soumise... que vous m'indiquiez chaque soir, aussitôt que la marche de la journée est terminée, les positions exactes des différents corps placés sous vos ordres, ainsi que vos projets pour le lendemain... Il faut plus que jamais coordonner vos mouvements, avoir de la suite, ne jamais marcher à l'aventure, mais savoir à toute heure où vous en êtes et ce que vous voulez faire.

Nos malheureux généraux ont donc été les souffre-douleurs de cette triste époque. On avait besoin d'eux et on semblait tout faire pour les réduire à une impuissance qu'on leur reprochait.

Dès sa première étape sur Dôle, Bourbaki reconnaît que les vivres manquent, que les provisions d'avoine pour les chevaux ne sont assurées que pour un jour et demi. Son plan est dès lors bien simple, il marchera en longeant la voie du chemin de fer de Besançon qui seule peut lui apporter les vivres dont il a besoin ; il s'avancera par la vallée de l'Oignon, entre la Saône et le Doubs ; manœuvrera sur le flanc de l'ennemi pour menacer sa ligne de retraite.

Ce plan, il l'exécuta d'abord de Chagny sur Dôle, de Chalon-sur-Saône à Dôle ; puis, le 4 janvier, en marchant sur Pesme et, le 5, sur Marnay. Il força ainsi l'ennemi à se retirer successivement de Dijon, de Gray et de Vesoul ; si

1. *La Guerre en province*, Ch. de Mazade, t. I, p. 500.

bien que le 8 janvier, Bourbaki adressait à Chanzy, la dépêche suivante datée de Montbozon :

J'ai quitté Bourges, pour faire évacuer Dijon, Gray, Vesoul et lever le siège de Belfort. Les garnisons allemandes des deux premières villes se sont retirées sans combat. Il peut se faire que notre première rencontre, ait lieu à Villersexel, point d'intersection des routes de Vesoul à Montbéliard et de Lure à Besançon.

Bourbaki avait donc bien prévu ce qui devait se passer. Dès que le général allemand se vit menacé, il se replia jusqu'à Vesoul, mais alors il tenta un effort pour arrêter l'armée de Bourbaki. La division Schmeling et une partie de la division badoise se portèrent, le 9 janvier, contre Villersexel, où venaient précisément d'arriver les troupes françaises.

*
* *

Bataille de Villersexel (9 janvier 1871). — Le maréchal de Manteuffel, qui opérait dans le Nord, s'était dirigé à marches forcées sur Dijon, pour essayer de se joindre au général von Werder, commandant des troupes qui assiégeaient Belfort. Renseigné sur la marche de Bourbaki, celui-ci, abandonnant Belfort, vint se fortifier entre Belfort et Montbéliard.

Le général Bourbaki, persuadé que, pour le moment, Dijon n'était pas sérieusement menacé, et ayant besoin de toutes ses forces, avait rappelé à lui la brigade du XVe corps, qui y était détachée, et comptait en faire autant avec la division Cremer.

Le 6, il transportait son quartier général à Montbozon-sur-l'Oignon, un joli village de la Haute-Saône qui se trouve sur la ligne de chemin de fer de Vesoul à Besançon. Ce même soir, à sept heures et demie, il télégraphiait au ministre de la guerre, délégué à Bordeaux, qui était alors M. Ch. de Freycinet :

Montbozon, 6 janvier 1871, 7 h. 30 soir.

L'ennemi manœuvre de son côté pendant que nous manœuvrons du nôtre. Je me renseigne sur les forces occupant Villersexel ; *c'est là probablement qu'aura lieu le premier choc.*

Les convois arrivent très difficilement par le temps actuel, les routes sont très glissantes, je serai probablement obligé de ne pas faire un mouvement demain ; je n'ai, d'ailleurs, connaissance, quant à présent, que de l'arrivée d'une seule brigade du XVe corps à Besançon, ce qui me retarde encore.

BOURBAKI.

Bourbaki s'arrêtait donc le 7 et le 8 pour pouvoir donner à manger aux hommes et aux chevaux, dont les fatigues, au milieu de l'inclémence de la saison n'avaient pas peu contribué, en même temps que les privations, à entamer le moral. Il fallait toute la popularité et l'habileté de Bourbaki pour remettre le tout au point.

Le ravitaillement, comme nous venons de le dire, se faisait avec la plus grande difficulté. Dans ce pays montagneux, dont les routes étaient rendues impraticables ou tout au moins difficiles par le verglas et les gelées continuelles, les chevaux tombaient et les convois n'arrivaient qu'avec la plus grande inexactitude à destination.

Le 7, le général télégraphiait à l'intendant en chef :

Montbozon, 7 janvier 1871, 8 h. du soir.

Réunissez le plus d'approvisionnements possible et requérez toutes les voitures nécessaires pour faire parvenir aux corps d'armée les vivres dont ils ont besoin, et qui vont leur faire défaut si les convois, retardés par les difficultés que présentent les routes, ne pouvant transporter qu'une quantité de denrées beaucoup moindre, ne sont pas plus nombreux. Dirigez ceux du XVIIIe corps et du grand quartier général sur Montbozon, ceux du XXe et du XXIVe sur Rougemont.

Le XVe corps reçoit l'ordre de se porter de Clerval sur ce dernier point.

BOURBAKI.

Cependant, à Bordeaux, malgré ces empêchements si sérieux, on voulait une marche en avant quand même. M. de Freycinet envoyait, en effet, la dépêche suivante à Bourbaki :

Bordeaux, 7 janvier 1871, 11 h. 45 du matin.

Votre dépêche de ce matin, une heure et demie, m'annonce que probablement vous ne ferez pas de mouvement aujourd'hui et que d'ailleurs vous n'avez connaissance que de l'arrivée d'une brigade à Besançon.

Je suis surpris que cette dernière circonstance puisse causer votre inaction, car votre mouvement avait été entrepris sans qu'il fût même question de faire venir le XVe corps, et le mouvement de celui-ci a été plus rapide qu'il n'était permis de l'espérer, puisque 45,000 hommes auront été embarqués en trois jours et demi.

Je ne m'expliquerais donc pas que ce fût là un motif de retarder vos opérations. Je ne saurais trop vous recommander, au contraire, de les accélérer ; car, d'une part, Paris mange toujours, et, d'autre part, il arrive contre vous des renforts qui finiront par vous rendre inférieur. Voilà déjà beaucoup de temps écoulé et je vous engage à activer tous ces mouvements. La difficulté des routes, que vous mettez en avant, n'arrête pas les Prussiens, dont la marche est pour le moins deux fois aussi rapide que la vôtre.

Vous avez annoncé vous-même que vous serez à Vesoul le 5 ou le 6 janvier, et je voudrais être sûr que vous y serez le 8.

Je vous envoie un ingénieur des mines, M. Leblanc, natif de Belfort, et qui connaît parfaitement les Vosges. Il pourra renseigner à l'occasion votre état-major.

DE FREYCINET.

Que de circonstances, cependant, expliquaient la lenteur de la marche de l'armée de l'Est, et les causes de la marche plus rapide de l'ennemi ?

Le 8, le général, suivi de ses officiers et de quelques cavaliers d'escorte, pousse une reconnaissance vers Villersexel.

« Arrivé aux grand-gardes, raconte M. Louis d'Eichtal, qui fut officier d'ordonnance de Bourbaki en 1870-1871, un officier lui rendit compte que l'ennemi avait évacué cette ville. Le général alla jusque près de ce point, afin de pouvoir juger par lui-même de la situation, puis il rentra à Montbozon pour donner l'ordre de marche du lendemain. »

Voici donc l'ordre de marche du 9 janvier 1871 ; elle a une grande importance, car, il y a aujourd'hui vingt-cinq ans, Bourbaki allait remporter sur l'ennemi une victoire — si rare, hélas ! dans cette douloureuse période de l'année terrible :

ORDRE DE MOUVEMENT POUR LE 9 JANVIER 1871.

Montbozon, 8 janvier 1871.

L'armée continuera demain, 9 du courant, le mouvement commencé les jours précédents.

La partie disponible du XVe corps occupera les positions qui s'étendent le long de la route de Fontaine à Belfort par Arcey, depuis Laguinguette jusqu'au village d'Ornans.

Le XIVe corps appuiera son extrême droite au ruisseau du Secy ; il occupera Villechevreux et s'étendra par sa gauche jusqu'à Corfans et Grammont.

Le XXe corps occupera les villages de Villargent, Villers-la-Ville et les Magny.

Le XVIIIe corps occupera Villersexel, Autrey-le-Vay, Esprels, le bois de Chossey ; la réserve occupera Abbinans et Cubry.

La brigade de cavalerie de réserve sera cantonnée à Fallon.

Le grand quartier général sera établi à Bournel, entre les villages de Cuse et de Cubry.

Toutes les dispositions prescrites les jours précédents pour assurer la sécurité des troupes pendant la durée du mouvement, comme pour dissimuler le mieux possible notre marche à l'ennemi et pour relier les corps entre eux, seront scrupuleusement observées.

Tous les envois du XVIIIe corps seront tenus sur la rive gauche de l'Oignon.

Les troupes laissées sur la rive droite recevront des instructions précises pour passer l'Oignon, si elles se trouvaient obligées de se replier devant des forces supérieures.

Les reconnaissances seront poussées au loin et faites avec le plus grand soin.

Les commandants de corps d'armée feront connaître au général en chef le point choisi par eux pour établir leur quartier général.

Le Général en chef
commandant la première armée,

BOURBAKI.

Le 9, le général établit son quartier général au château de Bournel, à Cubry, sur la hauteur, au-dessus de Cubrial.

Sitôt descendu de cheval, comme il entend le canon, il remonte en selle et se dirige du côté du combat.

Voici ce qui s'était passé : dans la nuit, l'ennemi ayant évacué Vesoul, avait réoccupé Villersexel, et le XVIIIe corps, au cours de la marche ordonnée, s'était heurté aux Allemands.

Il fallait à tout prix s'emparer de Villersexel, vu que cette place commande les routes de Montbéliard à Vesoul et de Besançon à Lure.

Avec un admirable ensemble, le XXe corps prit aussitôt contact avec l'ennemi. Le général Bourbaki arrive tout de suite en première ligne, fait ouvrir le feu de l'artillerie contre deux divisions bavaroises qui faisaient un feu violent, et ordonne au général Clinchant d'entrer avec ses troupes dans la ville.

Le général Thornton reçoit l'ordre de sortir du bois et de s'établir sur les hauteurs de droite dominant Villersexel, et de s'en emparer.

De son côté, le général Billot reçoit mission de déboucher d'Esprels et de s'établir avec deux divisions sur les hauteurs de gauche en envoyant une division soutenir Clinchant à Villersexel. La réserve se place sur l'emplacement précédemment tenu par le XXe corps et on établit l'ambulance dans une maison isolée, de ce côté.

La bataille, commencée à neuf heures du matin, dura jusque dans la nuit avancée et fut très meurtrière des deux côtés : le combat fut surtout acharné dans le château de Villersexel qui fut la proie des flammes.

Les braves de Clinchant durent faire, une à une, le siège des maisons : l'ennemi se trouvait fortement retranché dans une maison commandant la route de Lure.

« Nous ne pûmes nous en emparer, raconte d'Eichtal, qu'en y mettant le feu. » L'héroïsme de nos troupes fut admirable.

Un moment nos soldats faiblissent. Bourbaki retrouve son ardeur d'Afrique et de Crimée ; il se précipite en avant ; sa tête s'élève au-dessus des combattants ; son œil lance des éclairs, sa voix domine le tumulte de la bataille. Le village fut envahi de nouveau ; Villersexel était à nous. Ce qu'avait commencé le XXe corps, une division du XVIIIe corps, sous les ordres de l'amiral Penhoat, l'achevait au déclin du jour.

Après de grosses pertes, après avoir abandonné 4,000 tués ou blessés, l'ennemi battait en retraite dans la direction de Belfort.

En descendant de cheval, à minuit et demi, dans la nuit du 9 au 10 janvier, le général Bourbaki télégraphiait au ministre de la guerre :

Bournel, 10 janvier 1871, minuit et demi.

L'armée a exécuté, hier 9, le mouvement ordonné. Le général Clinchant a enlevé avec un entrain remarquable Villersexel ; le général Billot a occupé Esprels et s'y est maintenu.

Nous sommes maîtres de nos positions ; tous les ordres sont donnés pour répondre convenablement à une attaque de l'ennemi si elle venait à se produire, ou pour prendre telle autre disposition que les circonstances rendraient nécessaires.

BOURBAKI.

La réponse ne se fit pas attendre. La voici :

Bordeaux, 10 janvier 1871, 5 h. 50 du soir.

M. de Serres, par une dépêche de ce jour, me fait connaître la splendide attitude que vous avez eue dans la journée d'hier. elle ne m'étonne pas, mais j'en suis glorieux pour la France. Elle est pour moi la garantie de nouveaux succès.

FREYCINET.

A minuit, le même jour, le ministre envoyait un nouveau télégramme dans lequel il félicitait Bourbaki de la brillante victoire remportée en avant de Villersexel :

C'est le couronnement mérité de la savante manœuvre que vous exécutiez depuis quatre jours, avec autant de hardiesse que de prudence, entre les deux groupes de forces ennemies.

M. de Freycinet rendait hommage aussi à l'excellent chef d'état-major de Bourbaki, le général Borel, dont il avait reconnu la main dans plusieurs dispositions.

*
* *

Après cette journée qui était glorieuse pour la France et dont Bourbaki pouvait être fier, nous n'en étions pas moins arrêtés dans notre marche en avant. Werder, quoique vaincu, se retira dans des positions habilement choisies sur les bords de la Lisaine où il nous attendit.

Le 13 janvier, l'armée de l'Est se battit autour d'Arcey; elle continua sa route, et arriva le 14 au soir sur les hauteurs de la rive droite de la Lisaine, et s'établit face aux collines de la rive gauche qui protègent les abords de Belfort. La marche de la journée fut des plus pénibles. Pendant la nuit du 14 au 15 janvier, le froid descendit jusqu'à 15 degres Réaumur. Les soldats vêtus d'une façon insuffisante, sans chaussures, sans pain, passèrent la nuit à grelotter, se préparant tant bien que mal à une bataille qui devait se livrer à Héricourt, suivant les prévisions, et durer trois jours.

Bataille d'Héricourt (15, 16 et 17 janvier 1871). — Le temps est magnifique, le ciel clair, l'atmosphère très froide, la terre couverte de neige. Les deux armées sont en présence et rangées dans une vallée assez étroite où coule la Lisaine, espèce de torrent qui, descendant des Vosges, va se perdre vers Montbéliard dans l'Allaine, petit affluent du Doubs. Les Allemands occupent sur la rive gauche une série de positions dont Héricourt forme le centre, sur une étendue de pays d'environ douze à quinze kilomètres.

Le colonel Denfert reste immobile dans Belfort, où il s'enferme, ne tente aucune sortie pour tendre la main à Bourbaki qui vient à lui avec un appoint assez respectable de combattants. C'est dans ces conditions que s'engage la bataille d'Héricourt, le 15 janvier. L'action se prolongea jusqu'au soir. Sur la droite, le XVe corps, chassa l'ennemi de Montbéliard, mais la citadelle resta aux Prussiens.

Le 16, la lutte recommença vive et acharnée ; le 17, les Allemands prirent l'offensive dès quatre heures du matin. La garnison de Belfort ne fit aucune tentative sérieuse pour appuyer, par une sortie, les mouvements si bien combinés de Bourbaki.

Après ces journées de combats et de souffrances, l'armée de l'Est ne pouvait plus rien. Un Anglais qui suivait nos troupes, en a tracé ce douloureux tableau : « Pour ne pas mourir de froid, on allumait quelques feux de bois vert, autour desquels se confondaient, sans distinction de grades, généraux, officiers et soldats. Le thermomètre marquait 18 degrés. Un fort vent soufflait sur le plateau, chassant devant lui des nuages de neige, aveuglant les hommes, formant çà et là, de petits tas dans lesquels ils étaient enfoncés jusqu'aux genoux. Assis sur leurs havresacs, les soldats passaient la nuit, les pieds dans le feu, espérant ainsi conserver leur chaleur vitale... Joignez à cela les difficultés naissantes de l'approvisionnement, l'insuffisance des rations de vivres ; les tourments de la faim venaient achever l'œuvre de démoralisation commencée par le froid. »

Bourbaki quitta donc la Lisaine le 18 janvier, et battit en retraite jusqu'à Besançon, où il arrivait le 22, après avoir combattu chaque jour l'ennemi acharné à sa poursuite.

*
* *

On partait dès l'aube. Le jour venu, un soleil clair que ne voilait aucun nuage, dardait ses rayons sur la neige profonde; désolation calme et étrangement pittoresque. La nuit, une lune éclatante, ressemblant à un disque d'acier poli, rayonnait à travers les branchages sombres et majestueux des sapins auprès desquels on s'abritait; leurs troncs droits et élevés se perdaient dans les profondeurs bleuâtres d'un temple sans fin. La neige craquetait sous les pas et l'on n'entendait guère que le rare cliquetis des bidons en ferblanc, frappant contre le sabre-baïonnette ou le hennissement prolongé de quelque cheval d'éclaireur.

Nos soldats, exténués par les fatigues, les misères et la faim, eussent été condamnés à une mort certaine si Bourbaki n'eût pas pris le parti de battre en retraite, le soir du troisième jour de la bataille d'Héricourt.

Mais l'état-major prussien ne perdait pas de vue l'armée de l'Est. Le 20 janvier, Manteuffel était à Gray, le 21, il poussait son armée vers le Doubs, et le lendemain, il tenait les deux rives du fleuve, précisément au moment où Bourbaki arrivait à Besançon.

L'armée de l'Est était perdue. Elle ne trouva pas de vivres à Besançon. L'ennemi avait rétréci son cercle de plus en plus. Que faire? Battre en retraite? Du côté nord; c'était impossible, Werder tenait tous les passages; du côté du sud, c'était tout aussi impossible; Manteuffel était là, qui avait déja passé le Doubs.

Il faut savoir apprécier le général Bourbaki; il faut connaître son âme ardente, son cœur aux aspirations chaudes, pour comprendre les tortures que lui infligent les dictateurs de Bordeaux, en le harcelant de plaintes, en lui reprochant des lenteurs dont le Gouvernement de cette époque était le seul coupable; c'était ajouter de nouvelles douleurs à des angoisses qu'il subissait sans se plaindre, la mort dans l'âme.

Bourbaki s'en expliqua le 24 janvier, en écrivant à l'ingénieur de Freycinet :

Besançon, 8 h. 30 du soir.

Quand vous serez mieux informé, vous regretterez le reproche de lenteur que vous me faites. Les hommes sont exténués de fatigue, les chevaux aussi, *je n'ai jamais perdu une heure,* ni pour aller ni pour revenir. Votre dépêche me prouve que vous croyez avoir une armée bien constituée. Il me semble que je vous ai toujours dit le contraire. Du reste, j'avoue que le labeur que vous *m'infligez* est au-dessus de mes forces et que vous ferez bien de me remplacer.

Pendant cette période, de nouveaux désastres vinrent s'ajouter aux misères endurées par l'armée de l'Est. Le Lomond, chaîne de montagnes courant parallèlement au Doubs, qui défend l'accès du plateau, venait subitement d'être abandonné par des mobilisés, chargés de couvrir la droite de l'armée. Tout contribuait donc à accabler un chef d'armée, impressionnable à l'excès. Bourbaki, à Besançon, voyait ses positions tomber une à une ; ses forces diminuer chaque jour par les fatigues et les maladies ; les routes qu'il devait prendre, pour se porter en avant, se fermer devant lui ; les approvisionnements de la place s'épuiser.

A cette heure suprême et ingrate, l'ancien commandant en chef de la garde impériale eut un accès de désespoir que l'Église réprouve. Il tenta de mettre fin à ses jours, et c'est ici que commence le rôle délicat de l'écrivain.

Sans doute, faire son devoir de soldat, rien de plus beau assurément, et l'ambition de Bourbaki eût été de se faire tuer en défendant la position de Lomond. A la seule pensée d'une capitulation possible à Besançon, comme Bazaine à Metz, Napoléon III, à Sedan, le sentiment de l'honneur se révolta, son âme dévorée de poignantes émotions plia sous cette épreuve; sa situation lui apparaissait dans tout ce qu'elle avait de tragique et de sombre.

Au surplus, lisons ce qu'écrit le lieutenant-colonel Leperche dans son carnet de notes, à la suite de ce tragique événement. Encore une fois, nous n'excusons pas un acte de désespoir auquel personne ne doit s'abandonner; nous constatons simplement un fait.

*
* *

Jeudi, 26 janvier 1871.

Le froid est peu intense, mais les routes sont glissantes; elles le deviennent surtout à partir de midi, alors que commence le dégel à la surface des parties gelées.

Après les émotions de la veille et de la nuit, les mauvaises nouvelles reçues, nous montons à cheval avec le général à huit heures du matin. La tristesse est peinte sur sa figure. Mieux que personne, il se rend compte de la gravité de la situation; plus que personne, il en éprouve un violent chagrin.

En approchant de la porte Raivotte, il constate avec peine que le XVIIIe corps n'a pas encore achevé son mouvement; il rencontre des batteries d'artillerie arrêtées par des encombrements. Plus loin, c'est l'infanterie qui marche avec peine et qui se croise avec des traînards de la 3e légion du Rhône. Le général Rolland, homme honnête par excellence, plein de droiture, mais possédant au plus haut degré la rudesse du marin, se trouve sur les lieux; il recommande aux hommes de serrer à leur distance pour ne pas allonger la colonne; il accompagne pendant quelques instants le général Bourbaki, puis prend congé de lui en lui serrant la main.

Nous ne tardons pas, en suivant la superbe route en corniche qui conduit au village de Mosse, à rencontrer des voitures d'artillerie, des voitures de réquisition, des voitures de toute sorte, encombrant de plus en plus la route sans avoir la possibilité de les dégager. Aucune des prescriptions si sages du général n'avait été observées ; les voitures étaient sur deux et trois de front, beaucoup placées obliquement et dételées, leurs conducteurs étant absents. Aucun fractionnement du convoi n'avait été opéré pour réparer les fautes commises, parer aux circonstances imprévues ; personne, d'ailleurs, ne semblait s'être préoccupé des ordres donnés ; les hommes, quelquefois les sous-officiers, auxquels on s'adressait, étaient incapables de faire connaître le service ou le corps auquel ils appartenaient.

A peine trouvait-on, de loin en loin, un officier ou un sous-officier à qui l'on pût s'adresser. En maints endroits, il était presque impossible de passer à cheval entre les voitures. Ce spectacle attrista profondément le général. Après avoir essayé en vain, sur plusieurs points, de faire cesser l'encombrement, voyant tout le mouvement arrêté, il se retourna vers moi et me dit :

— Mon pauvre ami, l'armée est perdue ; notre mouvement ne s'exécutera jamais à temps.

En parlant ainsi, le général paraissait navré ; il avait la mort dans l'âme. J'essayai de lui faire entendre quelques paroles d'espérance ; il ne parut y ajouter aucune foi. Je lui promis de m'employer de mon mieux à faire cesser ces encombrements en gagnant le plateau et faisant marcher la tête le plus rapidement possible.

Nous nous rendîmes alors à la bifurcation des routes de Maiche et de Pontarlier, qui précède immédiatement un tunnel. Là, le général Bourbaki, aidé de ses officiers, déploya toute l'énergie possible pour engager, sur la route de Maiche, l'artillerie et les bagages du XVIIIe corps — car les bagages, malgré les ordres donnés, se trouvaient au milieu de la colonne, au lieu de se tenir à six ou huit kilomètres en arrière — et pour engager sur celle de Pontarlier, comme dans un petit chemin plus à droite en sortant du tunnel, et les faire parquer en dehors de la route, toutes les voitures, notamment celles du grand parc d'artillerie, qui avaient été mises en route, en même temps que les troupes du XVIIIe corps, sans que l'ordre en eût été donné.

Toutes ces voitures n'ont pas seules contribué à accroître les embarras de la route.

La pente, à la sortie de tunnel, était assez grande, surtout en raison de l'état de la route, pour produire à chaque instant des accidents : les chevaux glissaient, s'abattaient, et l'on avait toutes les peines du monde à les relever. J'ai dit quelle était l'absence des cadres : je dois ajouter que l'inexpérience des hommes était entière, aucun d'eux ne savait enrayer convenablement; les uns ne mettaient pas même le sabot, d'autres se contentaient de le placer sous la roue, ce qui suffit dans les temps ordinaires, mais ce qui ne remplit qu'imparfaitement le but avec un état si exceptionnel des voies de communication. Nous étions obligés, presque pour chaque voiture, de faire engager la chaîne et les sabots dans les raies de la roue, quelquefois même de procéder personnellement à cette opération.

Malgré tous ces efforts et malgré l'emploi de chemins ou sentiers permettant à l'infanterie seule de passer, le mouvement des troupes s'exécuta avec une lenteur désespérante. Le général descendit à quelques centaines de mètres du tunnel, afin de s'assurer de la marche de la colonne; il reçut au bord de la route plusieurs dépêches qui opérèrent sur son esprit le plus mauvais effet : celle de M. de Freycinet, le poussant à aller du côté de Dôle et d'Auxonne, et celle du général Martineau[1], l'informant qu'il ne pouvait plus répondre de son corps d'armée et qu'en cas d'abandon des positions occupées actuellement par le XVe corps, il serait indispensable de n'opérer le mouvement que pendant la nuit, lui causèrent le plus violent chagrin. Il s'entretint de la situation avec les généraux Borel et Billot. Ce dernier déclara qu'il eût fallu marcher sur Auxonne le jour où la question avait été discutée à Château-Farêne, mais qu'il n'était plus temps peut-être d'adopter ce parti. J'émis mon opinion et, après avoir rappelé les dangers de l'opération sur Auxonne, depuis le jour où l'ennemi était devenu maître du cours de l'Oignon, de ceux du Doubs et de la Saône, je dis que je

1. Martineau Deschenet, général de brigade du 14 mars 1863, ancien commandant de la subdivision de Mostaganem.

croyais qu'il valait mieux persévérer, alors même qu'on serait engagé dans une voie qui n'était pas jugée la meilleure; qu'en admettant que la meilleure solution de la question fût, contraire à ma pensée, la percée par Auxonne, nous devions nous garder de songer à opérer sur la rive droite du Doubs, alors que notre concentration se trouvait opérée sur la rive gauche; qu'il fallait à tout prix continuer le programme tracé, de façon à occuper Salins, à glisser derrière le ravin qui descend du sud au nord, à gagner Champagnole et la rive gauche de l'Ain, et à descendre le long de cette rive afin d'avoir l'un des flancs protégé par cette rivière dont les ponts devraient être coupés au préalable.

Le général Billot[1] présenta quelques observations.

— Eh bien! lui dit le général Bourbaki, si vous êtes aussi convaincu, prenez le commandement. Je vous le cède avec grand plaisir, surtout si vous pouvez tirer l'armée d'embarras. Je rentrerai dans le rang et serai un de vos divisionnaires.

Il récusa énergiquement cette proposition.

Nous remontâmes alors jusqu'à la maison du cantonnier voisine de la bifurcation des routes de Maiche et de Pontarlier. J'y entrai quelques instants, afin d'examiner à nouveau les routes permettant de continuer notre mouvement sur Salins et celles à utiliser dans le cas où nous devrions nous replier sur Pontarlier; puis nous fîmes un léger repas à la suite duquel le général Billot vint trouver le général Bourbaki et le prévenir qu'il allait porter son quartier général à Nancray et pousser ses troupes jusqu'à Bouclans.

Nous ne tardâmes pas à rentrer à Besançon; nous fîmes la route à pied, les chevaux nous suivant, tenus en main. L'encombrement était encore énorme, quoique moins grand que le matin. Voitures et troupes circulaient en tous sens. Une grande quantité de voitures du train auxiliaire du XXe corps gravissaient la route concurremment avec d'autres; des troupes de cavalerie stationnaient sur la route même; enfin, la 3e légion du

1. Lieutenant-colonel d'état-major, ancien chef d'état-major de la province de Constantine (ancienneté du 3 août 1869) promu général par le gouvernement de la Défense nationale, et aujourd'hui ministre de la guerre.

Rhône, sous l'influence salutaire du général Rolland, sortait de la place pour marcher, sinon à l'ennemi, du moins dans la direction de celui-ci.

Je ne connais pas de spectacle susceptible de donner un souci plus grand à tout homme aimant l'armée, aimant son pays, — surtout lorsque cet homme exerce un commandement en chef — que celui du désordre existant dans les *impedimenta* et empêchant les forces dont il dispose de se mouvoir, d'arriver à temps sur les points où leur présence est nécessaire.

Plus je vais, plus je suis convaincu qu'on ne saurait donner d'ordres assez précis et formels pour la conduite des convois (le général n'avait pas manqué à ce devoir) et qu'il faut en exiger la stricte exécution en envoyant partout des officiers d'état-major avec mission d'exiger de chaque commandant de colonne ou de convoi tous les renseignements ou explications désirables.

Le général devait avoir les mêmes pensées que moi, mais ne disait mot, il observait un silence absolu que je ne comprenais que trop, car il faisait naître en moi de bien tristes pressentiments.

Nous rentrâmes à Besançon peu de temps avant la chute du jour, et le mouvement du XVIIIe corps n'était pas encore achevé.

Le général reçut plusieurs personnes, entre autres l'intendant Friant[1] et le lieutenant-colonel de Bigot[2]. Le premier lui dit qu'il n'avait pas encore reçu de nouvelles des deux intendants envoyés par lui à Pontarlier pour régler les arrangements relatifs à l'alimentation des troupes en transit ou autrement par la Suisse. Le second, qui connaissait parfaitement le pays, lui parla de la nature des chemins, ainsi que des positions défensives existant sur les deux rives du Doubs.

Le général me demanda du papier, une plume et de l'encre, que je lui remis aussitôt. Je le priai de m'autoriser à rédiger avec lui le canevas de l'ordre de mouvement de demain, après

1. Charles-Nicolas Friant, intendant militaire de la 9e division, avant la guerre (ancienneté du 10 février 1866).

2. Louis de Bigot, chef d'escadron d'état-major, attaché à la 7e division (Besançon) depuis le 13 août 1863.

avoir reçu communication de ses instructions ; il se contenta de m'en faire connaître les grandes lignes et me prescrivit d'aller chez le général Borel[1] avec de Bigot, afin d'y procéder le plus rapidement possible à la rédaction de l'ordre.

D'après sa volonté, le mouvement de retraite devait continuer sur Salins ou, au besoin, sur Pontarlier. Besançon devait être protégé par deux divisions : l'une, du corps Clinchant, sur la rive droite ; l'autre, la meilleure du corps Martineau, sur la rive gauche. La division du corps Clinchant, appelée à ne pas être séparée du reste de l'armée, devait traverser Besançon pendant la nuit, le mouvement général, commencer dès le lendemain matin, afin de ne pas perdre de temps et ne pas consommer inutilement des vivres si nécessaires à la place de Besançon.

Toutes les mesures devaient être prises pour que les routes fussent rendues libres pendant la nuit. Aucune voiture ne devait y stationner. Les hommes devaient prendre le plus de munitions et de vivres possible ; les caissons, les voitures vides, les pièces non susceptibles d'être attelées, être laissées dans le voisinage de Besançon et s'en rapprocher le plus possible ; les bagages, abandonnés au besoin.

Ordre était donné de procéder à toutes les réquisitions nécessaires, afin de ménager le plus possible les ressources emportées dans le sac.

Enfin, le général m'avait recommandé de faire envoyer, par de Bigot[1], un homme du pays, sûr, qui irait à la recherche du XXIVe corps d'armée, avec promesse de recevoir une bonne récompense à son retour.

Pendant nos allées et venues de la chambre du général à la mienne et réciproquement, j'avais été prévenu que le général avait envoyé chercher son revolver qui se trouvait dans ses fontes à l'écurie même. J'avais compris qu'il voulait en finir avec la vie et j'avais recommandé qu'on cachât le revolver et qu'on lui dît qu'il avait été perdu ou volé.

En rentrant encore une fois dans ma chambre avec de Massa[2],

---

1. Colonel d'état-major, chef d'état-major de la garde nationale de la Seine, avant la guerre.

2. Ancien lieutenant du régiment des guides de la garde (17 janvier 1863),

je trouvai le caoutchouc et le revolver du général sur mon lit. Je remis sur-le-champ le revolver à de Massa, en lui recommandant de le cacher chez lui soigneusement. Puis, comme le général m'avait recommandé de hâter le plus possible le travail, je me rendis sur-le-champ chez le général Borel. Le général Bourbaki sortit en même temps que moi ; je m'en préoccupai, mais je ne pus me l'expliquer.

Notre travail chez le général Borel était commencé ; les bases en étaient arrêtées, les dispositions et l'avis relatif au départ s'expédiaient ; il ne restait plus qu'à rédiger l'acte du mouvement proprement dit, c'est-à-dire à indiquer les directions à suivre par chaque colonne.

Je me proposais, vu mon inquiétude, de retourner près du général, et j'en manifestais l'intention, les bases de l'ordre de mouvement étant complètement arrêtées, lorsque le général Borel me dit :

— Je tiens, puisque jusqu'à ce jour le général m'a envoyé ses ordres par écrit, que vous me fassiez connaître aujourd'hui ses intentions dans les mêmes conditions.

J'étais donc resté dans la chambre du général Borel et je rédigeais la note qu'il m'avait demandée.

Tout à coup entre le commandant de Massa qui m'annonce en pleurant que le général s'était tiré un coup de pistolet dans la tête ; il ne peut me dire encore si la blessure était mortelle.

J'accours avec le général Borel. Je trouve le général Bourbaki étendu sur son lit, la figure ensanglantée ; je lui dis en pleurant mon chagrin ; il me répond qu'il m'aime bien aussi, qu'il a pensé à moi en écrivant, quelques instants auparavant, ses dernières volontés ; il ajoute en souriant que le docteur Noguès[1] se trouvait dans sa chambre au moment de l'événement, qu'il y était resté pour le surveiller, et qu'après s'être étendu sur son lit en annonçant l'intention de se reposer, pendant que le docteur se tenait debout devant la cheminée, il avait fermé

---

promu capitaine au 8e chasseurs à cheval, le 18 février 1867, démissionnaire en 1869, et ayant repris du service pendant la guerre de 1870 ; placé à l'état-major de Bourbaki, en qualité de chef d'escadrons.

1. Médecin-major de 1re classe, au 93e de ligne.

les rideaux et, avec mon propre revolver, — à défaut du sien — s'était porté le coup qui devait le tuer.

— Je n'ai point oublié le docteur dans les quelques mots que j'ai laissés, me dit encore le général, j'ai écrit en m'adressant à lui : « Docteur, sans rancune ! »

Le général insista pour que, ni le général Borel, ni moi, ne restions près de lui ; il nous congédia impérativement en nous recommandant de nous occuper le plus promptement possible de l'ordre de mouvement et de l'envoi des diverses expéditions à chaque corps d'armée.

Au moment où nous nous retirions, entrait le docteur Noguès accompagné du docteur Mathis[1], qu'on était allé chercher, sachant combien le général serait heureux d'être soigné par lui.

Je ne fis qu'une apparition chez le général Borel et le priai de me dispenser d'achever le travail que j'avais commencé. Puis je réclamai, en faveur d'Eichtal et de Massa, un ordre de se rendre à Bordeaux, afin d'informer le Gouvernement de l'événement de ce soir. De Massa avait surtout à faire connaître les raisons déterminantes de la résolution du général (nature des dépêches de M. de Freycinet et de celles de ses commandants de corps d'armée, surtout de ceux des XVe et XXIVe corps.

Quant à d'Eichtal, je le chargeai spécialement de se rendre près de Mme Bourbaki, chez Mme Festugière, au château de Ruat, près de Teich[2], et d'annoncer la triste nouvelle à Mme Bourbaki en lui remettant une lettre de moi sur laquelle le docteur Noguès avait ajouté quelques mots.

Tous deux sont partis pour Pontarlier un peu avant minuit.

Pendant ce temps, le général Borel convoquait les commandants de corps d'armée et télégraphiait au ministre de la guerre l'événement survenu, en le priant de désigner le plus promptement possible le successeur du général Bourbaki.

Je ne me suis présenté de nouveau dans la chambre du général que lorsque j'ai pu être en mesure de lui assurer que tous les ordres de mouvement pour demain étaient transmis.

1. Médecin-major de 2e classe attaché à l'hôpital du Gros-Caillou, avant la guerre.

2. Canton de l'arrondissement de Bordeaux (Gironde).

Le général me questionna longuement à ce sujet ; puis il me raconta les circonstances dans lesquelles il avait tenté de se suicider.

Sous l'influence des dépêches de M. de Freycinet, dont le fond et la forme étaient absolument blessants, et qui le poussaient à accomplir une opération *insensée* (celle de la marche sur Dôle, Auxonne, Dijon, Auxerre, Tonnerre et Joigny) que le général Billot, seul, considérait comme possible ; sous l'influence des dépêches de ses commandants de corps d'armée l'informant qu'ils ne pouvaient plus *compter sur leurs troupes ;* sous l'influence d'actes et de mouvements de toute nature dénotant l'exactitude de ces derniers ; sous l'influence de l'abandon, par le XXIVe corps, de tous les points dont la garde lui était confiée, le général, après avoir tenté encore une fois de lutter contre le sort et donné des instructions pour assurer la sécurité de l'armée dans les limites du possible, avait voulu se faire tuer en allant à l'ennemi.

C'est ce qu'il comptait faire ce matin, si le général Billot était arrivé à temps pour engager une action quelque peu sérieuse. Il me rappela qu'il avait voulu exiger de moi que je ne me joignisse pas à lui dans cette circonstance, sous prétexte que j'étais fatigué, que j'avais été privé de sommeil dans ces derniers temps, que j'avais besoin de repos.

— N'ayant pu être assez heureux, me dit le général, pour recevoir une balle dans une circonstance glorieuse, comme mon petit Lucien[1], j'ai voulu en finir autrement avec la vie. C'est alors que je réclamai mon revolver. Quand on me fit connaître qu'il était perdu ou qu'on l'avait volé, je compris qu'on se doutait de mon projet et qu'on voulait s'opposer à son exécution. Je me fis désigner un bon armurier et lui demandai un bon revolver à acheter. Ce dernier ne put m'en promettre un que dans une heure au moins. Je trouvai qu'il valait mieux en finir tout de suite, surtout au point de vue de la promptitude avec laquelle il convenait que les ordres fussent expédiés et qu'une

1. Le fils de Mme Le Breton, sa sœur ; neveu du général Bourbaki ; engagé au 1er voltigeurs de la garde, qui avait été tué à l'attaque du château de Ladonchamps, après le départ du général de Metz.

décision fût prise après ma mort. J'allai dans votre chambre, certain que j'étais de ne pas vous y trouver, puisque je vous avais envoyé travailler à l'état-major général, j'y pris votre revolver et je m'en servis en présence du docteur Noguès, en trompant sa vigilance. Toutes mes mesures étaient prises pour que ma tentative réussît; je m'étais étendu sur mon lit, le bout du canon dirigé sur la tempe droite, sans l'y appliquer, le maintenant au contraire à quelques centimètres de la tempe avec la main gauche pendant que j'agissais sur la détente avec la main droite.

Il est miraculeux que le général ne se soit pas tué dans ces conditions : mon revolver était du calibre de 12 millimètres; la forme cylindro-ogivale de la balle devait faciliter la perforation du crâne. Malgré tout, c'est Dieu qui l'a sauvé, la main gauche a été brûlée par la poudre à la sortie du canon, et le crâne a opposé une résistance telle que la balle s'est aplatie, exactement comme sur une plaque de fonte, en glissant sur une largeur de trois à quatre centimètres vers la partie supérieure jusqu'auprès de la racine des cheveux. C'est en ce dernier point que le docteur Mathis a dû pratiquer l'incision nécessaire pour procéder à l'extraction de la balle.

Quelques instants après, le général avait perdu la mémoire des noms. Après cet instant très court, il n'a pas cessé un seul instant de jouir de la plénitude de ses facultés, il a conservé toute sa présence d'esprit et, à minuit, le général causait très librement avec moi, me questionnant sur toutes les mesures prises pour assurer la retraite de l'armée dans des conditions relativement favorables, me demandant quel serait son successeur, et lorsqu'il m'enjoignit d'aller me reposer, me défendant de rester plus longtemps dans sa chambre, il se préoccupait de tout et de tous, comme s'il avait joui de la plénitude de sa santé, et disait combien il regrettait le chagrin que la nouvelle de sa tentative allait causer à sa chère femme et à tous les siens. Je le quittai bien ému de tout ce que je venais d'entendre, bien triste en songeant à la France, à l'armée.

Voilà le drame dans toute sa crudité, dans toute sa sincérité ; aucun commentaire serait superflu après les pages qu'on vient de lire.

Et maintenant un brave soldat injurié, vilipendé presque chaque jour par un ingénieur qui n'entendait rien aux choses de la guerre ; un chef d'armée que des ignorants poussaient pour le déshonorer devant toute la France à une catastrophe certaine, cet homme avait-il le droit de s'ôter la vie ?... Évidemment non, et cela plus au point de vue militaire qu'au point de vue chrétien.

A cette heure ingrate et terrible, Bourbaki eut un accès de noir désespoir ; la situation lui apparaissait comme pleine de périls ; puis il faut tenir compte de la dépression morale produite à la longue par une série de souffrances qu'on ne trouve nulle part dans l'histoire de France et par l'effroi de l'effondrement qui l'attend ; chef d'armée, il se refusait à se jeter en Suisse. A cette seule pensée, le sentiment de l'honneur se réveilla en lui ; son âme, abreuvée d'émotion, plia sous cette épreuve et une tentative de suicide s'explique, sans que nous ayons à conclure. Dans tous les cas, la Providence a eu pitié de l'homme et de son infortune.

*
* *

Nos lecteurs connaissent la suite de ces déplorables événements. Cette même nuit, arrivait la dépêche relevant Bourbaki de son commandement.

Bordeaux, 26 janvier 1871, 5 h. 56 du soir.

En face de vos hésitations et du manque de confiance que vous manifestez sur la direction d'une entreprise dont nous attendions de si grands résultats, je vous prie de remettre le commandement de l'armée de l'Est au général Clinchant. Jusqu'à ce que cette remise soit efficace vous assurerez, sous votre responsabilité, l'exécution des mesures que commande l'intérêt de l'armée,

Léon GAMBETTA.

Et le 31 janvier, M. de Freycinet y ajoutait un télégramme de condoléance, dont voici la teneur :

C'est avec bonheur que j'apprends par votre aide de camp, M. de Massa, que votre vie est hors de danger.

J'estime en vous, un brave et loyal soldat qui a fait noblement son devoir sur les champs de bataille et il m'eût été extrêmement douloureux de vous voir enlevé à la patrie.

DE FREYCINET.

Il était, ma foi, bien temps.

*
* *

Le général Clinchant remplaça donc Bourbaki, à la tête de l'armée de l'Est, maintint les dispositions prises par son prédécesseur, les seules admissibles dans les circonstances présentes, battit en retraite sur Pontarlier, où il arrivait le 28 janvier.

Le 1er février au soir, cette armée était en Suisse. La cime des Alpes dentelait l'horizon ; leurs neiges éternelles, colorées en rose par les rayons du soleil qui se couchait, resplendissaient doucement et formaient comme une lumineuse ceinture à ce gigantesque amphithéâtre ; un amas de brouillard couvrait le lac de Genève, et c'est à peine si nos soldats, en franchissant les frontières de l'Helvétie, pouvaient distinguer la plaine à de vertigineuses profondeurs.

La Suisse, le Rüth, quelle antithèse après la sombre guerre qui nous était faite par un peuple âpre à la curée !

L'âme se reposait enfin devant cet étincelant paysage qui avait comme une irradiation de tranquillité et de paix. Car, comme le dit Schiller, dans sa poésie de *Guillaume Tell :*

Là, ne fleurit aucun printemps,
Là ne verdit aucun gazon,
Sous les pieds, une mer de brume,
Le chasseur ne reconnait plus la cité des hommes,
Et seulement à travers les déchirures de ces arbres,
Il voit le monde,
Et profondément, en bas la campagne verdoyante.

* * *

Encore quelques mots, avant de clore le récit des derniers efforts tentés par Bourbaki pour sauver son armée. Le délégué à la guerre (M. de Freycinet) voulait absolument que l'on marchât sur Auxonne. Ce plan était inadmissible. Que nos lecteurs consultent la carte et veuillent bien nous suivre. Pour exécuter une marche de cette nature, en face d'un ennemi qui nous épiait, il fallait marcher entre deux rivières (l'Oignon et le Doubs) occupées par l'ennemi, s'enfoncer dans le cul-de-sac formé par les deux rivières, se laisser attaquer sur les deux flancs, puis sur les derrières, au fur et à mesure qu'on se serait porté en avant. En opérant ainsi, on combattait l'ennemi, la Saône à dos et un seul et unique point de passage. Auxonne ! C'était aller au-devant d'un désastre certain, à la suite duquel hommes et matériel auraient été infailliblement sacrifiés.

Au lieu de cela, Bourbaki voulait gagner Salins et subsidiairement Pontarlier, pour tirer ses approvisionnements de la Suisse, directement ou en transit. De là, il aurait cherché à gagner Lyon, s'il en était temps encore, en descendant l'Ain sur la rive gauche.

De ces deux projets, lequel était le plus rationnel, le plus sensé, le mieux approprié aux circonstances dans lesquelles se trouvait l'armée de l'Est ? N'était-ce pas le second ?

CHAPITRE VIII

BOURBAKI APRÈS LA GUERRE

(1871-1883).

Après sa blessure, le général Bourbaki rentra à Besançon ; il y resta jusqu'au 20 février ; puis il se rendit à Lyon, d'où il repartait quelques jours après pour les Angevinières (commune de Saint-Loup, canton de Grès-en-Bouerre [Mayenne]). Il y acheva sa convalescence. C'est là que nous le trouvons en juin 1871, lorsque le Président de la République, qui était alors M. Thiers, sonda Bourbaki pour lui offrir le commandement du VIe corps d'armée, à Lyon, en lui laissant le *lieutenant-colonel Leperche,* soit comme aide de camp, soit comme sous-chef d'état-major, à son choix.

Cette nomination était la plus belle réparation qu'on pût lui accorder après la manière dont il avait été traité pendant son commandement à l'armée de l'Est. Il va sans dire que Bourbaki accepta, et le 3 juillet suivant, l'éminent général recevait la lettre de service, l'investissant du commandement du VIe corps[1] et du gouvernement militaire de Lyon.

En 1871, à la suite de nos désastres, une tâche s'imposait dans l'armée et dans le pays à tous les échelons de notre hiérarchie militaire et sociale. Le savant historien que la France appelait à sa tête et que l'Assemblée nationale docile

---

1. Devenu plus tard le XIVe.

mettait au pouvoir, était-il bien réellement le sauveur désiré? Il s'était fait bien voir du pays honnête, sous la seconde République, en 1848, alors que sous le coup d'événements, révolutionnaires, il s'était rapproché des conservateurs, pour défendre et raffermir la société dans ses bases essentielles. Plus tard, de 1860 à 1870, il avait tenu à l'Assemblée plus que des discours prophétiques. Pendant la guerre, à Tours comme à Bordeaux, ses démarches dans les cours européennes avaient prouvé, jusqu'à un certain point, qu'il songeait bien plus à la France qu'à son ambition personnelle.

On ne pouvait nier sa merveilleuse intelligence. Il voyait clair en bien des circonstances et souvent son premier mouvement était le bon. Ainsi, comme il devait nommer un ministre de la guerre, au mois de mai 1871, il chercha la meilleure tête et la main la plus ferme, et ce fut le général Desvaux auquel il s'adressa. Celui-ci répondit à M. Thiers que le désordre d'en bas avait pour cause principale l'anarchie d'en haut, et que son devoir ne lui permettait pas d'accepter, dans ces conditions, la tâche difficile d'une réorganisation, à moins qu'on ne l'autorisât à déférer aux conseils de guerre tous les chefs qui, publiquement, avaient forligné.

Faire des exemples et suivre une seule ligne ; c'est là précisément ce qui répugnait au caractère de notre premier Président qui, à défaut du général Desvaux, prit le général de Cissey, dont les états de service étaient superbes. Le programme de réformes du nouveau ministre de la guerre, sa compétence dans toutes les questions militaires, sa brillante participation à toutes les guerres du second Empire : tout, sur ce point, justifiait le choix de M. Thiers.

Le général de Cissey eut la bonne fortune de signer le brevet de nomination du général Bourbaki, lequel, pendant huit ans, va se consacrer à l'organisation du beau corps d'armée que le gouvernement veut bien lui confier.

Le vrai soldat ne fait pas de politique. Il sert son pays, quelle que soit la main qui tient le drapeau de la nation. Ne nous laissons donc pas entraîner vers la terre ; élevons-nous au contraire assez haut, pour ne pas entendre les erreurs et les bruits d'en bas.

Une seule force est nécessaire pour bien défendre sa patrie : *le mépris de la mort.*

Écoutons ce que dit à ce sujet un grand orateur chrétien, le R. P. Lacordaire. « Tant que la conviction de la justice ne va pas jusqu'au mépris de la mort, il n'y a rien à espérer de l'homme dans les grandes occasions. Une menace suffira pour vaincre ses scrupules : il flottera sans caractère à la merci des événements, et si l'histoire le connaît, elle ne connaîtra que sa honte. *C'est le mépris de la mort qui fait le soldat ;* qui crée le citoyen ; qui donne au magistrat sa toge ; au prince sa sauvegarde dans les périls. »

*
* *

On se rappelle les raisons qui motivèrent, en 1873, le remplacement de M. Thiers par le maréchal de Mac-Mahon. Nous ne ferons pas ici cette histoire qu'on peut lire dans tous les journaux de l'époque, mais surtout dans la brochure si documentée d'Ernest Daudet et intitulée : *Souvenirs de la présidence du maréchal de Mac-Mahon.*

Appelé au pouvoir par la majorité de l'Assemblée nationale, comme à un poste de défense sociale ; arraché brusquement à la vie des camps, le maréchal n'était pas façonné à cette éducation politique qui fait, de chaque politicien, un loup-cervier voulant détruire ce qui existe pour y mettre des gens de son parti, au détriment de la bonne direction des affaires et de l'administration du pays. Trois ans après, il était en pleine crise.

C'était au mois de janvier 1879. Il s'agissait de remplacer le ministre de la guerre, général Borel, contre lequel il n'y avait d'autre grief que celui de ne pouvoir occuper la tribune. Deux candidats étaient en présence : le général Gresley [1], l'ami personnel du maréchal, et le général Farre, un inconnu patronné par le chef du cabinet, qui était alors Gambetta. Mac-Mahon, qui tenait de la Constitution le droit de choisir ses ministres, se prononça pour le premier, et l'ayant fait appeler, lui dit avec cette familiarité qu'explique une ancienne camaraderie.

— Mon vieux Gresley, je suis dans la nasse, voulez-vous vous y mettre avec moi ? Prenez le ministère de la guerre.

— Volontiers, Monsieur le maréchal, répondit le général Gresley, mais à une condition. Je ne veux pas frapper de vieux officiers dont les uns m'ont commandé, dont les autres ont servi sous mes ordres. J'entends donc que la question des grands commandements soit réservée.

Le maréchal approuva cette réserve, qui donnait satisfaction à ses propres sentiments, et le lendemain, il annonçait au cabinet le choix qu'il avait fait dans la personne du général Gresley. Quelques-uns des ministres se récrièrent et insistèrent pour qu'il nommât le général Farre.

— Comment ! répondit le maréchal, je vous propose un ministre de la guerre républicain, car le général Gresley est des vôtres, et vous n'êtes pas satisfaits. Sa capacité est hors de doute ; je le connais depuis longtemps, et nous nous entendrons vite sur les questions spéciales qu'il aura à me

1. Le général Gresley était, avant la guerre, colonel d'état-major, chef du bureau politique d'Alger.

soumettre, tandis que le général Farre n'a jamais exercé de grand commandement; il constituerait pour moi une véritable gêne. En cette circonstance, vous me permettrez bien, j'espère, de donner la préférence à un de mes amis qui est aussi des vôtres.

Ces raisons ne soulevèrent aucune objection sérieuse, et le général Gresley fut nommé ministre de la guerre, à la date du 30 décembre 1878.

Moins d'un mois après, le 28 janvier 1879, le nouveau ministre de la guerre prenait l'initiative d'une mesure qui frappait dix généraux, en déplaçait cinq pour les replacer ailleurs, en mettait cinq en disponibilité : les généraux de Lartigue, Bataille,[1] Bourbaki, de Montaudon[2] et du Barail[3], et provoquait la crise qui se dénoua en mai, par la chute du maréchal.

Rien de plus douloureusement surprenant que ce changement de front du général Gresley.

— Voilà des changements que je ne saurais approuver, s'écria le maréchal avec vivacité, en arrachant des mains de son ministre de la guerre la liste de révocation de certains commandants de corps d'armée qu'il lui proposait. Les généraux que vous voulez frapper ont été, aux termes de la loi, nommés pour trois ans, et, à l'expiration de ce délai, maintenus pour une nouvelle période de trois ans. Cette période touchera à son terme dans quelques mois, nous verrons alors ce qu'il y aura lieu de faire ; mais aujourd'hui, ces braves gens sont couverts par la loi, et je me refuse à les révoquer.

— Mais, Monsieur le maréchal, observa le ministre de la

1. Général de division du 12 août 1866.
2. Général de division du 16 décembre 1869.
3. Général de division du 23 mars 1870.

guerre, dans la pensée du conseil, le fait du maintien des généraux dans leurs commandements, à l'expiration des premiers trois ans, n'implique nullement pour eux le droit de courir une nouvelle carrière d'une égale durée.

— C'est qu'alors, répondit le maréchal, nous n'avons pas la même manière de voir et d'interpréter la loi. Pour moi, le terme légal des commandements dont vous voulez abréger la durée, n'expire que dans cinq ou six mois ; je ne signerai jamais un décret qui constitue à mon sens une illégalité, une injustice. Je veux bien vous céder Lartigue et Montaudon ; ils sont malades et demandent à se retirer. Mais pour les autres, il n'y a pas péril en la demeure, je ne peux et ne dois pas consentir à frapper de braves officiers, de vaillants soldats, mes compagnons d'armes.

Et se reprenant avec force :

— Qu'on me fasse connaître les causes qui les signalent à vos rigueurs, et si je suis convaincu de leur indignité, je souscrirai à la disgrâce qu'on veut leur faire subir. Mais s'il s'agit de donner satisfaction à des passions que je désapprouve et que je déplore, je ne les sacrifierai pas ; qu'un autre fasse la besogne ; moi, je préfère me retirer. La Constitution me confie le commandement de l'armée, et je ne veux pas la laisser désorganiser. Ce serait commencer la désorganisation que de frapper des généraux que j'estime, que j'aime et qui n'ont pas démérité. Qu'a fait Bourbaki ?.. Qu'a fait Bataille ?... Qu'a fait du Barail ?... Pas plus que vous, je ne veux de politique dans l'armée. En deux circonstances, je l'ai prouvé : d'abord, en retirant son commandement à l'amiral La Roncière Le Nourry ; ensuite, en révoquant mon vieil ami Ducrot. Qu'on m'indique contre ceux dont vous me demandez la mise en disponibilité des actes répréhensibles et je signerai ; sinon, non. Je suis responsable de l'armée devant le pays, et je n'obéirai pas, en ce qui la concerne, aux injonctions des journaux. Destituez des magistrats et des préfets, soit; mais des généraux, non, je m'en irai plutôt que d'y consentir. Si je suis resté au pouvoir jusqu'à ce jour; si depuis un an, j'ai consenti à avaler tant de couleuvres, c'est uniquement pour protéger l'armée. Si je l'abandonnais aujourd'hui, si je faisais une chose que je considère comme attentoire à ses intérêts, à ceux du pays, je me croirais déshonoré, je n'oserais plus embrasser mes enfants.

Le maréchal de Mac-Mahon avait dit tout cela d'un accent triste, mais tout d'une haleine. Sa résolution était inébranlable.

Cinq jours après, le congrès parlementaire se réunissait à Versailles, et le 30 janvier 1879, le duc de Magenta cédait la place à celui que l'on nommait déjà l'austère Grévy.

*
* *

Il fallait ce changement pour que la question des grands commandements militaires revînt sur le tapis. Elle revint en effet, et dès le mois de février 1879, Bourbaki fut une des premières victimes du nouveau cabinet, qui le releva de son commandement et le mit en disponibilité.

Voici à cette occasion, son ordre du jour, daté du 12 février 1879.

GOUVERNEMENT MILITAIRE DE LYON ET DU XIVe CORPS D'ARMÉE

ORDRE GÉNÉRAL.

Officiers, sous-officiers et soldats!

Le Gouvernement a jugé utile de me remplacer.

Notre séparation me coûte les regrets les plus vifs. Retenu à

Paris, comme membre de la commission de classement [1], je ne puis aller vous dire adieu.

Après huit années de commandement, j'ai la satisfaction de laisser le gouvernement militaire de Lyon et le XIVe corps d'armée dans les meilleures conditions, sous tous les rapports.

Ce résultat, je le dois à vos efforts constants et dévoués, au zèle dont vous n'avez cessé de faire preuve à tous les degrés de la hiérarchie.

Je vous en remercie de tout cœur.

Imbus du sentiment du devoir, animés de l'esprit de discipline, sans lequel une armée est indigne de ce nom ; pleins de respect pour vos chefs, qui savent vous donner l'exemple en toutes circonstances ; oublieux de vous-même, dès qu'il s'agit de l'accomplissement de vos obligations, c'est avec fierté que je vous laisse tels à mon successeur, et que je me porte garant de vos solides qualités.

Aimez notre chère France, comme vous avez appris à l'aimer, à l'ombre du drapeau. N'oubliez pas que ceux-là seuls peuvent se dire animés de l'amour de la patrie, qui sont toujours prêts à verser leur sang pour elle !

Si un jour, elle est menacée, et si Dieu me conserve tel que je suis aujourd'hui, soyez assurés, dans quelque position que ce soit, de me voir accourir au milieu de vous.

Au quartier général, à Lyon, le 12 février 1879.

Le Général de division, gouverneur militaire de Lyon, commandant le XIVe corps d'armée,

Ch. BOURBAKI.

A la suite de cette mise en disponibilité, les habitants de Lyon se réunirent, se cotisèrent pour offrir au général une réduction du *Gloria victis,* du sculpteur Mercié, avec l'adresse suivante qui l'accompagnait :

1. Bourbaki faisait, en outre, partie du *comité de défense* depuis le 23 mai 1876.

Gloria victis, oui, mon général, gloire aux vaincus. Nulle expression ne saurait mieux vous dire le sentiment triste des Lyonnais qui vous offrent, à l'occasion de votre départ, l'expression de leur souvenir.

Mêlé depuis huit ans, à notre vie, nous vous avons connu, simple, énergique et bon, et la grande ville, rassurée par le caractère de son gouverneur, se reposait confiante dans sa ferme autorité.

Elle ne saurait oublier non plus votre aimable et digne compagne, dont le noble cœur attirait notre unanime affection, tandis que les malheureux la vénéraient pour son inépuisable charité.

En présence de la mesure qui vous atteint, nous aurions pu donner un libre cours à nos sentiments, en faisant appel à l'opinion publique par la presse ; couvrir ce livre de noms de tous vos amis inconnus et de vos amis si nombreux à Lyon, où jamais homme ne fut plus populaire que le légendaire et glorieux Bourbaki.

Mais votre grand exemple nous a imposé le silence. Vous vous êtes incliné sans rien dire, respectueux avant tout de cette discipline militaire qui fut la constante loi de votre longue carrière d'abnégation, de sacrifice et de dévouement à la patrie.

Adieu, général.

Vos officiers, anciens compagnons des jours de triomphe et d'infortune ; vos soldats que vous avez formés dans le culte du devoir et du drapeau, pour assurer au pays un plus sûr avenir, ne peuvent pas, comme nous, vous apporter ici leurs regrets et leurs sympathies ; mais votre départ, nous n'en doutons pas, les réunit avec nous, dans la même et triste pensée ; car ce n'est pas seulement un ami qu'on nous enlève aujourd'hui : l'armée perd en vous une de ses gloires les plus pures, un de ses chefs les plus aimés.

Qu'avait donc fait le général Bourbaki, pour qu'une mesure draconienne aussi vexatoire le frappât, à l'âge de 63 ans, dans la plénitude de ses facultés physiques et intellectuelles ?... Rien.

Les rancunes politiques furent seules cause de son départ de Lyon.

*
* *

Le maréchal de Mac-Mahon avait dit un jour à M. Dufaure, son président du conseil : « Le général Farre, que vous me proposez pour ministre de la guerre, m'est personnellement inconnu. Certes, je ne demande pas mieux que de lui donner un commandement de corps d'armée et de lui prouver que je ne nourris aucun parti pris contre lui ; mais tant qu'il n'aura pas prouvé sa valeur comme chef militaire, vous me permettrez bien d'avoir quelques scrupules. Sa nomination pourrait être mal vue dans l'armée. »

Or, se rappelle-t-on le général de division qui remplaça Bourbaki dans le commandement du XIVe corps? Ce fut précisément ce général Farre, qui, en 1870, allait atteindre sa soixantième année et être mis à la retraite comme colonel du génie; celui-là précisément qui lui avait succédé dans le commandement de l'armée du Nord. On destitua un homme de guerre, d'une valeur incontestable, pour mettre à sa place un politicien plus engoué de la haute position qu'il occupait que de son métier. Farre maintint cependant dans ses fonctions de chef d'état-major le brave colonel Leperche qui, dès cette époque, commença à être mêlé à la politique, sans qu'il s'en doutât, au sujet d'une messe dite à Lyon, à l'église Saint-Nizier, en l'honneur du prince impérial, tué en 1879 dans le Zoulouland, et à laquelle il assistait le 12 juillet 1879.

Nul ne fut plus surpris que l'honorable colonel du bruit qui se fit alors autour de son nom, pour un acte qu'il avait accompli simplement, sans arrière-pensée et par pure reconnaissance envers une famille malheureuse à laquelle il devait sa position, dans les circonstances que nous allons faire connaître. Toute la presse de Lyon, puis toute celle de Paris, s'escrimèrent contre le chef d'état-major du gouverneur général de Lyon « qui avait osé venir, en grande tenue, dans une église où le clergé était reconnu comme un des plus hostiles à la forme républicaine. » La presse radicale alla même jusqu'à demander contre Leperche une punition disciplinaire exemplaire.

Invité par le général Farre à s'expliquer sur les polémiques dont il était l'objet, Leperche lui adressa la lettre suivante, que toute la presse conservatrice a reproduite et que nous donnons à notre tour *in extenso*.

Lyon, 15 juillet 1879.

Mon général,

Vous m'avez fait l'honneur de m'inviter à vous faire connaître les conditions dans lesquelles j'ai assisté au service funèbre, célébré à l'église Saint-Nizier, le samedi 12 du courant; j'ai l'honneur de vous les exposer comme il suit :

C'est par hasard que j'ai été informé de cette cérémonie en jetant les yeux sur le journal *le Salut public* qui, dans son numéro du mardi, 8 courant, confirmait l'entrefilet suivant : *Une messe pour le repos de l'âme de S. A. le prince impérial, sera célébrée en l'église Saint-Nizier le samedi 12 juillet, jour où auront lieu les obsèques de Son Altesse.*

Cette cérémonie, toute de deuil, n'est point une manifestation politique, mais un hommage religieux rendu au prince français chrétien et vaillant, mort glorieusement sur le champ de bataille.

La teneur de cette communication, la place modeste qui lui était attribuée dans le journal, l'absence d'invitation et de tout autre publicité, m'ont autorisé à penser que *la politique serait entièrement écartée de la cérémonie.*

Ce sont d'ailleurs les incidents qui l'ont suivie ; *incidents dont je ne cherche ni l'origine, ni les auteurs et dont je n'ai pas été témoin*, qui lui ont enlevé de fait son véritable caractère.

Imbu du sentiment du devoir, je me suis abstenu, en 1873[1], d'assister à un service funèbre célébré à Lyon, à la mémoire de Napoléon III, uniquement parce que l'empereur laissait un héritier direct et que ma présence aurait pu être mal interprétée.

Aujourd'hui, les conditions ne sont plus les mêmes, le prince impérial n'est plus et l'impératrice cesse, par ce fait, de pouvoir exercer une action politique quelconque ; je me trouve dès lors en présence d'une mort survenue dans les circonstances les plus tragiques et d'une mère appelée à subir, après de grandes et nombreuses épreuves, la plus cruelle de toutes : la perte d'un fils unique de vingt-trois ans ; j'ai pensé qu'il me serait permis d'obéir aux élans de mon cœur ; j'ai tenu à donner un souvenir au fils, un témoignage de respectueuse sympathie à la mère.

Pendant ma carrière, j'ai fait partie de la garde impériale, à trois reprises différentes : la première fois, en qualité de stagiaire aux dragons de l'impératrice[2] ; la deuxième, comme aide de camp du général commandant la division des voltigeurs de la garde[3] ; la troisième pendant la campagne de 1870, comme aide de camp du général commandant en chef la garde impériale.

En outre, à ma sortie de l'école spéciale militaire, en 1852[4], j'ai reçu des mains du prince Louis Napoléon, une paire de pistolets et aussitôt après le départ du prince, qui était venu visiter le bataillon de Saint-Cyr, j'ai été informé qu'une somme de cinq cents francs était mise à ma disposition.

Voici l'emploi qu'il m'a été donné d'en faire :

A ma sortie du collège royal militaire, aujourd'hui le prytanée de La Flèche, en 1850, le conseil municipal de la petite ville qu'habitaient mes parents, appelé à se prononcer sur l'opportu-

---

1. Napoléon III mourait en effet à Chislehurst, en 1873 ; à l'occasion de ses funérailles, le ministre de la guerre autorisa un certain nombre d'officiers à se rendre en Angleterre. Ni Bourbaki, ni Leperche n'assistèrent à la cérémonie.

2. En 1858, comme capitaine d'état-major stagiaire.

3. Général Bourbaki, de 1866 à 1870.

4. Promotion de Kabylie. Leperche y avait obtenu le n° 1 d'entrée à Saint-Cyr.

nité de me continuer à Saint-Cyr, la bourse entière que j'avais à La Flèche, émit un avis défavorable. Et cependant, il connaissait parfaitement l'absence totale de fortune de ma famille; il savait que mon père était un ancien soldat de la garde impériale retraité pour blessure reçue à l'ennemi, pendant la campagne de 1813. Je n'obtins qu'une demi-bourse.

Sur ces entrefaites, mon père tomba gravement malade et les soins qui lui étaient indispensables ne permirent pas à mes parents, aux prix même des plus grandes privations, d'acquitter le montant de la demi-pension correspondant à ma première année d'étude.

J'obtins la bourse entière pour ma seconde année, sur la proposition du conseil d'administration de l'école; mais il restait toujours à payer la demi-pension de la première.

Ce sont les cinq cents francs du prince Louis Napoléon qui m'ont permis d'exonérer mes parents du trop lourd engagement qu'ils avaient contracté pour moi.

En me notifiant l'acte de munificence du prince, le général Alexandre, qui commandait l'école de Saint-Cyr à cette époque, m'écrivait qu'il lui avait donné l'assurance que ce bienfait toucherait un cœur reconnaissant.

Ma présence au service du 12 juillet dernier n'a pas eu d'autre but que de prouver que je faisais toujours honneur à la parole du général Alexandre.

Veuillez agréer, etc...

Le Colonel chef d'état-major général
du XIVe corps d'armée,

LEPERCHE.

Cette lettre, qui fait le plus grand honneur à son auteur, se passe de commentaire.

Les polémiques de la presse n'en devinrent pas moins de plus en plus aiguës. De part et d'autre, on se battit sur le dos du chef d'état-major général; et le ministre de la guerre, écoutant les criailleries de la gauche de l'Assemblée, mit

Leperche en disponibilité par mesure de discipline. Il se soumit à l'arrêt qui le frappait et alla rejoindre à Paris le général Bourbaki.

Onze mois après, le 15 mai 1880, le colonel était replacé dans le cadre d'activité et placé à la tête du 89e régiment d'infanterie, par l'application de la loi du 20 mars 1880, sur l'état-major.

*
* *

Sur ces entrefaites, le général Farre devenait ministre de la guerre ; une nouvelle disgrâce était imminente pour Bourbaki, qui fut mis dans le cadre de réserve dès qu'il eut attteint ses soixante-cinq ans, c'est-à-dire le 22 avril 1881.

Cette mesure était contraire aux précédents, à l'esprit de la loi du 13 mars 1875, dont l'article 8 est ainsi conçu :

« Peuvent être maintenus, sans limite d'âge, dans la première section du cadre de l'état-major général et pourvus d'emplois en temps de paix jusqu'à l'âge de soixante-dix ans, les généraux de division qui, munis de lettres de commandement, auront rendu des services éminents *en exerçant avec distinction, devant l'ennemi,* l'une des fonctions ci-après désignées :

« 1° Commandant en chef d'une armée composée de plusieurs corps d'armée ;

« 2° Commandant en chef d'un corps d'armée composé de plusieurs divisions. »

Or, Bourbaki avait commandé sous Metz le corps d'armée de la garde, composé de deux divisions d'infanterie et d'une de cavalerie ; puis l'armée de l'Est, formée des XVe, XVIIIe, XXe et XXIVe corps. Il était donc doublement dans les conditions de la loi. Mais que leur importait la loi, à nos puissants du jour ? En ergotant bien, on trouve toujours un point sur lequel il est permis de s'appuyer pour passer outre.

Le général Farre le comprit, et la lettre qu'il écrivit à ce sujet au général Bourbaki contient l'éloge de l'homme et, en même temps, la critique la plus sévère de la mesure qui le frappait.

MINISTÈRE DE LA GUERRE

Cabinet du Ministre.

Paris, le 20 avril 1881.

J'ai soumis au conseil des ministres, conformément à l'article 8 de la loi du 13 mars 1875, votre demande d'être maintenu sans limite d'âge, dans la première section de l'état-major général.

Je me suis appliqué à faire ressortir les services éminents que vous avez rendus, en exerçant successivement le commandement d'un corps d'armée sous Metz et celui d'une armée du gouvernement de la Défense nationale, dans les circonstances les plus dificiles.

J'aurais été heureux, de voir couronner, par cette distinction, votre carrière si bien remplie, après 24 années de grade de général de division ; aussi est-ce avec un très vif regret que je suis obligé de vous faire connaître que la décision du conseil des ministres n'a pas été conforme à mon désir.

Je ne veux pas toutefois vous laisser quitter la première section du cadre de l'état-major général, sans vous remercier au nom de l'armée et du pays, pour les services que vous avez rendus pendant quarante-sept années consécutives.

Cette longue carrière a été bien remplie. Vous avez pris une part glorieuse à toutes les luttes de l'armée française en Afrique, en Crimée, en Italie ; vous avez donné de nouvelles preuves d'abnégation et de dévouement, pendant la dernière guerre.

Ce sont là des titres ineffaçables. Ils vous donnent une place à part dans nos annales militaires, comme dans le souvenir de tous ceux qui vous ont connu.

Le Ministre de la guerre,

FARRE.

Le lendemain, le maréchal Canrobert écrivait à Bourbaki cette belle lettre, que nous ne saurions passer sous silence :

Mon cher Bourbaki,

En lisant ce matin à l'*Officiel* votre mise dans le cadre de réserve, j'ai besoin de faire appel à toute ma philosophie d'honnête soldat, et au souvenir du traitement que la république d'Athènes infligea à Miltiade, à Aristide et à Thémistocle !!!

Inutile de vous parler de mon chagrin et de mon indignation ; mais j'espère fermement que vous n'avez dit qu'au revoir à cette armée française, dont vous avez été et serez toujours un des plus glorieux et des plus aimés chefs.

Votre vieux camarade et ami sincère,

Maréchal CANROBERT.

En lui enlevant Bourbaki, on décapitait l'armée. Aucun peuple n'a certainement sur cette terre un patrimoine plus riche en gloires militaires que le peuple français. Pourquoi donc faut-il que nos querelles politiques entretiennent parmi nous la haine de certains noms ? Ce serait cependant en étouffant en nous le germe de nos ambitions personnelles, que nous serions toujours la grande nation.

Si nous voulons nous montrer dignes des Turenne, des Vauban et de ces enfants du peuple qui, en compagnie de Desaix et de Kléber, firent courber la tête aux armées ennemies, soyons patriotes avant tout. *La patrie*, seule, crée la dignité humaine, fait battre les cœurs, élève les âmes et conserve l'honneur.

*
* *

Cette seconde disgrâce fut un des chagrins du vaillant Bourbaki. Il sut se taire et rechercher, dans une retraite honorable, la paix du cœur et de l'esprit. Le découragement ne vint pour lui que lorsqu'il apprit la mort du colonel Leperche, qui succombait, le 1er juin 1883, à l'hôpital Saint-Martin, des suites d'une pneumonie contractée en allant chercher, l'hiver précédent, à la porte de Pantin, un contingent de recrues qui lui arrivait du dépôt.

Leperche n'avait ni parents, ni proches. Les lettres de faire part furent faites au nom du général Bourbaki, du corps des officiers du 89e et des membres du comité de l'Association amicale des anciens élèves de La Flèche, dont il faisait partie depuis 1880, date de sa fondation.

Ses funérailles eurent lieu le 4 juin à l'église Saint-Augustin. Assistance d'élite, mais surtout assistance d'amis : une quarantaine d'officiers généraux en tenue ou en bourgeois; plus de deux cents fléchois et tout le 89e, son régiment, en armes et drapeau en tête. Le colonel Leperche recevait donc les honneurs, que beaucoup de généraux eussent enviés, malgré lui et par une force supérieure qui le sortait de l'obscurité dans laquelle il s'était constamment tenu.

C'est que l'armée perdait dans le colonel Leperche un de ces héros taillés à l'antique et tels que nos temps en comptent de moins en moins. Nous n'entreprendrons pas le récit de ces magnifiques funérailles auxquelles nous avons regardé comme un devoir de nous mêler, d'abord comme admirateur passionné de toutes nos grandes gloires militaires, mais aussi, et par un lien plus intime, comme ancien condisciple et membre, obscur mais dévoué, de cette belle association fraternelle qui fait revivre et perpétuer les nobles sentiments de la camaraderie d'école.

La vaste enceinte de Saint-Augustin était trop étroite pour contenir la foule émue et recueillie qui se pressait à ce suprême témoignage de respect et d'affection.

Citons quelques noms au hasard : *les généraux* Bourbaki, parrain du défunt; Thibaudin, ministre de la guerre; Lecointe, gouverneur de Paris; Haca, Cambriels, Campenon, Saget, Lechesne, du Barail, de Brécourt, Fabre, Grandin, Boulanger, Tissier, Charcyron, Thomas, commandant la place de Paris;

Les intendants militaires Lemaître, Garric, Accary, La Rouvière... Le commandant Grandin...

Derrière ces illustrations de l'armée, et mélangés à une foule d'officiers de tous grades, venaient des civils en grand nombre, et ce n'était pas une des moindres surprises que de voir tout ce monde autour de la dépouille d'un soldat dont la vie avait été faite de modestie et d'obscurité voulues, au point de vue des relations mondaines. Et, dans la foule, que de pauvres gens qui avaient les larmes aux yeux; que d'indigents se pressaient aux portes de l'église, à la porte du quartier de la Pépinière, occupé par le 89e et dont la salle de la bibliothèque des officiers avait été transformée en chapelle ardente.

Le cortège de la caserne à l'église était imposant. Ce furent des soldats du 89e qui portèrent le cercueil de leur regretté colonel; en tête, les tambours et clairons, la musique, le 1er bataillon; puis le lieutenant-colonel Guinard; le corbillard portant la tunique, le shako, l'épée et les décorations du défunt: croix de commandeur de la Légion d'honneur et des ordres de Léopold de Belgique, de Saint-Benoît d'Azis du Portugal, de l'Épée de Suède; officier de la Couronne de fer d'Autriche; médailles de Crimée, d'Italie et de l'ordre du Mérite militaire de Savoie; puis venaient le cheval de bataille, six religieuses de l'hôpital Saint-Martin; les enfants de troupe du 89e portant les nombreuses couronnes envoyées de toutes parts: Association amicale des anciens élèves de La Flèche, Union musicale de Saint-Denis, et une troisième bien modeste portant cette inscription : *A mon parrain.*

Derrière le cercueil et conduisant le deuil : le général Bourbaki, ayant à sa droite le président de l'Association fléchoise, M. de l'Écluse, riche négociant de Paris ; à sa gauche M. d'Ocagne, exécuteur testamentaire et ami du défunt.

Les deux derniers bataillons du 89e fermaient la marche.

Le service funèbre a été dit par le premier vicaire de la paroisse Saint-Augustin, l'absoute donnée par le curé ; la musique exécuta plusieurs morceaux sacrés pendant la durée de l'office.

A la sortie de l'église, deux discours ont été prononcés : l'un, fort simple, mais sincère et vrai, par le général Haca[1], au nom de la division dont le régiment de Leperche faisait partie ; l'autre, par le général Bourbaki. Ce dernier seul nous intéresse dans ce livre ; en voici le texte :

Messieurs,

C'est avec une profonde douleur et avec une émotion que vous comprendrez, que je viens dire un dernier adieu au colonel Leperche.

Il a été mon aide de camp pendant vingt ans et mon ami, toute sa vie.

Un lien plus intime m'unissait encore au colonel, je l'avais tenu sur les fonts du baptême. Je devais croire que ce serait bien plutôt lui qui me conduirait au champ de l'éternel repos.

Il est mort cependant avant moi ; Dieu n'a pas voulu m'épargner cette cruelle douleur.

Je ne veux pas parler ni de ses diverses promotions, ni de ses glorieuses blessures, ni de ses citations à l'ordre de l'armée ; ni enfin de ses éclatants services, pas plus que je ne veux récriminer sur des faits qui ont pu lui faire douter de la justice de son pays.

Ce que je tiens à proclamer bien haut, certain d'être l'inter-

1. François-Auguste-Florimond Haca, ancien élève du collège royal militaire de La Flèche (1831-1839) ; général de division du 19 février 1880 ; mis à la retraite le 6 février 1886 ; décédé en juillet 1897.

prète fidèle de vos sentiments, c'est que la France perd dans le colonel Leperche, un de ses enfants les meilleurs et des plus sincères patriotes; l'armée un de ses colonels les plus vaillants et les plus capables.

Son existence tout entière, dans la paix comme dans la guerre, a été uniquement consacrée au bien du service et à l'accomplissement de tous ses devoirs de soldat; il leur a toujours sacrifié les plaisirs, les distractions, aussi bien que ses intérêts et sa santé.

Officiers, sous-officiers et soldats du 89e,

Vous n'oublierez jamais votre brave colonel Leperche; si parfois il était exigeant; c'est qu'il vous désirait parfaits en toutes choses. Il était d'ailleurs lui-même toujours à la peine, vous encourageant par son exemple et sans cesse occupé et préoccupé de son beau régiment.

Que de fois, soldats, ne l'avez-vous pas vu au chevet de votre lit d'hôpital, visitant ses chers enfants malades, et vous apportant, comme le plus tendre des pères, les douceurs permises par les médecins.

Non! vous n'oublierez pas votre cher colonel; vous resterez dignes de lui, en conservant précieusement les sentiments d'amour de la patrie, d'honneur et d'abnégation qu'il a si bien pratiqués sous vos yeux.

Quant à nous, ses amis, nous garderons fidèlement sa mémoire, sachant trop combien il est rare en ce monde de rencontrer de pareils cœurs, tant de loyauté unie à tant d'inébranlable fermeté dans l'affection.

Messieurs,

Je crois que les âmes comme celle du colonel Leperche sont recueillies par Dieu, et que ceux qui suivront ses traces et imiteront son exemple, le rejoindront dans une autre vie; celle qu'il réserve à ses élus.

Ce n'est donc pas adieu que nous vous disons, mon cher ami, mais *au revoir, dans un monde meilleur.*

*
* *

Par une douce et pieuse pensée qui le peint tout entier, alors que le vide de la famille s'était fait autour de lui, Leperche, en s'anéantissant dans le dernier sommeil, a voulu le dormir auprès de sa mère, à Château-du-Loir, où une députation de son régiment (le commandant Urion, le capitaine Baussan, le lieutenant Michaux-Bellair et le sous-lieutenant Dianous de la Pérotine) et un délégué des anciens fléchois l'ont accompagné. Quelques amis suivaient aussi, parmi lesquels l'intendant Lemaître, MM. Lebreton, économe des hospices du Mans, le baron Ducasse, le commandant Birckel, du 117e régiment d'infanterie, les lieutenants Chays, du 109e, Krien, du 99e d'infanterie, et le pharmacien aide-major de 2e classe ; tous anciens élèves de La Flèche.

Reçu à la gare par le clergé de Château-du-Loir, le corps fut déposé sur un corbillard, puis le cortège se mit en marche, grossissant le long du chemin, et arriva à l'église, où la dépouille mortelle reçut les dernières prières pour la seconde fois.

Au cimetière, plusieurs discours furent encore prononcés : par le commandant Urion, au nom de 89e ; par M. Pavarre, employé au chemin de fer de l'Ouest, au nom de l'Association fléchoise ; par le baron Ducasse, ancien élève du collège royal de La Flèche (période de 1826 à 1832), et par le capitaine Durand, de l'état-major du VIIIe corps, ami personnel du défunt.

De tous ces discours, nous ne retiendrons que le dernier, éminemment patriotique :

Messieurs,

Après les éloquentes paroles qui ont été prononcées hier sur le cercueil du colonel Leperche, et celles que nous venons d'entendre au bord de sa tombe, il semble qu'il n'y ait plus rien à ajouter. Une prière nous reste à faire au chef vénéré, à l'ami que nous pleurons.

Mon colonel,

Cette prière, c'est moi, votre ancien aide-major de tranchée au fort d'Issy [1], moi qui ai eu l'honneur de combattre à vos côtés, de respirer sur le champ de bataille votre souffle ardent, moi que vous appeliez votre fils, qui vous l'adresse. Vous ne refuserez pas de l'écouter, vous qu'on n'a jamais imploré en vain.

C'est au nom de ce que vous avez de plus cher, de ce que vous avez le plus aimé : au nom de la France, notre chère patrie, que je vous fais cette prière ; vous l'exaucerez !

Au jour du danger, que votre belle âme plane sur nous ! Qu'elle souffle dans la nôtre votre ardent patriotisme, ce patriotisme qui — vous l'avez si bien dit — n'est vraiment puissant que s'il est né de deux sentiments opposés : *l'amour et la haine ; l'amour de la patrie, la haine de l'ennemi !* Et alors si, tous, nous sommes guidés par cette mâle vertu que vous possédiez au suprême degré, nous réparerons nos désastres, et notre chère France sera ce que vous avez constamment désiré qu'elle fût : forte et glorieuse !

Mon colonel,

Au nom du général Bourbaki, au nom du général Fabre [2], votre camarade de promotion à Saint-Cyr, au nom de leurs familles et de la mienne, au nom de vos filleuls et au mien, au nom de vos nombreux amis qui n'ont pu vous accompagner jusqu'ici, je vous dis, non pas adieu, mais au revoir !

*
* *

1. Leperche, après la désastreuse campagne de l'armée de l'Est, était pendant le second siège de Paris, major de tranchée devant le fort d'Issy, occupé par les fédérés.

2. Adolphe Fabre, futur commandant du XVIIe corps ; placé dans la 2e section de l'état-major général, le 24 août 1897.

Et maintenant, qu'était-il donc ce colonel, que la mort impitoyable fauchait à l'âge de cinquante et un ans ?... C'était un homme qui, le sourire aux lèvres, refusait aux puissants du jour les faveurs qui lui paraissaient injustes, aussi acharné à défendre le droit des faibles qu'implacable à démasquer l'intrigue et le mensonge des grands.

Leperche n'avait que sa solde. Sans famille, comme sans fortune, que de bien n'a-t-il pas fait cependant ! Que de malheurs secourus ! Que d'aumônes cachées !! Que de charités secrètes ou inconnues !!! Pour le savoir, il a fallu les révélations de son ordonnance, distributeur de ses largesses et admirateur de ses vertus, dont la mort de son bienfaiteur a seule ouvert la bouche.

En voici quelques-unes... Colonels de l'avenir, faites-en votre profit :

« J'ai porté par son ordre bien des bons de viande et, jamais je ne devais le nommer... Je ne saurais dire combien de loyers j'ai payés au nom de mon colonel qui, toujours, me disait de taire son nom... Quand il n'était pas chez lui, on était sûr de le trouver à l'hôpital, visitant ses soldats malades... Tous les enfants de troupe du 89e avaient un livret à la caisse d'épargne et, quand l'un d'eux avait quelque succès à l'école des Frères, le colonel prenait pour lui un livret de caisse d'épargne ; c'est par billet de cent francs qu'il augmentait l'encaisse du livret... »

Son secrétaire, ouvert à sa mort, renfermait plus de deux cents lettres de parents de soldats ; aux uns, il envoyait des secours ; aux autres, il faisait obtenir une place. Dépensant peu pour lui-même, le surplus de sa solde passait en œuvres de charité ou servait aux réceptions de son régiment. Leperche était donc un des bienfaiteurs les plus zélés des pauvres de Paris ; nul n'exerçait la sainte charité avec plus de délicatesse et de prodigalité que lui. Il mourait pauvre, pauvre comme ceux qu'il aimait et secourait tous les jours...

La mort prématurée de Leperche serra d'une longue et douloureuse étreinte tous les cœurs où il était connu.

CHAPITRE IX

BOURBAKI INTIME — LA MORT — CONCLUSIONS

Tête énergique, vigoureusement modelé, Bourbaki incarnait en lui l'armée d'autrefois, gaie et cocardière ; gaie, parce qu'elle n'avait pas de raison de tristesse, n'ayant jamais été battue, et cocardière, parce qu'elle n'avait jamais perdu de cocarde ; parmi les soldats, il a laissé le souvenir d'un chef aimé et populaire.

Tout comme Bugeaud, le héros légendaire, l'ancien commandant de la garde impériale du second Empire a savouré, jeune encore, la gloire de voir son nom célébré dans la chanson de route dont nous avons donné les couplets plus haut. Les rimes n'en sont pas millionnaires ; mais bast ! le troupier ne s'arrête point à ces bagatelles : la simple assonance lui suffit et ça l'aide à « marquer le pas. ».

Bourbaki, tel que nous l'avons connu, était cocardier dans l'âme ; ignorant la fatigue et le repos, il ne se leurrait pas de vaines utopies et payait bravement de sa personne, dans toutes les circonstances où sa troupe donnait. D'une grande austérité de mœurs, il considérait que vouloir c'était pouvoir et qu'il n'y a pas de plus beau métier que celui de soldat.

Il y a chez l'homme — chez le militaire surtout — deux vertus qui ne s'acquièrent pas, mais sont un don de la nature ; la manière de conduire les hommes et de les faire obéir sans brusquerie et sans faiblesse. Sous ce rapport,

Bourbaki était le plus complet et le meilleur des chefs. Trois anecdotes suffiront pour le prouver.

Au bataillon de tirailleurs algériens, l'esprit de corps était très développé ; on y était très chatouilleux sous le rapport de la bravoure. Lorsque Bourbaki fut appelé, en 1847, à commander celui de Constantine, les capitaines, qu'il connaissait de vieille date, se réunirent à lui après une revue et lui signalèrent un jeune officier qui, sortant de Saint-Cyr, ne leur avait pas paru être d'une rectitude parfaite dans l'expédition faite l'année précédente, dans le pays des Nemencha.

— C'est un poltron disaient les uns ; il faut le mettre en demeure de quitter le bataillon.

— Un blanc-bec sans expérience, ajoutaient les autres.

— Laissez-moi faire, — répondit Bourbaki ; — avant de casser les vitres, et de perdre un jeune homme, vous trouverez bon, Messieurs, que je m'assure par moi-même de la gravité de cette accusation.

Quelques mois après avaient lieu les opérations contre Zaatcha. Le bataillon indigène, nous l'avons vu, cheminait dans un dédale de palmiers, pour se heurter à un mur crénelé dont chaque trou donnait issue à un fusil. Un amoncellement de sable permettait cependant de sauter au milieu des défenseurs, en s'aidant des mains et des crêtes du mur. Bourbaki avisa le sous-lieutenant dont la bravoure était en suspicion parmi ses camarades, et lui donna l'ordre de faire avancer sa section vers le point où le monticule de sable rendait l'assaut relativement facile.

Ce mouvement fut exécuté sans faiblesse, et le commandant eut la satisfaction de pouvoir, après la journée, mettre le jeune officier à l'ordre du jour, en le félicitant devant tous les capitaines réunis.

— Vous le voyez, Messieurs, ajouta-t-il, au lieu de perdre un jeune homme ; j'en ai fait un brave de plus.

Ce trait n'est-il pas celui d'un homme de cœur ?

*
* *

Autre anecdote. C'était au 1er régiment de zouaves. Un jeune sous-lieutenant, détaché dans un poste du sud, commandait et administrait sa compagnie, en l'absence de son capitaine, retenu à l'hôpital de Constantine, par suite de blessure. La solde de la troupe, les achats nécessaires à la nourriture des hommes, étaient réglés par lui, mais au lieu de payer l'épicerie, le pain de soupe et la viande en nature, avec l'argent qu'il avait reçu avant son départ, il réglait, au moyen de bons tirés sur le trésorier du corps, et avait disposé de l'argent pour ses besoins personnels ou payer ses dettes. Cette manière de procéder ne pouvait durer longtemps. Le colonel du régiment fut vite informé de ce qui se passait.

Bourbaki pouvait perdre cet officier à tout jamais. Il avait été très brillant au feu, très brave à Zaatcha. Que croit-on qu'il fit ? Il remboursa de ses deniers les bons indûment payés aux industriels, fit relever l'officier dans le détachement dont il avait le commandement, et le fit venir devant lui.

— Savez-vous, lui dit-il, que l'acte que vous venez de commettre est tout simplement un vol. Vous n'avez pas plus le droit de soustraire un centime des deniers de l'État que de la bourse d'un particulier.

L'officier resta coi et ne sut que répondre.

— Je pourrais, ajouta Bourbaki, vous faire passer en conseil de guerre et vous faire casser de votre grade, comme indigne de rester dans l'armée. Mais votre père est un ancien militaire. Le déshonneur le tuerait. Remettez-moi votre démission du grade de sous-lieutenant et tout sera dit.

L'officier donna sa démission, mais il fallait contracter un engagement, car il devait encore cinq années à l'État, la durée du service étant alors de sept ans. Le jeune homme sortait de Saint-Cyr; il contracta un engagement de cette durée.

— Dans quel corps désirez-vous être versé? demanda Bourbaki à l'ex-sous-lieutenant de zouaves devenu simple soldat!

— Au 1er zouaves.

— Comment dans le régiment même dont vous sortez?

— Oui, mon colonel, c'est au 1er zouaves que la faute a été commise. C'est sous vos ordres que je veux me réhabiliter ou me faire tuer en regagnant mon grade.

Et le colonel fit incorporer comme soldat le lieutenant R...., dans le régiment même où il avait servi comme officier.

Trois ans après, devenu sergent, il se conduisit si bravement à la bataille de l'Alma (20 septembre 1854) qu'il était nommé sous-lieutenant au 19e de ligne.

Combien de faits de ce genre n'y aurait-il pas à citer, si nous voulions rappeler nos souvenirs?

*
* *

Lorsque Bourbaki commandait à Metz la 5e division militaire, le lieutenant G..., du 48e de ligne, maltraité par son capitaine, avait été l'objet d'un rapport foudroyant qui devait fatalement le conduire au conseil de guerre, pour refus d'obéissance.

Dans un exercice de compagnie sur la promenade de Ban-Saint-Martin, le capitaine Bessierre avait dit, s'adressant au lieutenant G... :

— Qu'est-ce qu'il me fait donc là-bas, *cette grande andouille?* Pourquoi sa section se déploie-t-elle en tirailleurs, plutôt à droite qu'à gauche ?

L'officier interpellé fit la sourde oreille, continua le mouvement commencé ; mais l'exercice terminé, il alla droit à son chef, lui faisant observer respectueusement qu'il n'obéit qu'à des ordres courtoisement donnés, et qu'il se plaindrait s'il était dorénavant traité comme il venait de l'être dans l'exercice de ce jour.

Le capitaine Bessierre, qui était un petit homme du Midi, grincheux et peu endurant, y répondit par quelques jours d'arrêt.

De là à un refus catégorique d'obéissance, il y a loin, comme on le voit.

Le capitaine Leperche connaissait intimement le lieutenant G... qui avait été son condisciple à La Flèche, et plus tard son camarade de promotion à Saint-Cyr.

— C'est impossible ! s'écrie-t-il, en parcourant le rapport envoyé à la division par le colonel du 48e.

A l'heure du rapport, l'aide de camp présenta ses observations au général.

— Je connais l'officier incriminé, lui dit-il ; c'est le fils d'un colonel de cavalerie. Rompu à la discipline depuis son enfance, il n'a pu, j'en suis sûr, se rendre coupable d'un refus d'obéissance, dont il connaît la gravité et les conséquences. Si vous m'y autorisez, mon général, je me rendrai cet après-midi auprès du lieutenant G..., qui habite rue du Pont-Moreau, 22, et ce soir, je vous ferai connaître la vérité sur ce qui s'est passé entre lui et son commandant de compagnie.

Ce qui fut dit fut fait. De chaque côté on s'expliqua, et l'affaire en resta là.

Si j'ai su être vrai dans les trois anecdotes que je viens de citer, on concevra sans effort, l'attachement professionnel de tous les militaires qui ont connu le général Bourbaki. Aimant le soldat, aimant l'armée, aimant son métier ; c'est ainsi qu'il a pu se faire adorer de tous, se créer un nom populaire connu aujourd'hui jusque dans la plus humble chaumière.

*
* *

C'est à la peine, en pleine activité, entouré d'officiers qu'il exaltait par ses idées de patriotisme et de culte du drapeau ; au milieu de ses soldats dont il doublait la valeur par son exemple ; c'est au service de son pays que Bourbaki eût voulu mourir. Mais, allégrement soumis à la volonté divine, et placé dans la position de retraite, le 22 avril 1886, il employa depuis, tout son temps à bien remplir les années qu'un repos forcé, au mépris de la loi, allait lui donner à Bayonne. On le vit alors à la tête de toutes les œuvres de bienfaisance, qu'il s'agisse de l'œuvre de la Croix-Rouge, de l'œuvre des marins ou de l'œuvre des campagnes. En raison des multiples occupations qu'il se créait lui-même, sa correspondance prit tout à coup un surcroît d'activité, avec des camarades de tout grade, des amis de tout âge ; ses relations en France et à l'étranger s'étendirent. Ses aumônes devenues plus abondantes, au fur et à mesure qu'il avançait en âge, allaient un peu partout chercher l'indigence, dépensant son activité, sans consulter ses forces.

Elles le trahirent en janvier 1895 ; une crise d'asthme,

dont le général souffrait depuis longtemps, devint tellement violente, que son entourage en éprouva les craintes les plus sérieuses. Le *Figaro* rendait compte, dans son numéro du 12 janvier 1897, de la résignation admirable de l'illustre soldat. Cette crise se compliquait d'arrêts dans les mouvements du cœur, et les docteurs Paul et Georges Lasserre n'avaient pas caché à Mme Bourbaki la gravité du mal. Le général, lui aussi, ne se faisait guère d'illusion. Il attendait la mort avec un noble dédain et comme une vieille connaissance qu'il avait rencontrée sur cent champs de bataille.

Dans la pleine lucidité de son esprit et tandis que la douleur lui laissait un moment de repos, le général s'était confessé à M. l'abbé Chagé, curé de la paroisse Saint-Étienne; mais sa robuste constitution devait, encore une fois, triompher de la maladie. Dès le lendemain matin, une amélioration subite se faisait sentir, et cette amélioration devenait une convalescence. Ce mieux ne se soutint pas, et, au printemps de 1897, le général, sur les conseils de son médecin, quitta sa résidence habituelle depuis 1885, la villa Saint-François, si pittoresquement située sur les coteaux ensoleillés de Saint-Étienne, d'où la vue s'étend sur la vallée de l'Adour et sur les cimes neigeuses des Pyrénées, pour aller s'établir à la villa Trillery, dépendant de la commune de Cambo-les-Bains, riante station thermale du pays basque, située à vingt kilomètres de Bayonne. Des soins intelligents enrayèrent le mal, mais ne purent conjurer une congestion pulmonaire contractée au mois d'août. Depuis cette époque, les forces de l'illustre malade s'affaiblirent visiblement.

Conscient de la gravité de son état, le général fit demander le curé de Cambo, qui lui administra le saint viatique le 28 août, jour de la fête de saint Augustin, le grand évêque de cette terre d'Afrique où Bourbaki avait si glorieusement versé son sang pour la cause de la civilisation chrétienne.

Un mieux s'étant manifesté quelques jours après, Mme Bourbaki voulut satisfaire à un de ses désirs, en le ramenant à sa chère villa Saint-François, qu'il ne quittait jamais qu'à regret. Au moment où sa voiture gravissait la côte de Pesenave, les chevaux, fatigués par la chaleur et la longueur du trajet, reculèrent à plusieurs reprises. Ce léger accident causa au malade une émotion très vive, qui fut en partie la cause de troubles cérébraux auxquels des crises précédentes l'avaient déjà prédisposé. Depuis lors, le mal n'a fait qu'empirer.

Un mot maintenant sur l'habitation de prédilection du général : un simple corps de logis, à un seul étage et assez exigu dans son ensemble. Le visiteur y chercherait en vain des apparences de luxe; on n'y trouve ni grands tableaux militaires, ni ces souvenirs ou trophées de guerre que les militaires recherchent comme une preuve de leur existence mouvementée et agitée, mais des croquis d'architecture grecque ou ancienne provenant des legs de sa famille; on ne dirait vraiment pas la résidence d'un soldat dont le nom a figuré dans toutes les guerres du second empire, en Afrique, en Crimée, en Italie....

De la terrasse de cette habitation, quelle vue admirable pour le propriétaire cherchant avant tout le calme et la solitude, pour y abriter sa vieillesse, comme dans le décor d'une féerie! L'Adour et la Nive, aux eaux toujours claires, serpentent à travers le plus gracieux des paysages, que dominent les coteaux dorés et les bois profonds du pays basque. Vers l'ouest, l'Océan ne se laisse deviner que par une ligne bleue à peine perceptible. Plus loin, vers l'horizon, les Pyrénées se dressent superbes, égrenant leurs crêtes du pic du Midi au Jaizquebel, dont le pied est baigné par

> Le golfe d'argent où dort Fontarabie,

suivant une expression prophétique.

Certains individus ressemblent aux grands fleuves ; leur source est petite ; ils grandissent en marchant. L'illustre général était de ceux-là. Plus il s'élevait dans l'échelle sociale, plus on voyait augmenter en lui la modestie qui est une force, et la simplicité dans les mœurs, qui devient un véritable charme chez l'homme supérieur.

Ceux qui, comme lui, ont vu souvent la mort en face, comprendront les satisfactions et les joies de ce soldat au cœur d'or, lorsqu'il se retrouvait au milieu des siens, dans ce riant cottage de Saint-François, dont il avait fait sa patrie d'adoption. Sous ce rapport, Bourbaki avait un grand espace devant lui, un air libre sur la tête, de vastes jardins que bornaient seulement les collines voisines, et autour de sa demeure, des bocages épais dont le silence n'était troublé que par le chant des oiseaux, ou la voix sonore de son chien favori.

Comme ces gentilshommes antiques, qui eussent été rois dans la langue de la Bible et d'Homère, son plus grand bonheur était de s'entourer d'amis, de raconter des histoires de guerre, et notamment certains détails joyeux de la bataille d'Inkermann.

Le bien qu'il faisait aux pauvres de Bayonne était immense ; presque toute sa fortune y passait chaque année. Né dans une situation des plus modestes, sans autre richesse que son traitement de retraite, Bourbaki faisait la charité, à la villa Saint-François, sans compter avec les pauvres, avec les petits, les humbles, les déshérités de ce monde.

Le monde militaire lui-même, s'est toujours montré vis-à-vis de lui d'une fidélité persévérante qui l'honore. Pas un officier général ne traversait Bayonne sans accomplir un pèlerinage à la villa Saint-François, et quand, dans ses promenades en voiture, le général rencontrait les soldats en marche, les officiers ne manquaient jamais de le saluer respectueusement. Quelques-uns, qui avaient eu l'honneur de servir sous ses ordres, faisaient présenter les armes devant le vieux héros d'Afrique, de Crimée, d'Italie, ému de ces marques de déférence.

*
* *

Ramené de Combo-les-Bains, le 10 septembre 1897, le général Bourbaki expirait le 22 à six heures du matin, dans sa villa de Saint-François.

Rien de plus édifiant que la mort de cet héroïque soldat étendu sur un lit de camp, entouré de plantes vertes, revêtu de son uniforme de général de division, portant en sautoir le grand cordon de la Légion d'honneur, tenant un crucifix dans ses mains croisées sur la poitrine.

Aujourd'hui, ce vaillant soldat repose dans le cimetière de Saint-Étienne, de Bayonne; de grands saules inclinent leurs branches tombantes vers la terre. On dirait, autour d'eux, des ombres de douce tristesse écoutant dans le mystère de la nuit les âmes des morts cachées peut-être dans les herbes émaillées, de ci et de là, de hauts coquelicots, de bluets et de belles marguerites, dont les couleurs forment par leur assemblage l'emblème du drapeau.

Aujourd'hui, une pierre tombale indique seule au passant l'endroit où repose le brave, le valeureux Bourbaki, en attendant le mausolée que la France patriotique ne manquera pas de lui élever un jour.

Ce jour-là, les fidèles de la Maison de France viendront saluer le héros d'Afrique, dont le nom est connu dans le Tell, comme dans le Sahra algérien ;

Les Bonapartistes honoreront le héros d'Inkermann et de Solférino ;

Les Républicains s'inclineront devant le vainqueur de Villersexel.

Dormez en paix, mon Général, vos anciens frères d'armes n'oublieront pas les exemples que vous leur laissez; ils s'inspireront de vos mâles vertus. Quand l'heure de la revanche aura sonné, nous aussi, officiers et soldats de la vieille armée — si quelques-uns d'entre nous existent encore — nous viendrons à l'ombre de ces cyprès, aiguiser nos épées sur la pierre blanchie de votre sépulcre, comme autrefois les Gaulois, nos aïeux, quand ils voulaient défendre à outrance le sol sacré de la patrie envahie ; nous donnerons ainsi l'impulsion à la jeune génération qui nous suit dans la carrière des armes, afin d'apporter à l'histoire de France, dont le dernier feuillet est encore teinté de sang, quelques pages de victoires, de bravoure et de salutaire héroïsme.

Ces collines, ces vallons, ces montagnes qui s'inclinent vers l'Adour ont été arrosées, en 1813, du sang des braves que commandait le maréchal Soult ; elles n'en forment pas moins une ceinture de défense que n'ont pu franchir les Anglo-Espagnols. Ces souvenirs historiques sont de ceux que la France patriotique n'oubliera pas, en cas de conflit armé du côté des Vosges ou de la région alpestre.

*
* *

Et maintenant, une dernière citation pour finir. Dans un magnifique langage, Victor Hugo a dit :

Vous pouvez entrer dans les villes
Au galop de votre coursier,
Dénouer les guerres civiles
Avec le tranchant de l'acier...
Vous pouvez sur la terre avoir toute la place,
Être aussi grand qu'un front peut l'être sous le ciel ;
Sire, vous pouvez prendre à votre fantaisie,
L'Europe à Charlemagne, à Mahomet l'Asie ;
Tu ne prendras jamais rien à l'Éternel !

De même aujourd'hui, il est une chose que nos politiciens militaires ne peuvent prendre : c'est l'honneur, la considération, la poignée de main des camarades ; c'est le respect des soldats.

Cet homme qui, pendant douze ans, fut poursuivi par la haine des partis politiques, était un soldat dans toute l'acception du mot. Quelques exemples encore, entre beaucoup d'autres :

D'abord un souvenir d'Inkermann, raconté par le général du Barrail dans le *Figaro*. Lorsque Bourbaki intervint dans la mêlée, les Anglais battaient en retraite, en rompant pied à pied, suivant leur méthode.

— Colonel, lui dit le commandant anglais, nous sommes fichus. Nous étions quinze cents ce matin, nous ne sommes plus que trois cents.

— Eh bien ! où est le mal ? Je vous apporte mes baïonnettes, et vous allez voir que nous sommes plus de quinze cents.

Et le voilà parti. Ah ! le beau soldat ! Le soir, les Russes eux-mêmes admiraient son ardeur et son courage.

Le matin de Solférino (24 juin 1859) on amena à Bourbaki un Italien qui faisait le service d'espion pour le compte de l'armée autrichienne.

Le général Bourbaki l'examina :

— Alors, c'est donc bien vrai, tu fais le métier d'espion pour l'armée ennemie ?

— Oui, mon général.

— Et tu vas raconter aux *Austriacci* ce que tu apprends ici ?

— Oui, mon général.

— Je pourrais te faire fusiller ; j'aime mieux te faire relâcher. Va leur dire que je les attends depuis deux heures, et que ça m'embête...

En 1870, à Villersexel, nos marins, entraînés par Bourbaki, montent à l'assaut comme à l'abordage, la hache à la main ; cernés dans le château, ils se défendent avec la folie du désespoir.... jetant tout par les fenêtres pour écraser l'ennemi, quand les munitions manquent ; pendant ce temps-là, nos chasseurs marchent sur les canons ennemis, qu'ils enlèvent à la charge et, au moment où nos jeunes troupes fléchissent et reculent en désordre, Bourbaki, la casquette sur l'oreille, se précipite en avant en criant de toute la force de ses poumons : « A moi, les braves !.... » Et alors tous s'élancent au feu ! — Le château est repris, le village enlevé.... ; les Prussiens fuient dans la direction d'Héricourt.

Cet élan de jeunes troupes non aguerries n'est-il pas admirable ?

Bourbaki seul en avait été le moteur ; il est vrai que, par un instinct merveilleux, tous les échappés de Metz et de Sedan s'étaient groupés autour de lui, entre autres le capitaine Zédé, du 12e régiment d'infanterie, qui, blessé à Saint-Privat-la-Montagne, cité à l'ordre de l'armée le 31 août dans la sortie de Noisseville, avait refusé de signer le revers, s'était échappé de Metz et servait à l'armée de l'Est dans un régiment sous ses ordres. Devenu général de division, il est aujourd'hui gouverneur de Lyon et commande le XIVe corps d'armée.

*
* *

Dans l'armée comme partout ailleurs, l'ambition, la jalousie, l'esprit d'intrigues existent malheureusement et compromettent la dignité et le prestige du chef.

Après le combat, chacun revient à l'attitude qui lui est propre et, dans la mesure de sa situation, s'efforce d'attirer de son côté les bénéfices du succès, les responsabilités de la défaite. L'amour-propre, l'orgueil s'engagent alors dans des agissements qui ne sont pas toujours sincères ou avouables. On est loin des émotions de la lutte où l'on servait à visage découvert un grand intérêt public. C'est alors la bataille des intérêts personnels. Les habiles se présentent avec un masque devant l'opinion et cherchent à obtenir d'elle une part de ses faveurs, une place au bulletin et dans les récompenses. Aussi que d'actions d'éclat douteuses ont les honneurs de la publicité; que d'actes de courage et de dévouement demeurent ignorés ou mal appréciés.

Bourbaki était doué de sentiments trop délicats pour ne pas avoir horreur des brigues et des intrigues. N'en déplaise à ses détracteurs, il n'a jamais rien demandé pour lui-même; tous ses grades, il les a obtenus pour des faits de guerre ou des actions d'éclat. Il trouvait d'ailleurs, dans son patriotisme et dans le sentiment du devoir accompli, un encouragement suffisant.

Mais, en ce qui concernait ses subordonnés, c'était une autre affaire. Animé du pur amour de la justice, tenant par-dessus tout à cette autorité morale, sans laquelle, dans les armées, le commandement est virtuellement frappé d'impuissance, il employait toute son activité, toute son influence à chercher les belles actions qui avaient eu lieu sous ses ordres et engageait ensuite de véritables luttes en faveur de ses subordonnés qu'il croyait devoir être récompensés. Jamais les braves sous ses ordres n'eurent, après le combat, un juge plus équitable, un défenseur plus dévoué.

Tous ceux qui ont partagé ses dangers se souviennent encore de l'appui chaleureux qu'il leur prêtait dans toutes les occasions où ils avaient quelques droits à faire valoir.

Bourbaki, au temps de sa splendeur, pendant les dernières années de l'Empire, venait souvent à Bayonne, où il avait conservé de nombreuses et belles relations. En a-t-il profité pour venir à Biarritz, faire sa cour au souverain ? Jamais...

« Un esprit sain, a écrit La Bruyère, puise, à la cour, le goût de la solitude et de la retraite. »

La villégiature des souverains est généralement une sorte de champ clos ouvert au favoritisme. Ceux qui sont admis à la partager, profitent presque toujours de l'intimité de la vie champêtre pour entrer, par tous les moyens possibles, dans les bonnes grâces du prince, et ne manquent aucune occasion de se faire valoir auprès de lui. C'est la lutte des médiocrités jalouses et des nullités ambitieuses ; la flatterie, la sottise y cueillent souvent des lauriers ; le mérite s'en éloigne.

Bourbaki avait trop d'indépendance d'esprit, de loyauté dans le caractère, de simplicité dans les mœurs pour se plaire sur un pareil théâtre. Méprisant l'opinion des hommes sans équité, pleins d'envie, de caprices et de préventions, il n'a jamais cherché son bonheur qu'en lui-même et dans son entourage.

Après les revers de 1870, notre nation ne saurait être à

l'avenir grande, forte et respectée, qu'en revenant aux sentiments de devoir, d'honnêteté et de patriotisme qui sont comme le tempérament des peuples et dont ils ne s'écartent jamais sans tomber dans la décadence. Pour raviver en elle tous les bons instincts, tous les élans généreux qu'elle possède, il n'y a rien de tel que de rendre hommage aux hommes qui ont honoré leur pays par des actes héroïques ou de grandes vertus.

A ce point de vue, il nous semble que les exemples donnés par Bourbaki, dans sa vie militaire comme dans sa vie privée, ne doivent pas être perdus. Personne n'eut dans l'armée une plus belle réputation de bravoure, de modestie, de probité et de désintéressement que ce vaillant soldat, qui est bien de ceux dont Brantôme aurait dit :

« *Voylà* pourquoi j'estime ces bons chevaliers qui sont sans peur et sans reproche, très heureux et dignes des grandes gloires s'ils peuvent franchir la carrière sans y *bruncher;* mais ils sont rares[1]. »

Ici s'arrête la tâche de l'écrivain. Les actions seules de Bourbaki sont là pour lui servir un jour de panégyrique. L'histoire, qui racontera plus tard les fastes glorieux de la France, exhumera forcément sa mémoire et lui donnera la place qu'il doit occuper parmi les vaillants capitaines du XIXe siècle.

*
* *

Un jour, l'histoire dira que, semblable à Canrobert, Bourbaki aura été, comme lui, le type achevé de l'abnégation, du dévouement à la patrie et de l'honneur. Il a servi le second empire comme il avait servi dans sa jeunesse Louis-Philippe et les princes d'Orléans; il a servi la troisième république

1. Brantôme, *Vie des hommes illustres,* t. I, p. 87.

comme il avait servi la deuxième, puis Napoléon III, n'appartenant pour ainsi dire à aucun parti, mais servant la France avant tout.

Dans ces deux hommes : Canrobert et Bourbaki, s'incarnent l'idée de patrie, la légende militaire qui rend une armée sinon invincible, du moins très forte, la fierté nationale, l'amour du drapeau, la loyauté, l'honneur.

Le 3 octobre 1897, on a inauguré la statue de Canrobert à Saint-Céré, son pays natal.

A quand la statue de Bourbaki? Elle devra s'élever sur la place la plus fréquentée de Constantine, ou mieux encore à Villersexel, car il s'agit de celui dont un poète[1] a pu dire :

Il nous vient du sol sacré des Hellènes,
Berceau des arts et des vertus....
. . . .

Et le capitaine Michelet, qui a raconté en vers sublimes le combat de Navarin, d'ajouter ces strophes qui s'appliquent aussi bien aux Allemands battus à Villersexel, qu'aux musulmans vaincus par la triple alliance de 1827.

Fuyez, ...
Satellites obscurs et souillés d'attentats,
Impitoyables soldats
Dont le sang des vieillards, des enfants et des femmes
Cimente les exploits infâmes !
Fuyez!... Osez-vous bien chercher de vrais combats ?
Apprenez, apprenez, lâche et noire milice
Que si l'enfer fait les bourreaux,
Au jour marqué pour sa justice
Le ciel vengeur fait les héros[2].

1. Le capitaine P. Michelet, du 43e régiment de ligne.

2. *Le combat de Navarin*, poème par E. Michelet, imprimerie d'Antoinette Tastu. Perpignan, 1827.

Bourbaki était un de ceux-là, et un des plus braves. *Gloria victis !*

A de pareils vaincus, qu'importe la défaite !
Quand le devoir est là, qu'importe le bonheur !
Au-dessus des partis, tu peux lever la tête,
Fidèle à tes seuls dieux : la Patrie et l'Honneur.

Va ! tu peux mépriser une atteinte vulgaire,
Tu gardes tes exploits, ton nom pur comme l'or :
Ce nom de Bourbaki, c'était un cri de guerre ;
Tous nos vieux Africains le redisent encore.

Va ! la France est toujours amoureuse des braves ;
Et sitôt que les cœurs, sous un ciel plus serein,
Des viles passions ne seront plus esclaves,
Notre histoire écrira ton nom sur son airain.

APPENDICE

Relevé des services du général de division Charles-Denis-Sauter Bourbaki, né a Pau, le 22 avril 1816.

Élève à l'École militaire de Saint-Cyr, le 15 novembre 1834.
Sous-lieutenant au 59e régiment d'infanterie de ligne, le 12 octobre 1836.
Sous-lieutenant au régiment de zouaves, le 23 décembre 1837.
Lieutenant au 24e régiment d'infanterie de ligne, le 21 décembre 1838.
Passé aux compagnies turques de Constantine, le 25 décembre 1838.
Lieutenant au régiment de zouaves, le 20 janvier 1842.
Capitaine au régiment de zouaves, le 15 juin 1842.
Chef du bureau arabe de Blidah, le 16 février 1844.
Chef de bataillon au 2e bataillon d'infanterie légère, le 28 août 1846.
Chef de bataillon au bataillon de tirailleurs algériens de Constantine, le 9 octobre 1846.
Lieutenant-colonel au régiment de zouaves, le 16 janvier 1850.
Colonel au régiment de zouaves, le 24 décembre 1851, devenu le 1er zouaves le 12 février 1852.
Général de brigade commandant la 2e brigade de la 2e division de l'armée d'Orient, le 14 octobre 1854.
Commandant la subdivision de la Gironde, le 5 février 1855.
Commandant la 2e brigade de la 1re division du corps Bosquet à l'armée d'Orient, le 5 avril 1855.
Commandant la 1re brigade de la 2e division de l'armée d'Afrique, réunie en Kabylie, le 17 mai 1857.
Général de division, le 12 août 1857.
Commandant la 2e division du camp de Châlons, le 11 juin 1858.
Commandant la 7e division militaire, le 30 octobre 1858.

Commandant la 3e division du IIIe corps de l'armée d'Italie, le 16 avril 1859.

Commandant la 5e division militaire (Metz), le 19 février 1861.

Commandant la 2e division du camp de Châlons, le 15 avril 1864.

Commandant la 1re division des voltigeurs de la garde impériale, le 16 décembre 1865.

Président du Comité consultatif d'infanterie, le 15 octobre 1869.

Aide de camp de l'empereur, le 7 juillet 1869.

Président de la commission du Comité des armes, le 27 janvier 1870.

Commandant la garde impériale, le 12 juillet 1870.

Passé dans le cadre de réserve, le 22 avril 1881.

Mis à la retraite, le 22 avril 1885.

Décédé à Bayonne, le 22 septembre 1897.

Décorations dans la Légion d'honneur

Chevalier, le 20 juillet 1840.

Officier, le 26 décembre 1852.

Commandeur, le 22 septembre 1855.

Grand-officier, le 6 septembre 1860.

Grand-croix, le 20 avril 1871.

Campagnes

Afrique, du 15 octobre 1836 au 4 février 1854.

Crimée, du 25 mars 1854 au 2 février 1855, et du 5 avril au 20 septembre 1855.

Afrique, en 1856, 1857, 1858, 1859.

Italie, 1er mai 1859 au 14 mai 1860.

France : armées du Rhin, du Nord, de la Loire et de l'Est, du 15 juillet 1870 au 26 janvier 1871.

TABLE DES MATIÈRES

Nancy, impr. Berger-Levrault et Cie.

FAC-SIMILE D'UNE LETTRE AUTOGRAPHE DU GÉNÉRAL BOURBAKI DANS SA 79e ANNÉE

Mon cher Commandant —

Je ne puis que vous savoir gré de l'intention que vous manifestez d'écrire l'historique de la Garde Impériale —

Vous me demandez où vous pourrez trouver les documents nécessaires à l'accomplissement de votre patriotique travail.

Je crois que le Ministère de la guerre a recueilli dans ses archives l'historique rédigé par chacun des héroïques corps qui composaient la garde, et aussi vraisemblablement les journaux tenus par l'État-Major Général.

C'est au Ministère seulement que vous pourrez trouver les éléments de votre travail —

Ceux-ci établis dans les grandes lignes, il vous sera facile de les compléter, en recueillant les récits des officiers qui ont marqué en 1855, 1859 et 1870.

C'est avec plaisir que j'ai vu que vous conserviez pour notre regretté Empereur les sentiments d'estime et d'amitié dont il était si digne.

Agréez, mon cher Commandant, l'assurance de mes sentiments affectueux —

Gal Bourbaki —

Villa St François — Bayonne

16 Juin 1893 —

BERGER-LEVRAULT ET Cie, LIBRAIRES-ÉDITEURS

PARIS, 5, rue des Beaux-Arts. — 18, rue des Glacis, NANCY

Les Grands Cavaliers du premier Empire. Notices biographiques, par Ch. Thoumas, général de division en retraite. — *1re série :* Lasalle, Kellermann, Montbrun, les trois Colbert, Murat. 1890. Un volume grand in-8 de 521 pages, avec 4 portraits, broché. . . . . 7 fr. 50 c.

— *2e série :* Nansouty, Pajol, Milhaud, Curély, Fournier-Sarlovèze, Chamorin, Sainte-Croix, Exelmans, Marulaz, Franceschi-Delonne. 1892. Un volume grand in-8 de 537 pages, avec 8 portraits, broché. . . . . 7 fr. 50 c.

— (*La 3e série est en préparation.*)

Grands Artilleurs. *Drouot. Senarmont. Éblé,* par Maurice Girod de l'Ain, capitaine d'artillerie. 1894. Beau volume in-8 de 465 pages, avec 4 portraits, broché. (Couronné par l'Académie française.). . . . . 8 fr.

Lasalle. D'Essling à Wagram. Correspondance recueillie et publiée avec notes bibliographiques par A. Robinet de Cléry. 1892. Beau volume in-8, avec 13 gravures, une carte et un tableau généalogique, broché. . . . . . . 5 fr.

Souvenirs militaires (1805-1818), par A. Thirion, de Metz. 1892. Volume in-12, broché . . . . 4 fr.

Souvenirs militaires d'un officier du premier Empire (1795-1832), par J. N. A. Noël, chevalier de l'Empire, colonel d'artillerie. 1896. Un volume grand in-8, avec un portrait, une gravure et 7 cartes ou plans, broché. . . . . 6 fr.

Le Général Curély. Itinéraire d'un cavalier léger de la Grande-Armée (1793-1815). Publié d'après un manuscrit authentique, par Ch. Thoumas, général de division en retraite. 1887. Un vol. in-12 de 448 pages, avec portrait et fac-similé. 3 fr. 50 c.

Souvenirs et campagnes d'un vieux soldat du premier Empire (1803-1814), par le commandant Parquin. Avec une introduction par le capitaine A. Aubier. 1892. Un volume in-8 de 430 pages, avec un portrait, broché. . . . . . 6 fr.

Le Général Auguste Colbert (1793-1809). Traditions, souvenirs et documents touchant sa vie et son temps. Recueillis par son fils, le marquis de Colbert-Chabanais. 2e édition. 1882. 3 volumes in-12, brochés. . . . . 12 fr.

Trente ans de la vie militaire, par le capitaine H. Choppin. 1891. Volume in-12 illustré par E. Grammont, broché. . . . . 3 fr.

Deux Officiers français au XVIIIe siècle. Mémoires et correspondance du chevalier et du général de la Farelle, publiés par E. Lennel de la Farelle. 1896. Beau volume grand in-8 de 459 pages, sur papier de Hollande, avec portraits en couleurs, broché . . . . 7 fr. 50 c.

Rosbach et Iéna. Recherches sur l'état physique et intellectuel de l'armée prussienne pendant l'époque de transition du XVIIIe au XIXe siècle, par le baron Colmar von der Goltz. Traduit par le commandant Chabert. Nouvelle édition. 1896. Un volume in-8 de 493 pages, avec 2 plans coloriés, broché. . . . 5 fr.

Russes et Prussiens. Guerre de Sept ans, par Alfred Rambaud, ministre de l'instruction publique. 1895. Un beau volume in-8, de 400 pages, avec 10 dessins d'uniformes, par Henry Ganier, 4 cartes et 7 plans de batailles, broché sous couverture illustrée . . . . 10 fr.

Souvenirs de la guerre de Crimée (1854-1856), par le général Fay, ancien aide de camp du maréchal Bosquet. 2e édition. 1889. (Mention de l'Académie française, concours Thérouanne 1890.) Volume in-8 avec 1 planche et 3 cartes, br. 6 fr.

Lettres du Maréchal Bosquet (1830-1858). 1894. Volume in-8 de 408 pages, avec portrait en héliogravure, broché . . . . 5 fr.

Lettres d'un Zouave. De Constantine à Sébastopol, par Amédée Delorme. 1896. Un volume in-12, broché sous couverture illustrée . . . . 3 fr. 50 c.

Les Transformations de l'armée française. Essai d'histoire et de critique sur l'état militaire de la France, par Ch. Thoumas, général de division en retraite. 1887. 2 volumes grand in-8, brochés. . . . . 18 fr.

Histoire générale de l'armée nationale depuis Bouvines jusqu'à nos jours (1214-1892). *Recrutement, organisation, écoles. Armement, uniformes, drapeau. Hiérarchie, grades, avancement. Administration, discipline. Art militaire,* par le capitaine Ch. Romagny, ex-professeur adjoint de tactique et d'histoire à l'École militaire d'infanterie. 1893. Un volume in-12 de 337 pages, broché . . . 3 fr.

Carnet de la Sabretache. Revue militaire rétrospective paraissant en 12 livraisons mensuelles depuis 1893. — Chaque livraison comprend environ 3 feuilles in-8, avec gravures. Prix par an : France, 15 fr. — Union postale . . . 16 fr. 50 c. La 1re année (1893) est en vente au prix de 12 fr. et les 2e à 4e années (1894 à 1896) au prix de 15 fr.

Nancy, impr. Berger-Levrault et Cie.

www.ingramcontent.com/pod-product-compliance
Ingram Content Group UK Ltd.
Pitfield, Milton Keynes, MK11 3LW, UK
UKHW021100220726
13924UKWH00005B/2169